乡村旅游创业学习的理论与实证研究

王彩彩　著

中国财经出版传媒集团
中国财政经济出版社
·北京·

图书在版编目（CIP）数据

乡村旅游创业学习的理论与实证研究 / 王彩彩著 . 北京：中国财政经济出版社，2025. 1. -- ISBN 978 - 7 - 5223 - 3744 - 9

Ⅰ. F592. 6

中国国家版本馆 CIP 数据核字第 20253BN468 号

责任编辑：高文欣　　责任校对：张　凡

封面设计：孙俪铭　　责任印制：史大鹏

乡村旅游创业学习的理论与实证研究

XIANGCUN LÜYOU CHUANGYE XUEXI DE LILUN YU SHIZHENG YANJIU

中国财政经济出版社 出版

URL：http：//www. cfeph. cn

E - mail：cfeph@ cfeph. cn

社址：北京市海淀区阜成路甲 28 号　邮政编码：100142

营销中心电话：010 - 88191522

天猫网店：中国财政经济出版社旗舰店

网址：https：//zgczjjcbs. tmall. com

涿州汇美亿浓印刷有限公司印刷　各地新华书店经销

成品尺寸：170mm × 240mm　16 开　14. 5 印张　228 000 字

2025 年 1 月第 1 版　2025 年 1 月河北第 1 次印刷

定价：78. 00 元

ISBN 978 - 7 - 5223 - 3744 - 9

（图书出现印装问题，本社负责调换，电话：010 - 88190548）

本社图书质量投诉电话：010 - 88190744

打击盗版举报热线：010 - 88191661　QQ：2242791300

序

乡村是中华文明永续不断的根脉所在，如何传承并发扬光大中华优秀传统文化、促进乡村全面振兴是当前迫切需要面对的现实问题，也是作为一名学者必须深刻思考并身体力行为之作贡献的领域，因此当我再读这部著作时感到非常欣慰。再读是因为作为作者的博士导师，此书我已阅读多次，并在研究过程中与作者多次交流，共同学习和进步。掩卷而思有几点感想如下：

首先，该书的选题方向具有时代价值。乡村振兴是一个时代命题，实现乡村振兴的路径不止一个，乡村旅游是其中最为有效的路径之一。伴随着城镇化的发展和空心化的加剧，乡村人口的减少和产业的衰败日益加剧，如何通过乡村创业活动激活乡村发展的动能，汇集乡村发展的各类要素是当代人要面对的难题，也是发展的机遇。该书能将书斋里的学问置于时代发展的潮流中，探究乡村旅游创业的来龙去脉，解答乡村旅游创业的影响因素、形成维度和机制，有助于解析现象背后的运行机理，为激励政策出台的精准性奠定学理基础，是值得肯定的“知中国服务中国”的表现。

其次，该书的研究过程具有严谨规范性。科学研究还是要在研究方法上可信规范，否则论证的结论难以立住脚的话，其说服力和扩散力也会受到影响。该书的立论具有相应的理论支撑，利用扎根理论方法形成的乡村旅游创业学习的五个维度构成较好地契合了乡村旅游创业学习的特征。通过量表开发、问卷调研和统计分析对假设的验证阐述逻辑清晰，条理分明，言之有据论之有理。从学术规范上体现了研究者的学术态度是严谨的，方法训练是扎实的。

再次，该书的结论方向具有趋势必然性。经济活动的价值归宿在哪里这是必须认真面对的问题，产业造福于民才能可持续发展。习近平总书记对文旅业发展所作的重要指示中曾说“旅游业从小到大、由弱渐强，日益成为新兴的战略性支柱产业和具有显著时代特征的民生产业、幸福产业，成功走出了一条独具特色的中国旅游发展之路。”我以为幸福产业不仅体现在游客的获得感和满意度上，更要体现在旅游人的创造性劳动、创意性开发和创业性活动中。乡村旅游创业学习虽然艰苦，但收获的是幸福感，这种因变量的落脚点是人类一切活动的终极目标，这种方向性的导引是很有意义的。

最后，一部著作能否获得市场的认可要靠市场来检验，是否接受作者的观点也是仁者见仁，智者见智，这都不重要。重要的是作者构建的乡村旅游创业学习概念、量表及形成机制模型等都在一定程度上丰富了创业学习的研究范畴和研究情境，为打开乡村旅游创业学习与创业幸福感关系的“黑箱”做了有益的探索，为新的创业者和研究者不同方向的努力奠定了坚实的基础。我相信乡村旅游创业学习会伴随乡村振兴战略的推进而受到越来越多人的关注，这本著作也不单单是一部学术专著，更是一部可以启发青年学者和有志于乡村旅游创业者们以全新视角看待乡村、探索乡村旅游未来发展方向的手册。

是为序。

南开大学旅游与服务学院

徐虹

2024 年 8 月 20 日于水乡花园

前　言

2024年的中央一号文件提出“提升乡村产业发展水平”的具体举措，要求“实施乡村文旅深度融合工程，推进乡村旅游集聚区（村）建设，培育生态旅游、森林康养、休闲露营等新业态，推进乡村民宿规范发展、提升品质”。乡村旅游作为一种新型产业形态，近年来得到蓬勃发展，成为乡村振兴的强引擎。从需求方角度来看，乡村旅游为大众游客提供了多样化、独特性的旅游产品；从供给方来说，乡村旅游发展离不开创业群体的智慧和才干，创业活动的多元化开展为乡村产业振兴和社会进步提供可持续的发展路径。虽然乡村旅游创业主体具备特有的可塑性，在创业过程中表现出较好的适应能力、应变能力和自主创新能力，但普遍面临经营管理不足、环境动态变化、风险不确定等因素的制约，不可避免地遇到诸多困难和挑战。这要求创业者不断地摸索、尝试来理解创业活动并纠正错误经验，通过持续不断地学习以摆脱创业困境。乡村旅游创业者只有重视创业学习，并付诸学习实践，才能取得创业的成功。由此，创业者如何在创业过程中学习，以提高自身素质，逐渐具备创业者特质和精神，推进创业企业健康成长，成为实践发展和理论突破的关键。

本书即是在这样的背景下应运而生的，这是一本有关乡村旅游创业学习理论与实证的研究书籍。本书以中国乡村地区为研究情境，以乡村地区的旅游创业者为研究对象，以其乡村旅游创业学习为研究主题，遵循主体行为发生的“前因——过程——结果”的行文逻辑，对乡村旅游创业者的创业学习形成、维度及对创业幸福感的效应展开讨论。本书主要设计八章写作框架，第一章和第八章分别为引言和结论部分，第二章的文献回顾和第三章的理论基础为研究基础部分，第四章至第七章是研究主体部分。其中，第四章“乡村旅游创业学习形成机制研究”，通过深度访谈法收集一手资料，并采用扎根理论方法进行资料分析，探讨了乡村旅游创业学习形成的影响因素及形成机制；第五章

"乡村旅游创业学习的维度结构分析"，继续通过深度访谈和扎根理论，探讨乡村旅游创业学习的维度构成，讨论了乡村旅游创业学习的方式、特征与内容；第六章"乡村旅游创业学习的量表开发与验证"，通过问卷调查收集数据，采用 SPSS25.0 和 AMOS21.0 软件对乡村旅游创业学习的量表进行开发与验证；第七章"乡村旅游创业学习对创业幸福感的效应研究"，进一步通过问卷调查和数理分析法，构建乡村旅游创业学习与创业幸福感关系的结构方程模型，探讨二者之间的作用机制，采用 AMOS21.0 软件进行模型的参数估计和假设检验。

本书得以成功出版，得到了博士导师徐虹教授的大力指导和支持！她以严谨的治学态度、渊博的知识素养、踏实的工作作风激励我前进，促使我在学术上努力追求。感谢硕士导师王晨光教授、徐凤增教授的指点和启发，不断鼓励我在研究内容撰写上深入思考和顺利开展工作！该书的调研和资料收集得到了时任天津市休闲农业协会李瑾会长、蓟州区文化和旅游局王静晶科长、下营镇杨克主任的及时帮助和协调，在此表示衷心的感谢！非常感谢接受笔者调研的毛家峪村李锁书记、常州村王宝义书记、郭家沟村胡金领书记、车道峪村吴海英书记、西井峪村周健经理、小穿芳峪村刘学良经理、东山村张彪书记、船仓峪村秦秀云书记等村干部，感谢调研中帮忙引路和协调的各村党支部委员，以及接受笔者访谈和问卷调查的各位创业老板，因为有你们的支持和配合，此书的调研工作才能顺利完成。

限于研究的时间和精力以及笔者的学识水平，书中的观点还有待进一步完善。敬请乡村旅游创业领域的专家、创业者及有识之士不吝赐教！未来期待和大家一道继续钻研乡村旅游创业难题，积极探索乡村旅游高质量发展的模式与路径，为全面乡村振兴目标的实现贡献力量。

王彩彩

2024 年 8 月 30 日于天财园

目录

第一章　绪　　论

本章为绪论，着重从研究背景与问题提出、研究内容、研究方法、研究意义以及创新点等方面对本研究将要展开的章节内容进行介绍和阐述。

第一节　研究背景与问题提出

一、研究背景

（一）乡村旅游创业成为实现乡村振兴的现实路径

我国已处在全面建成小康社会决胜阶段、中国特色社会主义进入新时代的关键时期。2017 年 10 月 18 日，中国共产党第十九次全国代表大会报告首次提出“乡村振兴战略”，坚持农业农村优先发展，加快推进农业农村现代化。2018 年中央一号文件的主题为“乡村振兴”，提出乡村振兴战略的具体任务和要求。与此同时，乡村旅游作为一种可持续、创新型的产业发展形态，成为新时代农村经济发展模式转换、产业结构升级换代的有效方式，是促进乡村社会进步、经济发展的重要途径，是对“绿水青山就是金山银山”的中国特色乡村振兴道路的理论深化与实践反馈。2019 年 6 月 28 日，国务院发布《关于促进乡村产业振兴的指导意见》，提出“优化乡村休闲旅游业，实施休闲农业和乡村旅游精品工程”。2024 年中央一号文件明确强调“促进农村一二三产业融合发展，实施乡村文旅深度融合工程，推进乡村旅游集聚区（村）建设”，为乡村旅游更好地促进乡村产业振兴指明了方向。然而，乡村振兴中人的问题至关重要，乡村旅游如何吸引人才留在乡村，成为乡村社会亟需解决的问题；乡村旅游创业则为防止农村劳动力外流、吸引多样化的人群来乡村创业，指出了现实路径，由此，可以助力实现乡村产业、人才、文化、生态、组织的全面振兴。如今，乡村旅游创业蓬勃发展，创新创业现象不断涌现，成为乡村振兴的不竭动力，因此，研究乡村旅游创业问题迫在眉睫。

（二）“大众创业、万众创新”引发农村创新创业热潮

2014 年 9 月，李克强总理在达沃斯论坛上首次提出“大众创业、万众创新”，期望形成“大众创业”“草根创业”以及“万众创新”“人人创新”的新局面。2015 年，“大众创业、万众创新”被写入《政府工作报告》，成为国民经济改革的战略手段之一。随着大众创业、万众创新的深入推进，越来越多的农民工、科技人员、院校毕业生、退伍军人等人员回到农村进行创业，为推进农业供给侧结构性改革、活跃农村经济发挥了重要作用。与此同时，国家出台多项举措鼓励和引导创业创新行为，例如，2016 年 11 月，国务院办公厅印发《关于支持返乡下乡人员创业创新促进农村一二三产业融合发展的意见》，支持返乡人员按照全产业链、全价值链的现代产业组织方式进行创业创新，促进农村三次产业的融合发展，为农民获得二三产业收益指出了路径；2019 年 12 月，人力资源社会保障部、财政部和农业农村部共同颁发《关于进一步推动返乡入乡创业工作的意见》，支持农民工、高校毕业生和退役军人等人员返乡入乡创业，提出提升创业培训、优化创业服务、加强人才支撑等举措，有利于全面推动农村创业创新。党的十九大报告明确提出“激发和保护企业家精神，鼓励更多社会主体投身创新创业”。可见，国家政策为农村创新创业提供了前所未有的发展空间，在一系列政策引导下，农村原住民以及返乡群体成为农村经济发展与进步的重要社会力量，其创业创新将有助于迸发新产业、新业态，激活各类城乡生产资源要素，推动农村一二三产业融合发展，促进农民就业增收。

（三）创业学习与创业活动的成功密切相关

Dixon（1994）指出，当今社会已经进入知识时代，时代的新趋势是学习——关键在于学习，而不是知识本身。学习产生的知识可以有效地减少企业的不确定性，是企业重要的战略资源，对获取竞争优势至关重要（Starkey，1996）。乡村旅游创业为破解城乡二元结构、实现乡村振兴、建设美丽中国，注入了

不竭的发展动力。然而，创业活动仍然面临环境不确定性、风险不确定性等不利因素，且创业者大部分是当地村民或外来务工者，普遍受创业资源短缺、文化水平低、旅游知识匮乏等因素的制约，同时在创业过程中还遭遇认知局限、经验缺失、能力不足等困境，创业的可持续性受阻，因此，乡村旅游创业者亟需通过持续不断地学习来解决创业困境。创业学习是一个经验过程，创业者可以在创业过程中运用已有知识和技能来提高个人知识，并开发新的知识（Minniti and Bygrave，2001；Rae and Carswell，2001），是一个不断获取、发起和管理新企业知识与技能的变化过程（Politis，2005）。已有研究发现，创业学习是影响创业成功的关键要素（王美钰等，2022），有助于提升创业者的创业能力，促进创业企业成长，带来创业绩效。而且，创业活动本身就是一个不断学习的过程，创业者只有重视创业学习，并付诸学习实践，才能取得创业的成功。可见，乡村旅游创业者的创业学习问题具有重要的研究价值和必要性。

（四）幸福感成为关乎国计民生的重要话题

人类的发展，是对幸福生活追求的进步历程，正如古希腊哲学家伊壁鸠鲁所言，“幸福是人类生活的开始和归属，所有的取舍都是从快乐出发，最终目的是得到快乐”（郑希付，2008）。如今，人们越来越重视生活的富足、精神的满足，孜孜不倦地寻求通往幸福的门径。2013 年，国务院办公厅印发《国民旅游休闲纲要（2013～2020）》，指出“促进国民旅游休闲的品质提升，提高国民生活质量”；2014 年颁布的《国务院关于促进旅游业改革发展的若干意见》强调“加快旅游业改革发展，对提高人们生活质量发挥重要的作用”；2016 年，在达沃斯论坛上，李克强总理将旅游业列为五大幸福产业之首，表明旅游作为国民消费升级的重要地位。可以看出，旅游业具有强大的社会功能，被看作是提升幸福感的重要途径。在大众旅游的时代背景下，旅游对提升国民幸福感的作用日渐凸显（旅游业对国家经济社会发展的战略作用课题组，2015）。旅游产业发展、社会进步旨在提高人们的生活质量、生活满意度和幸福感，而创业活动是促进个人发展、成长和幸福的一个潜在来源（Stephan，2018；孟晓彤等，2024）。由此可见，关注旅游创业与幸福感的命题至关重要。

二、问题的提出

在乡村振兴战略和“双创”思潮的背景下，乡村旅游创业已成为推动农村产业结构调整、经济发展和社会进步的重要途径，并受到政府部门的关注和支持。虽然广大农村创业者具备特有的可塑性，在社会环境的作用下表现出一定的应变能力、适应能力和创新能力（陈晓宏，2005），但其创业所从事的服务业和商业等第三产业，由于进入门槛较低，市场范围狭窄，容易形成过度竞争的局面，降低其创业的成功率（刘光明、宋洪远，2002）。加之，创业者自身并不完全具备创业所需的所有条件（成婧，2016），尤其是受个人创业能力、外界不确定情境等因素的影响，创业者面临诸多困难和挑战。创业者只能在创业的过程中通过不断地尝试、探索来理解和摆脱创业困境，纠正、完善已有的知识结构（Rae and Carswell，2001）。各种不确定性因素要求创业者加强学习，学会利用外界资源，增强内部竞争优势。因此，创业者如何在创业过程中学习，以提高自身素质，逐渐具备创业者特质和精神，推进创业活动的顺利进行，成为实践发展和理论突破的关键。

创业学习是不断获取、创办和管理新企业知识与技能的变化过程（Politis，2005；Hamilton，2011），通过学习活动，创业者积累并产生知识，以实现机会识别与开发、资源获取与利用、组织构建与发展，旨在提高创业活动的有效性（朱秀梅、张婧涵、肖雪，2013）。基于认知、能力、网络和经验视角对国外代表性文献进行梳理，谢雅萍、黄美娇、陈小燕（2014）发现国外研究主要聚焦于创业学习概念、创业学习方式与途径、创业学习模型等内容。国内学者则对创业学习的结果变量进行了较多实证模型的构建与数据分析，例如，考察创业学习与创业机会识别的作用关系（曹钰华、李晶，2024），探讨创业学习与创业意向的关系（沈莉、廖家娴，2023），分析创业学习与创业能力、创业绩效、创业成长之间的作用机理（单标安、于海晶、费宇鹏，2017；周劲波、李炆灿，2023；赵文红、黄姗姗，2024）。研究得出，企业的创业学习行为具有重要的价值，对提高创业机会识别、获得企业成长、增强创业绩效发挥积极的作用，这不仅可以实现企业的正常运营和发展，而且能够促进创业者成长、个人价值实现。然而，尽管国内外学者对创业学习领域进行了颇多的探索，但创业学习在旅游创业情境中的理论成果还未有研究，留给我们很多思考和讨论的空间。

第一，创业学习影响因素方面，学者根据自身的研究目的，基于单一视角来考察某一方面的影响因素，缺乏对影响因素的综合、系统性考虑，未形成一个全面的研究框架，尤其是影响因素的内部作用机制问题更是匮乏，有关乡村旅游创业学习领域中，创业学习是如何形成的、形成因素之间是如何发挥作用的，成为亟需解决的问题。第二，在创业研究领域，有关于创业学习方式、学习内容的零散探讨，而对于乡村旅游创业者来说，其创业学习活动尤为关键，因此，创业者的创业学习方式如何、学习活动有何独特性、创业学习如何被测量等问题值得被探究。第三，学者对创业学习实现的客观指标，如创业绩效、创业成长等变量进行了较多探讨，但对创业学习带来的主观指标，如创业者幸福感的研究很是缺乏。由于创业活动是一个长期、持久的事业，绩效的产生，尤其对于乡村旅游创业来说，是一个长期耗时的过程，在这一过程中，是什么因素支撑创业者一直坚守创业？其中的主观方面的因素不得不被考虑。同时，旅游创业学习在带来企业客观绩效的同时，对创业者的主观情感有什么影响？是否带来幸福感？创业学习通过何种机制作用于幸福感？这些问题迫切需要理清。

综上所述，本书将以中国乡村地区为研究情境，以乡村地区的旅游创业者为研究对象，以乡村旅游创业学习为研究主题，针对以下四个问题开展具体的研究。

（1）乡村旅游创业学习的形成机制：综合、全面地考察乡村旅游创业者的创业学习是如何发生的，其形成的影响因素有哪些？这些因素是如何作用于创业学习？它们出现的深层次原因是什么？对此问题的解释，为后续乡村旅游创业学习的分析作铺垫。

（2）乡村旅游创业学习的维度结构：乡村旅游创业学习类型与方式如何呈现？创业者的创业学习有何特征？其创业学习内容有哪些？对此问题的回答，是研究乡村旅游创业学习相关问题的首要环节。

（3）乡村旅游创业学习的度量：乡村旅游创业领域中，创业者的创业学习与一般企业的创业学习有何不同，该如何来测量？对此问题进行情境化分析，便于乡村旅游创业学习领域定量研究的推进。

（4）乡村旅游创业学习对创业幸福感的作用机制：学习是实现幸福的一种重要手段，已有文献对学习与幸福感关系的研究尚不明确，那么，乡村旅游创业学习是否对创业幸福感产生影响？二者之间的作用机制如何？对此问题的探讨，可以为提升创业者的学习和幸福感指明方向。

第二节　研究内容与结构框架

一、研究内容

根据研究问题，本书旨在科学、系统地探讨乡村旅游创业者创业学习这一现象，理清创业学习的前因、学习内涵与维度及其对结果变量的影响，具体来说，包括以下内容。

首先，需要明确研究的关键概念，即乡村旅游创业学习，理清旅游创业与创业学习的定义是什么、已有文献有哪些研究成果、存在哪些值得思考和提升的空间；在此基础上，界定本研究的乡村旅游创业、乡村旅游创业学习，寻找支撑研究问题的理论基础。对这些问题的回答，构成本书第二章和第三章的内容。

其次，在文献研究的基础上，进一步明确本书的研究问题，遵循主体行为发生的“前因——过程——结果”逻辑，设计四个相互关联且不断深化的子研究。子研究一旨在探讨乡村旅游创业学习的形成机制，考察创业者创业学习形成的影响因素有哪些、它们之间是如何作用的？子研究二旨在探讨乡村旅游创业学习的维度构成，讨论乡村旅游创业学习的方式有哪些、其内容和特征如何？子研究三旨在探讨乡村旅游创业学习的度量问题，考察在乡村旅游创业情境下，创业者的创业学习与一般企业的创业学习有何不同，如何测量？子研究四旨在探讨乡村旅游创业学习对创业幸福感的效应，考察创业学习是否对创业幸福感产生影响、二者之间是如何发生作用的？对这些问题的回答，构成了本书的研究主体部分，即第四章至第七章的内容。

最后，在对以上问题进行科学规范研究的基础上，本书指出了研究的理论贡献，并对研究结论进行分析，提出对乡村旅游创业者、政府部门、村两委、家庭、旅游者的实践启示，以助推乡村旅游创业者的创业学习和乡村旅游创业的成功。

二、结构框架

根据研究问题与研究内容，本书主要设计八章写作框架，其中第一章和第八章分别为引言和结论部分，第二章的文献回顾和第三章的理论基础为研究基础部分，第四章至第七章是论文的主体部分，具体内容如下。

第一章是绪论。从现实背景和理论背景两方面提出本书的研究问题，并对研究内容与结构框架、研究方法、技术路线、研究的理论意义与实践意义、研究创新点等内容进行详细的阐述。

第二章是文献回顾。对旅游创业、创业学习、幸福感等相关研究进行文献回顾与梳理，并对现有研究进行评述，指出理论研究的不足，作为本研究的切入点，并为本研究提供理论支撑。

第三章是理论基础。对本研究涉及的乡村旅游、创业、乡村旅游创业学习及创业幸福感等关键概念进行界定；对相关理论进行梳理和总结，发现已有理论与研究问题的关联点，为书中分析奠定基础。

第四章是乡村旅游创业学习形成机制研究。对典型案例地进行实地调研，获取研究资料，采用扎根理论的质性研究方法对乡村旅游创业学习形成的影响因素进行系统分析，并构建乡村旅游创业学习形成机制模型。

第五章是乡村旅游创业学习的维度结构分析。选取典型案例调研，进行数据资料收集，采用扎根理论的质性研究方法对乡村旅游创业学习维度进行提炼，并分析创业学习的独特性和内容，构建乡村旅游创业学习维度结构模型。

第六章是乡村旅游创业学习的量表开发与验证。在乡村旅游创业学习维度结构分析的基础上，设计调查问卷，收集数据，开发乡村旅游创业学习量表，并对形成的量表进行验证，为定量研究打下基础。

第七章是乡村旅游创业学习对创业幸福感的效应研究。在文献梳理的基础上，提出乡村旅游创业学习与创业幸福感关系的研究假设，构建结构方程模型，收集样本数据进行模型验证，考察乡村旅游创业学习对幸福感的作用路径。

第八章是研究结论与讨论。对本书的研究结论进行梳理和总结，并与已有文献进行对话，指出本研究的理论贡献；据此，提出本研究对乡村旅游创业学习的实践启示，并指明研究局限及未来研究方向。

第三节　研究方法与技术路线

一、研究方法

本书以国内外已有研究及实地调研为基础，对乡村旅游创业群体展开研究，考察其创业学习的形成、维度、测量以及对创业幸福感的效应。由此，本书综合运用定性和定量结合的研究方法。文献研究法为本书写作奠定基础，定性与定量研究用于本书主体部分。具体研究方法有文献研究法、深度访谈法、扎根理论、问卷调查法和数理分析法。

（一）文献研究法

文献研究法是通过收集、整理与研究相关的文献，以获得启发和思考的过程。本研究对国内外学术数据库进行“旅游创业”“创业学习”“幸福感”等为主题及关键词的搜索，并对搜集的较有代表性的文献进行阅读和整理，对其研究内容和研究方法进行对照，找出研究主题的演变规律及发展趋势，以明确现有研究的成果和进展，进一步发掘本书可能的创新点及研究切入点；旨在文献阅读的同时，寻找与本研究相关的理论基础，以启发研究者的思考，为本书研究问题的解决提供理论依据。

（二）深度访谈法

深度访谈是一种直接的、无固定结构的访问过程，适用于明晰较为复杂、抽象的情境或事件。本研究选取典型案例地进行实地调研，按照理论抽样的原则选择受访对象，对产生创业学习行为的乡村旅游创业者进行半结构化深度访谈，收集创业学习的一手数据资料。访谈过程中，研究者根据事先设计的访谈提纲来引导受访者回答，并根据每个受访者的自身情况及回答，现场进行灵活处理和应答，增删相关问题，以保证访谈氛围的融洽性和访谈的有效性。

（三）扎根理论

扎根理论最早是由 Glaser 和 Strauss 提出的一种从资料中构建理论的方法论，被认为是比较规范、科学的质性方法。该方法着眼于研究问题，忠于原始资料，不断地抽取概念和范畴，经过比较与考究，得到范畴之间的逻辑关系就是所需建构的理论。本研究对乡村旅游创业者的文本资料采用扎根理论方法进行编码分析，系统地挖掘乡村旅游创业学习形成的影响因素、创业者创业学习的维度结构、创业学习的测量题项，以构建乡村旅游创业学习的形成机制模型、维度结构模型和测量量表。

（四）问卷调查法

问卷调查法是社会学、管理学领域常见的研究方法，不管是邮寄、面对面还是线上作答问卷，都具有成本经济、程序便捷的优势，并且可以进行大样本收集；而采用匿名作答的方式也会保证受访者答题的客观性。本研究采用问卷调查收集数据，对乡村旅游创业学习量表题项进行探索性因子分析和验证性因子分析，并对乡村旅游创业学习与创业幸福感的关系进行研究。

（五）数理分析法

数理分析法是借助数学公式对收集的数据进行验证的方法，在管理学中，一般用于对已有研究假说的检验。数据的数理分析过程较为复杂，往往借助数据处理软件进行分析。本研究综合采用了 SPSS25.0 和 AMOS21.0 软件进行问卷调查数据的处理，对乡村旅游创业学习量表进行探索性因子分析和验证性因子分析、构建乡村旅游创业学习与创业幸福感关系的结构方程模型并进行定量分析。

二、技术路线

根据前述研究内容与研究方法的分析，整理本研究的技术路线，如图 1.1 所示。

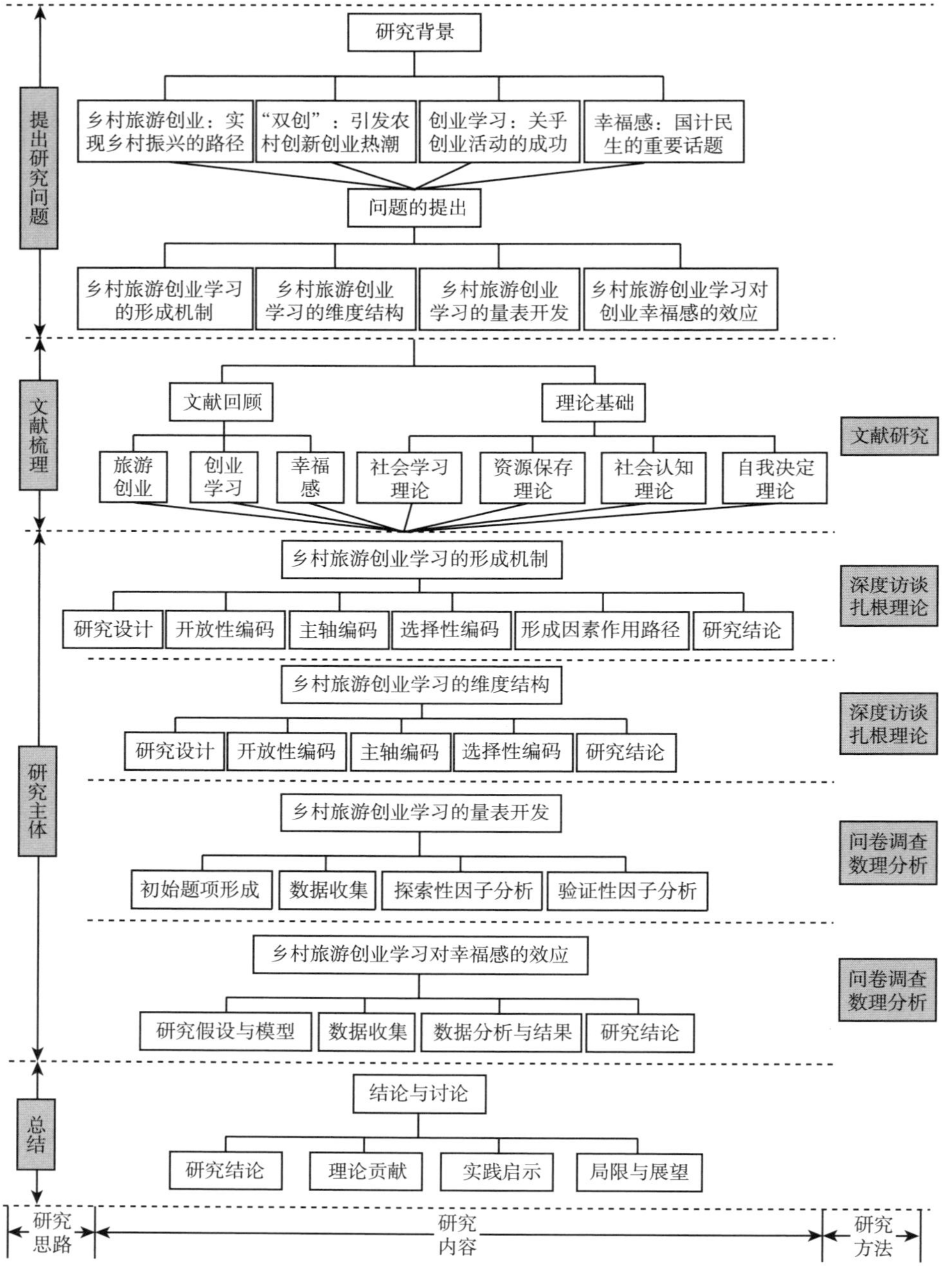

图 1.1　本研究技术路线

资料来源：本研究绘制。

第四节 研究意义与创新点

一、研究意义

（一）理论意义

1. 拓展了创业学习的研究领域

本研究在乡村旅游情境下首次探讨创业学习的问题，对乡村旅游创业学习的形成、内涵与维度及其对创业幸福感的效应进行了质性和量化的分析，得到了一系列有意义的结果。一是对创业学习形成的影响因素进行了系统、全面的分析，构建乡村旅游创业学习形成机制模型；二是界定了创业学习在乡村旅游情境中的内涵，并挖掘其维度结构；三是扩展了创业学习的效应研究。这极大地弥补了创业学习聚焦于单一产业的缺陷，丰富了创业学习的研究领域。

2. 补充了乡村旅游创业领域的理论成果

随着乡村旅游创业的蓬勃发展，学界越来越重视该领域的研究，集中于创业机会、创业动机、创业绩效、创业影响因素等主题的探讨，但未涉及对乡村旅游创业学习的讨论。本研究分析了乡村旅游创业者创业学习的形成机制、内涵和维度，并开发相应的测量量表，挖掘了乡村旅游创业学习对创业幸福感的作用机制，有助于丰富乡村旅游创业的研究发现，为后续学者研究乡村旅游创业学习提供参考。

3. 丰富了创业幸福感的相关研究

已有研究对创业幸福感的探讨多是聚焦于单一维度的考察，本书从乡村旅游创业实践出发，指出乡村旅游创业幸福感包含创业主观幸福感和创业心理幸福感两个层面。此外，本研究挖掘了创业幸福感的前置因素，探讨了乡村旅游创业学习与创业幸福感的作用机制，验证了创业自我效能感在创业学习与创业主观幸福感、创业学习与创业心理幸福感之间的中介效应，打开了乡村旅游创业学习、创业幸福感关系的“黑箱”，进一步丰富了创业幸福感的相关理论。

（二）现实意义

1. 为乡村旅游创业者取得创业成功指明方向和路径

乡村旅游实践中，创业者因自身文化水平受限、思想意识保守等短板，在创业中处于劣势，迫切需要开展创业学习活动，才能获得创业成长和创业成功。然而，部分创业者并不清楚如何提升个人知识和技能、高效率地开展学习活动。本研究通过对乡村旅游创业者创业学习内涵、维度及内容的挖掘，可以为创业者从个人摸索、专家指导、榜样模仿、亲友探讨、游客互动的方式去开展创业学习打开思路和眼界，并促使创业者自查自省，对照自身的不足之处，精进学习，以采取合适的学习方式，扩展学习内容，增强创业主体的内在动力，取得创业成功。

2. 为乡村旅游创业者提升创业幸福感提供努力的方向

旅游业位居五大幸福产业之首，而幸福需要努力创造，幸福感在创新、创业、创造中产生。创业者在乡村旅游创业中，进行创业学习活动，本身就是一种创新、创造的过程，可推断，乡村旅游创业者的创业学习对创业幸福感具有积极的作用。本研究对乡村旅游创业学习与创业幸福感作用路径、二者之间中介机制的挖掘，可以让创业者意识到要获得创业幸福感，除了经济收入可以带来幸福之外，加强创业学习、增强自我效能感，对幸福感起到更加持久深远的影响。因此，本书将对鼓励创业者寻找自身差距，积极努力地开展创业学习，提升其创业幸福感提供有益的指导。

3. 为乡村旅游创业生态圈的打造提供指导启示

创业生态圈为企业的生存和发展提供空间条件，本研究对乡村旅游创业学习形成机制的系统分析，对创业生态圈的形成具有重要启示。研究发现，创业学习是由创业主体动力、旅游市场压力、社会环境支持和主观认知判断共同决定产生。其中，创业主体动力是内在动力因素、旅游市场压力是外部压力因素、社会环境支持是外部激励因素、主观认知判断中的个人认知局限是内在阻力因素，可见，创业主体、旅游产业环境、政府政策等要素对创业学习具有重要的作用。本书将推动各创业生态圈要素在改善旅游经营环境、提供学习培训机会、实施创业优惠政策、提供旅游市场信息等方面采取具体、必要的举措，以激发更多创业者加入乡村旅游创业的大潮，聚拢“大众创业、万众创新”

氛围，积极打造良性创业生态圈。

二、创新点

本研究的创新点主要表现为以下四个方面。

（一）构建乡村旅游创业学习形成机制模型

国内外学者针对自身研究目的，要么从单一视角对创业学习的影响因素进行零散的理论性探讨，要么对创业学习与几个前因变量进行定量模型分析，未形成系统、全面的研究成果；且未见对乡村旅游、旅游创业领域的探讨。本研究则系统地挖掘了乡村旅游创业学习形成的影响因素，并构建乡村旅游创业学习形成机制模型，拓展了乡村旅游、旅游创业领域的研究内容，以及创业学习相关理论在乡村旅游创业情境下的理论成果。

（二）界定乡村旅游创业学习概念并构建乡村旅游创业学习维度结构模型

已有文献聚焦于制造业、高新技术产业领域，对创业学习内涵、类型等内容进行探讨，对旅游产业情境下的创业学习问题尚未涉及。本研究在文献梳理的基础上，对乡村旅游创业学习的概念进行界定，进而，对乡村旅游创业学习的维度进行科学规范的研究，并形成乡村旅游创业学习维度结构模型，补充了乡村旅游领域创业学习研究的理论成果，为后续研究者对乡村旅游创业学习领域的研究提供一定的参考。

（三）开发并验证乡村旅游创业学习量表

已有研究对创业学习的概念及测量进行分析，形成了不一致的观点，一定程度上表明，因研究问题及研究情境的差异，科学的研究需要进行更具针对性、情境化的概念界定和测量。本研究在对乡村旅游创业学习内涵和维度进行质性研究的基础上，开发乡村旅游创业学习的测量题项，并收集问卷数据进行量表的开发和验证，得到具有较高信度和效度的乡村旅游创业学习量表，为乡村旅游创业学习提供了科学有效的测量工具。

（四）挖掘出乡村旅游创业学习与创业幸福感的作用机制

在组织行为领域及心理学领域，学者对创业学习的结果变量、幸福感的影响因素均进行了较多探讨，但对创业学习与幸福感之间关系的研究尚未涉及。本研究通过理论演绎提出乡村旅游创业学习对创业幸福感效应的研究假说，进而构建二者关系的结构方程模型，并收集数据进行模型检验，打开了乡村旅游创业学习与创业幸福感之间的“黑箱”，丰富了乡村旅游、创业学习、幸福感领域的研究成果。

第二章　文献回顾

为回答需要解决的研究问题，应首先对与研究问题相关的概念、现有成果进行梳理，以更加清晰地聚焦研究问题，寻找本研究可以进行突破与创新的空间，以便采用科学的研究方法，对研究问题作出合理的解释。通过对国内外数据库进行检索，本章重点回顾了旅游创业、创业学习、创业幸福感领域的相关研究成果，以便为后续研究提供思路和借鉴。

第一节　旅游创业相关研究

一、国外旅游创业研究

本研究在 Elsevier、Web of Science、百度学术等资源平台上，以“tourism + entrepreneurship”为关键词，搜索国外旅游创业研究的相关文献，进而对文献进行分类及阅读，主要从旅游创业动机、旅游创业者特征、旅游创业影响因素、旅游创业效果、旅游社会创业五方面进行回顾。

（一）旅游创业动机

国外学者对旅游创业者的创业动机进行了较多探讨，改变并追求新的生活方式是创业者的普遍动机。例如，Bauer（2001）对印度尼西亚进行调研，发现 Yogyakarta 地区的创业者意在通过创业寻求朋友，获得新颖的生活方式；Connell、Page 和 Bentley（2009）对新西兰的旅游小企业进行研究，发现多数创业者选择创业是为了享受生活乐趣；Carson、Carson 和 Eimermann（2018）对 15 位瑞典北部乡村的国际移民企业家访谈发现，寻求户外休闲和反城市生活的生活消费是大部分企业家创业的主要动机，他们具有有限的旅游参与度、希望减轻工作负担、反对旅游业进一步增长而追求纯粹的生活方式。The Global Entrepreneurship Monitor（GEM）表示，个体进行旅游创业要么为了寻求发展机会，要么为了生存（Alhammad，2020）。创业者进行旅游创业对增加经营收入、自己当老板有强烈的诉求，如 Bauer（2001）对 Lombok 区域创业者的研究发现，创业者主要是为了赚取女性旅游者的消费收入；Ahmad（2015）分析了阿联酋中小酒店所有者追求个人独立、当老板的创业动机。

（二）旅游创业者特征

学者研究发现，创业者建立的旅游企业往往是中小型企业、规模不大，创业者多数是女性（Getz and Petersen，2005；King，Breen and Whitelaw，2014），以外来移民创业为主（Getz，1994；Getz and Carlsen，2000）。自信、独立、坚持、从失败中学习（Jaafar et al.，2011；Ahmad，2015），冒险、创新、模糊容忍和内部控制点（Gurel，Altinay and Daniele，2010）被认为是创业者应当具备的特质。Bosworth 和 Farrell（2011）以英国本地和外地企业主为研究对象，从“动机与抱负”“机会发掘，创新和冒险性”和“家庭，社区及网络”三方面分析了两类创业者的不同特征。

已有文献对旅游创业者的类型划分进行了较多探讨，学者倾向于从创业动机入手，以创业动机中寻求经济收益、改变生活方式为分类依据。Dawson、Fountain 和 Cohen（2011）将创业者分为经济导向和生活方式导向两类，分析了不同类型创业者在乡村地区旅游创业季节性经营上的差异，研究发现，生活方式型创业者享受经营淡季的休息时刻，选择让企业保持较小规模的运营；经济导向型创业者则采用创新策略以应对旅游季节性问题。Chen 和 Elston（2013）考察了中国小型饭店的创业者，将其分为自治寻求者（Autonomy Seekers）、家庭保护者（Family Protectors）和利益寻求者（Profit Seekers）。自治寻求者优先考虑个人利益，追求企业增长；家庭保护者拥有较高水平的教育程度，希望壮大企业并塑造良好的公众形象；利益寻求者中女性占比高、年轻化，工作经验较丰富，希望发展壮大企业。King、Breen 和 Whitelaw（2014）把创业者划分为追求增长创业者和生活方式创业者，与生活方式创业者相比，追求增长创业者乐于参与商业团体活动、更加关注业务管理和经营信息、愿意参加各类相关的培训。

Bredvold 和 Skålén（2016）则对生活方式型创业者进行了专门的研究，认为创业者身份是由嵌入性、独立性、稳定性和灵活性相结合建构而成，据此，将生活方式型创业者分为现代型、自由型、忠诚型和后现代型。现代型创业者由嵌入性和灵活性主导，善于发现机会，勇做开拓者；自由型由独立性和稳定性主导，他们追求自由，不喜欢被传统观念及家庭所束缚，想要完全控制企业；忠诚型由嵌入性和稳定性主导，这类创业者往往与当地经济和文化保持密切联系，为地区创造价值；后现代型由独立性和灵活性主导，他们一直寻求创新活动。

（三）旅游创业影响因素

旅游创业的成长及发展是由多方面因素综合作用的，一般来说，可以分为创业者自身因素及创业外部环境因素两方面。从创业者内在因素来看，人力资本、受教育程度、管理经验对创业能力具有显著的影响；结构性社会资本和关系型社会资本均与企业成长呈正相关关系（Zhao，Ritchie and Echtner，2011）。互联网使用、服务质量、营销及绩效四方面被看作企业成功的关键因素，且教育水平高、经验丰富的创业者对成功因素的感知更强烈，更加注重这些因素的作用（Avcikurt，Altay and Ilban，2011）。对自然旅游创业者的成功因素和制约因素的研究发现，经营管理、财务状况和生活方式是决定成功的因素，而缺乏资本和知识、地理位置局限性是创业的制约因素（Lundberg and Fredman，2012）。

外部环境因素方面，已有研究发现政府相关部门在旅游创业及企业成长中扮演重要的角色。通过对塞浦路斯的农业旅游进行探讨，研究者发现财政支持及技术帮助对旅游业的发展至关重要（Sharpley，2002）；旅游目的地管理部门在提升企业竞争力方面起着关键的作用（Sainaghi，2006）。外来创业者需要考虑建立与各利益相关者的关系，应该与社区建立互惠互利的关系、平衡与行业协会的关系及其所要求的标准，和谐的商业关系、社区关系和政治关系需要通过接触频率、互惠程度和绩效来维持（Yang，Ryan and Zhang，2014）。居民对旅游业的感知和行为也会影响创业的可持续发展，当地居民欢迎适度的旅游开发，希望旅游业者通过旅游业提高居民收入，为居民及游客提供舒适安全的生活环境（Ahadian，2013）。

（四）旅游创业效果

有关旅游企业创业效果的研究，学者大都是对创业绩效及其影响因素进行定量分析。Hallak、Brown 和 Lindsay（2012）实证研究发现，地方认同对中小型旅游企业绩效具有积极的影响，创业自我效能感和社区支持在二者之间起中介作用。Hallak、Assaker 和 Lee（2015）继续考察了地方认同与创业者自我效能感的正相关关系，自我效能感则是促进企业绩效的直接驱动因素；分组比较发现，相较于女性，男性的创业自我效能感与绩效之间的正向关系更为显著。Hallak、Assaker 和 O'Connor（2014）对家族和非家族旅游企业的企业绩效进行研究，结果发现创业者的自我效能感对企业绩效产生积极的正向作用，对于家族企业和非家族企业，创业自我效能感都是绩效的重要预测指标。Lee、Hallak 和 Sardeshmukh（2016）定量验证了饭店业创新、创业自我效能感、人力资本与饭店业绩的关系，结果表明饭店创新活动和自我效能感正向作用于饭店绩效，人力资本通过创新和创业自我效能感对绩效产生正向影响。

学者对创业导向与企业绩效的关系进行了较多讨论。例如，Tajeddini（2010）定量分析了瑞士酒店业创业导向与企业绩效的关系，结果发现创业导向、顾客导向、企业创新对绩效具有正向作用。Roxas 和 Chadee（2013）分析了创业导向在制度与企业绩效之间的中介作用，其中，法律因素对创业导向的作用最强，通过增强创业导向带来更高的企业绩效。Mussalam 和 Tajeddini（2016）则探讨了瑞士旅游企业中创业导向、顾客导向对绩效的影响，发现创业导向中的风险规避、创新性、积极性正向作用于企业的创业绩效。Jogaratnam（2017）讨论了企业资源，如创业导向、人力资本、市场导向等资源的组合可以促进企业绩效，对于小型饭店业来说，创业导向能够增强企业的竞争优势，从而提高企业绩效。

此外，Nieto、Hernández－Maestro 和 Muñoz－Gallego（2011）分析了互联网技术对企业绩效的作用，企业的网站内容正向影响绩效，并指出政府对企业新技术运用进行补贴时，应该侧重于丰富和充实网站内容，以加强企业对新技术的应用程度。Suder et al.（2024）对星级酒店进行定量分析，发现数字化对酒店绩效产生显著的正向影响。Roxas 和 Chadee（2013）考察了制度环境对菲律宾旅游业企业绩效的影响，具体分析了法律、政府政策、商业支持和监管质量对企业绩效的重要作用，结果表明，制度环境在很大程度上决定了旅游企业的发展环境，是促进企业绩效的有效途径。Dana、Gurau 和 Lasch（2014）基于网络资源的二手资料和半结构化访谈一手资料，从居住、生产、休闲、生态四个功能整合分析了法国两个村庄旅游创业后的发展状况，指出乡村发展应当以各种地域功能相互协调为基础，以优化当地资产和机会利用为目标，而不能破坏乡村地区的本真性和独特性。

（五）旅游社会创业

社会创业是创新地利用、整合资源来创造社会价值和经济利益（Austin, Stevenson and Wei - Skillern，2006），强调未满足的社会需求、解决被忽略的社会问题（Ratten and Welpe，2011）。在旅游行业，绿色酒店是典型的社会创业企业，Yeh、Ma 和 Huan（2016）讨论了环境教育与顾客对绿色酒店访问意愿的关系，研究指出环境教育直接影响访问意愿，且环境激励在二者之间起调节作用，这对社会创业者通过实施环境教育来增强社会责任进而吸引顾客提供了重要启发。Sigala（2016）指出社会创业者为取得转型发展和创造社会价值，需要具备三种市场能力，即网络结构、市场实践和市场图片，进而指出旅游和酒店社会企业应该培育这些能力，通过与其他企业合作，利用市场机会实现社会价值共创。社会创业使创业者在取得经济利益的同时，更加注重社会效益，推进社会及产业的可持续性。例如，De Lange 和 Dodds（2017）探讨了加拿大社会创业与可持续旅游业的关系，提出社会创业有助于推动酒店和旅游业的可持续增长，使整个行业趋向可持续发展，还可以加强社会监管、促进当地经济的发展。Mottiar（2016）分析了爱尔兰旅游社会创业者动机，社会创业通过“聚集爱尔兰 2013”活动展现，结果显示，带回亲朋好友和支持此次活动是创业者的两个重要创业动机。通过社区活动，创业者与地方政府及其他活动组织者建立联系，增强旅游参与者的社会属性，为当地发展、旅游业的发展奠定基础。在我国，社会创业企业尚处在起步阶段，尤其是在旅游领域（Wang, Duan and Yu，2016）。Wang、Duan 和 Yu（2016）考察了我国旅游业社会企业的发展，提出了一个中国非营利组织的创新和可持续模型，呼吁政策制定者通过改善机制来帮助社会企业提供更多的社会服务。

二、国内旅游创业研究

本研究在 CNKI 上以“旅游创业”为主题词进行检索，搜索 CSSCI 和核心期刊来源的学术文章，发现国内学者对旅游创业的研究内容较分散，研究数量不多，一定程度上说明学界对旅游创业研究领域的关注尚不足。本研究从旅游创业机会、旅游创业动机与意愿、旅游创业效果、旅游创业过程与创新主题对国内旅游创业研究进行分类和梳理。

（一）旅游创业机会

创业机会是创业管理研究的关键，其中，机会识别作为创业过程研究的切入点得到学者的关注。在旅游创业领域，徐红罡和马少吟（2012）对阳朔旅游小企业创业者进行质性研究，结果显示，旅游小企业的创业机会识别总体上经历了机会感知、机会识别以及机会创造三个阶段。徐红罡和唐周媛（2014）对大理的少数民族企业家创业行为进行研究，发现旅游业改变了企业家的传统手工艺生涯，他们开始识别并利用创业机会，向旅游产业供应者转变。杨学儒和杨萍（2017）考察了社会资本、创业警觉性、先前经验与乡村旅游创业机会识别的作用关系，研究发现，农民的先前经验、社会资本对乡村旅游创业机会识别具有显著的促进作用，而且先前经验、社会资本不仅可以直接提高创业机会识别水平，还会经由创业警觉性来间接地影响创业机会识别。秦宇等（2021）研究发现互联网旅游企业创业机会是被“构建”而不是被“发现”的，企业的创业机会识别受到经济、政、技术等环境因素的影响，且创业团队成员的知识经验、社会网络和个人能力，帮助创业者更快地发掘创业机会。

（二）旅游创业动机与意愿

李星群（2008）对广西的乡村旅游经营者进行实地调研，发现其创业主要是受经济收入获取、兴趣爱好、自我实现需要、外部支持等因素综合影响的结果。林宗贤等（2013）比较了乡村旅游创业动机中的性别差异，研究表明女性创业者是为了获取利益并追求理想的生活而从事乡村旅游经营，而男性主要是因为不满意过去的生活状况。徐红罡和陈芳芳（2018）分析了不同类型的旅游小企业中创业者在意的目的地环境要素，主要有行业发展、生活氛围、人居环境、社会网络、自然环境、支持条件。黄平芳等（2018）对江西赣南农户进行调查，分析了影响农户参与旅游创业培训意愿的因素，结果发现创业者的年龄、受教育程度、创业技能、劳动力数量、培训时间以及效果评估等因素对培训意愿产生重要的影响。张环宙、李秋成、黄祖辉（2019）对浙江浦江的农户创业样本进行实证研究，结果发现，亲缘网络结构、亲缘网络关系、亲缘网络认知对农民旅游创业意愿均具有积极的正向作用，感知创业风险在网络关系、网络认知与农民创业意愿中发挥中介作用，创业警觉性在亲缘网络关系、网络认知与农民创业意愿之间发挥中介作用。徐菲菲等（2023）通过对民宿主深度访谈发现，创业动机存在双生机理，在经济、情感归属等内部动机之外，创业政策等外部动机驱动民宿创业。吴琳等（2020）则发掘不同创业动机的民宿创客在创业绩效感知上存在差别，其中生意和生活兼顾的理想主义型创客的创业满足感最强，以生意为诉求的利润导向型创客在创业中满足感最低。

（三）旅游创业效果

学者主要探讨了乡村旅游创业的企业绩效、创业成长、利益分配等问题。例如，刘金锋和李强（2014）通过深度访谈收集资料，质性分析了旅游创业对西江千户苗寨妇女自我认知的作用，结果发现，旅游创业给创业者带来了经济收入支配权、经营决策权，但对乡村社会的政治参与呈现无意识状态。张环宙、李秋成、黄祖辉（2018）对浙江省的乡村旅游小企业进行研究，结果显示，情感网络家族依赖、资产网络家族依赖与乡村旅游小企业成长之间呈现“倒U形”关系，即情感支持、家族网络可以促进小企业成长，但超过一定限度会阻碍其成长。王海弘等（2019）构建了农民乡村旅游创业绩效影响因素的结构方程模型，研究发现，创业机会识别、旅游发展潜力、创业环境包容性正向影响农民创业绩效。徐凤增、林亚楠、王晨光（2019）以山东省中郝峪村为例，讨论了社会创业对乡村旅游利益分配的实现路径，指出社会创业的社会价值属性、经济价值属性和创新属性在利益分配模式中起重要作用。王彩彩等（2023）以陕西省袁家村为例，根据共生理论，分析旅游创业主体借助共生环境，进行共生能量创造，引致共生能量分配、共生能量传染，最终促进共同富裕这一共生效应。

（四）旅游创业过程与创新

白长虹和温婧（2015）指出国内旅游创业的智慧取向明显，并形成三种创新模式，即基于旅游产业价值链的创新、基于平台战略的创新、基于跨界融合的创新。吴小立和胡新艳（2017）指出在农民创业过程中，需要通过跨层次的网络嵌入获取乡村旅游资源，而环境动态性要求创业者必须具备相应的动态能力，将创业过程与跨层次嵌入协同推进。朱镇和王新（2018）对转型中的旅行社进行问卷调查，构建了外部市场驱动力和内部资源驱动力与企业电子商务能力识别之间的研究模型，结果发现，两类驱动力产生合作经验、规划经验和运营经验三种创业感知，且三种创业感知在驱动力与企业电子商务能力识别之间发挥关键的中介效应。杨学儒和李浩铭（2019）以粤皖农家乐创业者为调查对象，考察了乡村旅游企业社区参与对环境行为的正向促进作用，且创业者的环境关心正向调节企业社区参与和环境行为的关系，农村居民消费水平负向调节企业社区参与和环境行为正向关系。王彩彩和徐虹（2019）构建了陕西省袁家村的乡村旅游创业生态系统，研究得出，乡村旅游创业生态系统是由旅游供给系统和旅游需求系统双轮驱动、并依托乡村环境系统形成的动态生态体系。

三、研究评述

本节针对国内外旅游创业主题的相关研究成果进行了梳理，发现学者对旅游创业研究主题涉猎较广、研究方法呈现多样化。国内学者大多从旅游创业机会、旅游创业动机与意愿、旅游创业效果、旅游创业创新与发展主题进行研究，国外文献主要聚焦在旅游创业动机、旅游创业者特征、旅游创业影响因素、旅游创业效果、旅游社会创业五个方面。已有研究倾向于要么选择典型案例地进行访谈调研，采用质性方法进行研究；要么进行大样本的问卷调查，构建假设模型进行定量研究。总体来看，已有成果对本研究讨论乡村旅游创业相关内容提供了丰富的文献支撑，但未见对乡村旅游创业学习的探讨，未关注创业者的创业学习问题以及创业学习对创业活动产生的影响，这给本书的研究留下思考的空间。

第二节 创业学习相关研究

创业学习被认为是一个重要的新兴研究领域，但相对于其实践发展，对它的理论研究仍然滞后（Harrison and Leitch，2005）。本书通过对国内外已有文献进行梳理，从创业学习的定义、创业学习来源与内容、经典创业学习模型、创业学习实证研究等方面进行概括。

一、创业学习定义

国外学者对创业学习的概念进行了颇多讨论，关于创业学习的一系列观点得到了发展，但没有一个被普遍接受的理论，已有文献显示了该领域的碎片化（Rae and Wang，2015）。学者从不同视角对创业学习的定义进行分析，代表性观点如下。

Mumford（1995）指出“当人们能够证明他们知道一些他们以前不知道的事情或者当他们能做一些他们以前做不到的事情时”，就会产生学习；学习可以理解为不同行为的能力，包括认知、行动和理解三个维度。广义上，学者认为创业学习是创业过程中的学习（Politis，2005；Holcomb et al.，2009）。它源于 Schumpeter（1934）和 Kirzner（1973）的研究，他们以经济学思维，最先观察到创业过程中学习的重要性，指出学习是使创业行为发生的、动态的过程，直觉性和机会聚焦是创业学习的本质。但经济学对理解创业和学习的社会过程的贡献有限，随后，人类学、社会学和心理学领域的学者开始从不同理论视角阐述创业学习的概念及内涵。

从认知主义视角出发，Young 和 Sexton（1997）强调记忆（memory）的作用，指出创业学习是一个解决问题的过程，以长期记忆中创业知识的获取、存储和使用为中心。认知范式以个体对知识的获取和理解为核心，但在理解人类思维、学习能力和社会交往的手段方面存在局限性（Bandura，1986）。

从经验理论出发，学者普遍指出创业学习是一个经验过程，创业者可以通过在新项目中运用自己的技能和已有知识来提高知识，并在所参与的项目中开发新的知识（Rae and Carswell，2001；Minniti and Bygrave，2001）。例如，Rae和Carswell（2001）指出，创业学习关注的是人们如何在识别和利用机遇、组织和管理企业的过程中建构新的意义，是利用信心和自信驱动学习，提升个人价值和动力，实现目标的过程。Politis（2005）认为创业学习是将先前经验转化为创业知识的过程。Holcomb et al.（2009）指出创业学习是人们从直接经验和观察他人的行为、行动和结果中获得新知识的过程，是运用启发式方法吸收新知识，以面对在不确定环境中获得信息的共性差异，他还具体指出人们获取知识有三种方式，即通过直接经验、通过观察他人的行为和结果，以及通过明确编纂的资料，如书籍、论文等。

情境理论指出，学习是特定环境下的产物，学习活动包含人与人、人与社会、人与学习工具之间的互动，本质上是一个社会性互动的过程（邓叶丽，2013）。不少学者将社会情境融入考虑，指出创业学习意味着学会识别和把握机会，并与社会进行互动以发起、组织和管理企业（Rae，2005）。Politis（2005）认为创业学习是不断获取、发起和管理新企业知识与技能的变化过程。创业学习是获得和发展创办、管理或发展企业的倾向、技能和能力（Hamilton，2011）。Rae（2015；2017）进一步将个人经验与社会情境因素结合，指出创业学习是一种基于经验的、学习识别机会并采取行动的过程。Cope（2005a）指出创业学习的重点是探索创业者如何获得创业能力，比如机会识别、机会评估、创新性问题解决、风险管理、价值创造等能力（Morris et al.，2013）。

总体来看，经济学和认知学习理论主要是从个体层面解释学习问题，较少涉及创业动态过程；而经验学习和社会学习情境下学者对学习的探讨，是将学习情境和学习过程融入创业学习的概念体系中，进一步拓宽了创业学习的研究内容。国内学者对创业学习的理解和研究，大多数是借鉴国外研究成果，最常见的定义如朱秀梅等（2018），他们将创业学习定义为创业过程中的学习行为，是新创企业积累、更新并利用创业知识的过程。

综上所述，创业学习可以有两种理解视角，一是个体认知视角，二是更具社会性视角（Seuneke，Lans and Wiskerke，2013）。早期研究是基于对认知、经验学习的理解，将创业学习看作是发生在创业者大脑中的个体的、认知的过程（Rae and Carswell，2001；Cope，2003）。近年来，创业学习被视为一种情境化的现象，受企业家工作环境的社会动态性影响（Rae，2006；Lans et al.，2008），这类学者是基于 Lave and Wenger（1991）“情境学习”的理解，认为学习是一个社会过程，而不仅仅是创业者头脑中的事情。

二、创业学习来源与内容

（一）创业学习来源

学者根据研究情境和研究问题，从各个视角对创业学习的来源或方式进行探讨，形成了多样化的观点，具体而言有以下几种。

1. 从经验中学习

成人教育者诺尔斯、麦凯瑞彻、戴利都强调了先前经验和知识是学习过程中不可分割的一部分（梅里安、凯弗瑞拉，2010）。Petkova（2009）指出经验学习是创业者通过转化已有经验而获得创业知识的一种方式。经验丰富的企业家倾向于选择那些与过去成功行为密切相关的行为，从而可以利用先前的知识，并加强记忆中的现有联系（Politis，2005）。然而，以往的经验可能会产生长期的影响，阻碍学习的适应性；也可能导致创业者忽略或抛弃客观的信息（Levinthal and March，1993）。经验学习容易形成路径依赖，企业家在特定领域内的经验将其注意力引导到所需领域，从而更有效地获取和评估线索，并在熟悉的领域内识别机会（Holcomb et al.，2009）。此外，学者还提到了反思与学习的关系，Boud、Keogh 和 Walker（1985）指出“反思本身是一种经验，让个体为新的体验做准备；反思的结果可能是一种新的做事方式、一个问题的澄清、技能的发展或问题的解决”。通过反思，个人不仅能够从事件和经历中学习，而且还能够将这种学习向前推进到新的情况和任务中。

2. 从失败中学习

失败代表企业家的一种“学习旅程（learning journey）”（Cardon and McGrath，1999）。Sitkin（1992）认为“失败是学习和适应的必要先决条件”，尤其是当人们能够确定失败发生原因的时候；失败是积累知识的一个关键方面（McGrath，1999）。Rae 和 Carswell（2001）提出从失败中直接学习来实施创业行为的重要性。Petkova（2009）指出，错误是企业家学习的主要来源，并提出一个错误学习模型，阐明了企业家如何从假定的错误中学习。Cope（2010）发现企业家不仅从失败中学习自我和所创企业，而且也学习关系和风险管理的本质。然而，他指出，失败并不会自动产生有价值的学习经验，并讨论了一些企业家由于无法有效地面对所发生的事情而无法学习，一些人可能还会学到错误的教训，或者仅仅是那些符合自己想法的教训。

3. 向榜样学习

社会学习理论指出，人们在社会环境中学习，并会被那些能帮助他们进一步发展技能和知识的榜样所吸引（Gibson，2004），还利用榜样来发展自己的企业家身份（Donnellon，Ollila and Middleton，2014）。学者研究发现，最普遍的榜样是企业家的父母和成功的企业主。Rae 和 Carswell（2001）指出企业家善于向他人（如父母和企业主）学习，特别是在其职业生涯早期。许多研究表明，父母企业家扮演着重要的榜样角色，影响孩子的自主创业倾向（Hout and Rosen，2000；Dunn and Holtz - Eakin，2000）。如，Bosma et al.（2012）讨论了创业者拥有企业家父母与决定创业之间的正相关关系，这被解释为父母榜样的效用；研究者认为，榜样的主要作用是以身作则，而给予学习支持、增强创业自我效能感和激励创业者也是榜样的关键功能。

4. 认知性学习

认知学习，又被称为替代学习、观察学习，是创业主体通过观察他人的行为或结果以掌握创业知识的方式（Bandura，1977）。由于大多数创业者属于初次创业，缺少直接的创业经验，认知学习成为初次创业者获取知识的主要途径（Wang and Chugh，2014）。很多从学习中获得的知识是间接发生的（Kim and Miner，2007），个体往往通过模仿他人的行为来学习。这种认知学习或替代学习发生在一个人注意到别人的行为时，选择保留信息，并在记忆中吸收和组织内容。Miller 和 Lin（2010）则专门讨论了认知学习方式的分类，在组织学习的研究中提出实用主义、顺从主义和贯融主义三种认知学习方式；实用主义方式指个体向比自己水平高的个体学习，顺从主义方式是个体向被大家普遍接受的知识学习，贯融主义方式是指个体向与自身知识结构相似的个体学习。

5. 探索性与利用性学习

March（1991）在组织学习中，最早提出了探索性学习（exploratory learning）和利用性学习（exploitative learning）的概念，被学者应用于创业学习类型的分析。探索性学习强调通过预测来发现新知识，以产生足够多的变化，一些预想在事后证明能够产生令人满意的结果；而利用性学习则侧重于有针对性的搜索，这种搜索能够在事前进行规划和控制（McGrath，2001）。探索性学习通常是通过发展新知识而产生内在转变引起的（Kreiser，2011；Zhao et al.，2011）；利用性学习是对存在于企业之外的现有知识获取和吸收的结果（Kreiser，2011）。March（1991）详细指出，“探索”包括“搜索、变异、冒险、试验、创新、发现和灵活性”，而“利用”包括“精细化、选择、生产、效率、实施和执行”。

6. 不同创业学习方式的关系

Lumpkin 和 Lichtenstein 指出，不同的学习方式并不是相互独立的，它们之间互相关联，一种模式的存在可以支持另一种模式（Lumpkin and Lichtenstein，2005）。陈彪等（2014）以浙江省高技术新企业为例，从动态的角度分析了新企业中的经验学习、认知学习和实践学习，指出实践学习是以经验学习和认知学习为基础，实践活动对已有经验知识进行检验以产生新知识，而得到的新知识又成为进一步经验学习的基础。单标安等（2018）探讨了技术型企业创业学习方式的动态变革，研究发现，创业者通过实践学习和观察学习来获取创业知识，自信心强的创业者最初选择实践学习，自信心弱的创业者则选择观察学习；而且，创业学习具有一定的惯性，关键事件可以打破惯性，推动创业者改变学习方式。张敬伟和裴雪婷（2018）对 CCTV《致富经》报道的农民创业故事进行探索性分析，得到观察学习、即兴学习和外部建议学习是创业者最常用的学习方式，在机会识别阶段，创业者运用观察学习最多、即兴学习次之；生产环节中，使用外部建议学习最多；销售环节采用最多的是即兴学习。阳银娟和陈劲（2018）对制造业企业进行分析，得出企业在资源短缺时，需要进行利用型学习争取业务优势，而后将组织资源配置到新业务中，进行探索型学习，当新业务取得效果后可以同时采用探索型学习和利用型学习。

（二）创业学习内容

创业者需要学习“如何成为企业家”的一般知识，这种知识只能通过边做边学或直接观察来获得，这种知识也是工程师和创业者的区别（Minniti and

Bygrave，2001）。Sexton et al.（1997）认为创业者学习的内容因行业的不同而各有差异，指出成长导向型企业家的学习需求，包括管理层继任以及增长中面临的问题和所遇到困难的学习。Cope（2005a）则总结提出五方面的学习内容，一是学习自己：学习问题包括了解自己的优点和缺点，一个人在企业中不断变化的角色，个人和家庭的需要和目标，个人发展领域，个人兴趣和动机；二是学习业务：包括优势、劣势、机会和威胁，内部业务需求，需求增长，发展领域，了解和便利工作人员，未来的方向；三是学习环境和创业网络：学习如何管理与现有和潜在客户、供应商和竞争对手的关系，也要重视与咨询机构和支持服务（如银行、会计）的关系；四是学习小型企业管理：学习如何有效地经营和控制企业，包括重要的程序和系统，如招聘、工资和奖励结构、财务监控；五是学习关系的本质和管理：包括内部关系（对公司）和外部关系；学习任务的最后一个元素构成了上面概述的其他四个元素的内容。

三、经典创业学习模型

创业活动的开展是一个不断学习的过程，创业学习是一个动态的过程，关键在于不断地进行知识获取、组织和创造（Minniti and Bygrave，2001）。它是一个由多个时期组成的持续过程（Voudouris，Dimitratos and Salavou，2011），是由一系列关键学习事件和一般学习事件引起的（Cope and Watts，2000），是个人自身及组织内部寻求创业机会的过程（Stevenson and Jarillo，1990）。对创业学习过程模型进行梳理，有助于把握创业者创业学习受什么因素影响、如何发生、学习带来哪些情感和效应等，将助力创业者的创业活动和创业成长，在此梳理了四个较具代表性的创业学习模型。

（一）Rae 和 Carswell（2001）的抽象模型

Rae 和 Carswell（2001）通过对 13 位创业者进行跟踪调查，构建了创业学习模型。该模型包括个体理论、知性理论、关系能力、主动学习、自信心、个人价值观与动机、雄伟目标与成就八方面内容，各要素之间进行交互和协作（见图 2.1）。Rae 和 Carswell（2001）认为学习过程需要创业者整合个体理论、知性理论和关系能力，并进行主动学习，提高个体的信心，进而提升创业价值和动机，实现创业目标，取得成就，从而进一步提高创业者自信，形成一个良性的循环。该模型表明，创业者进行学习活动不仅完成目标和取得成就，更会带来持久的自信和能力的提升。由抽象模型可以看出，创业学习是一种螺旋提升的过程，指引创业目标和创业成功的实现。

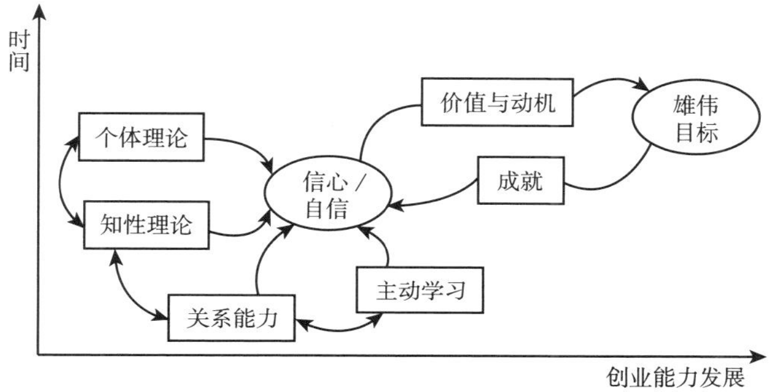

图 2.1 Rae 和 Carswell 的创业学习模型

资料来源：Rae D，Carswell M. Towards a conceptual understanding of entrepreneurial learning [J]. Journal of Small Business and Enterprise Development，2001，8 (2)：150 - 158.

（二）Politis（2005）创业学习过程模型

Politis 是第一个正式区分学习作为一个过程和知识是该过程结果的人，从动态视角讨论了经验转化为创业学习的过程，关注到创业经历和创业知识之间的关系，具体分析了将经验转化为知识的中间过程（见图 2.2）。学习这一概念被应用到创业领域，往往涉及学习如何重新认识和行动的机会（Ronstadt，1988），并学习如何克服传统障碍（Aldrich，1999）。因此，Politis 首先提出了创业学习的两个结果，即创业知识的产生，包括学习提高创业机会识别的效率和提高应对新事物的责任能力。其次分析了职业生涯经历对创业知识生成的影响，提出先前创业经验、企业家管理经验、特定行业经验与创业知识的发展呈正相关。

然而，企业家的职业经历并不直接导致创业知识，Politis 强调学习是经验的转化过程，这一“转化”包括探索和利用。在“探索”过程中，企业家可以选择不同于以往行动的新行动；在“利用”状况下，企业家可能选择复制或与他们已经采取的行动密切相关的行动。企业家越依赖探索作为转化的主要方式，就越能有效地认识和利用创业机会；企业家越依赖利用作为转化方式，就越能有效地应对新生事物。进而，Politis 提出了影响转化过程选择的因素，包括先前创业活动的结果、企业家的主导逻辑或推理、企业家的职业取向。过去创业失败的程度越高，将经验转化为知识的探索模式就越高；过去创业成功的程度越高，将经验转化为知识的利用模式程度越高。越是依赖效果作为主导推理，将经验转化为知识的探索模式的程度就越高；越是依赖因果关系作为主导推理，利用模式的运用程度就越高。具有短期或螺旋式职业取向的企业家，集中于将一种经验转化为知识的探索模式；而具有线性或专家职业方向的企业家，则集中于利用模式。

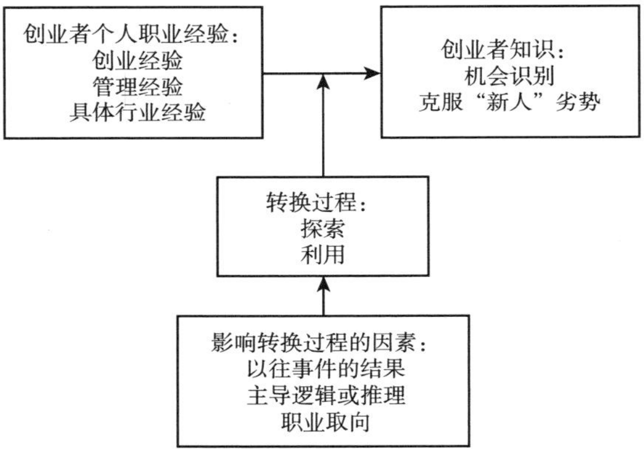

图 2.2　Politis 的创业学习转化过程模型

资料来源：Politis D. The process of entrepreneurial learning: a conceptual framework [J]. Entrepreneurship Theory and Practice, 2005, 29 (4): 399-424.

（三）Rae（2005）的创业学习三元模型

Rae（2005）从社会建构视角阐述创业学习，用主题话语分析的方法来解读三位创意产业企业家的人生故事叙事，提出了一个创业学习三元模型的概念框架，包括自我与社会身份（personal and social emergence），情境学习（contextual learning），协商办企业（negotiated enterprise）三大主题及 11 个相关的子主题（见图 2.3）。该模型一是强调了创业者自我身份建构、家庭角色和社会实践的作用；二是指出情境学习是通过社区参与、行业和其他网络来进行的，借助这些经历和人际关系，个体可以培养直觉和识别机会的能力；三是提出个人的想法和愿望是通过与企业内外其他人（如客户、投资者、合伙人或员工等共同参与者）的交互交换过程实现的。

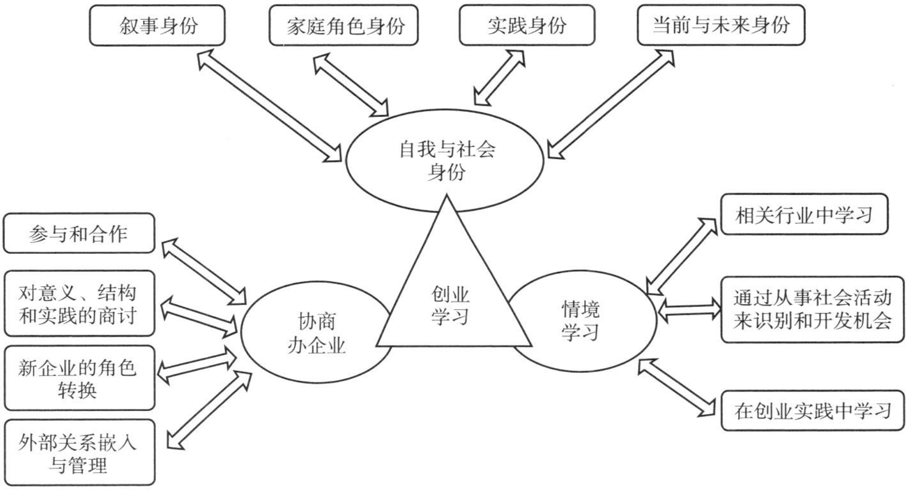

图 2.3　Rae 的创业学习三要素模型

资料来源：Rae D，2005. Entrepreneurial learning：a narrative－based conceptual model［J］. Journal of Small Business and Enterprise Development，12（3）：323－335.

（四）Holcomb et al.（2009）创业学习模型

Holcomb et al.（2009）提出创业学习模型，指出创业学习是这样一种过程，创业者首先通过经验学习（由直接经验积累知识）或模仿学习（由模仿他人积累知识）来获取新知识，并结合启发式（heuristics）来制定决策，然后付诸行动，产生结果（见图 2.4）。Holcomb 等学者还将启发式分为可用性启发式、代表性启发式、锚定和调整启发式三种，分析了三种类型对学习、知识的影响。启发式对学习的影响在很大程度上取决于学习环境，即学习是通过直接经验（经验学习）还是通过模仿他人的行为（替代学习）产生受外部环境的影响。

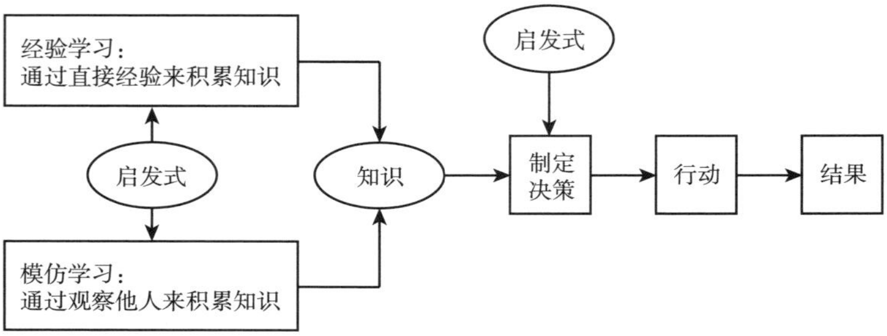

图 2.4 Holcomb et al. 的创业学习模型

资料来源：Holcomb T, Ireland R, Holmes R, et al., 2009. Architecture of entrepreneurial learning: exploring the link among heuristics, knowledge and action [J]. Entrepreneurship Theory and Practice, 33 (1): 167 - 192.

四、创业学习实证研究

本研究对创业学习的实证研究进行了梳理和归类，分析发现，已有研究成果主要集中于创业学习影响因素研究，创业学习过程分析，创业学习与创业意向、与创业机会识别、与创业能力、与企业成长和绩效的关系研究等方面。

（一）创业学习影响因素

学者质性分析了创业学习的驱动因素，其中，探讨较多的是榜样角色、环境以及社会网络对创业学习的作用（Toutain et al., 2017）。例如，Motoyama 和 Knowlton（2016）指出通过创业者之间的互动网络，以及更广泛地获取现有资源、激励性区域政策，如创业竞赛和企业家补贴政策等可以鼓励创业者学习，进而促进企业生存。Dodd 和 Hynes（2012）探讨了地区环境对创业社区培训的影响，指出社区中的企业家经验、可信赖的当地人士在鼓励创业学习方面发挥积极的作用。但也有研究表明，区域环境可能不利于创业学习的发展，Lévesque、Minniti 和 Shepherd（2009）研究表明，学习的信息数量越多，通过其他方式学习的效率就越高，如参与式学习，则环境的不利影响就会减弱。此外，Litzky、Godshalk 和 Walton - Bongers（2010）提出“服务性学习”（service -

learning）会激发学生根据个人喜好和与环境的互动来引导自己的学习，个体会从客户、导师和其他学生那里得到反馈，鼓励自我反思和基于经验的学习。Lindh 和 Thorgren（2016）认为地方企业、学校和教师之间应该加强互动交流，来鼓励创业学习，相应地可以促进当地发展。

部分学者还探讨了大学创业教育对学生创业学习的作用关系（Hahn et al.，2017；Verzat，O'Shea and Jore，2017；Nabi et al.，2018）。例如，Pittaway et al.（2015）分析了创业俱乐部和创行俱乐部在学生学习过程中的作用，指出俱乐部模拟了创业教育中重要的教学内容，比如从实践中学习、从错误中学习，以及向企业家学习。Hahn et al.（2017）指出大学提供创业教育活动能够提升学生的创业学习结果，学生先前的创业经历、以实践为导向的教学方法，使学生能够从创业教育活动中获益更多。创业教育课程的受众者主要是已创业或潜在创业的大学生，是为培养或加强学生的创业特质、态度和技能而开设的教育学课程或项目，是培养创业知识的项目。通过创业实践或实践教育获得的具体经验通常是隐性知识的来源，如创业实践技能。Verzat、O'Shea 和 Jore（2017）对法国商学院的 281 名研究生进行问卷调查，结果发现，相比教师导向的学习方法，自我导向的学习方法能够促进学生的积极主动性，有利于创业教育中创业学习的进步。

此外，有学者对影响创业学习的因素进行了定量分析，如，刘琴、黄玉纤、张进辅（2013）对大学生的创业学习进行问卷调查，研究发现，创业动机对创业学习具有显著的正向作用，且其中的自我实现因素对创业学习的影响最强，内部控制源在大学生创业动机与创业学习之间发挥中介作用。朱秀梅和肖雪（2014）对新企业的创业学习进行调查，发现创业者的变革领导力能够显著促进企业的探索式学习和利用式学习，并且雇员创造力中介了变革领导力对创业学习的正向作用。余素梅（2024）对创业失败的大学生进行问卷调查，得出心理资本（包括自我效能感、希望、韧性、乐观）对大学生创业失败学习具有显著的正向影响。

（二）创业学习过程

学者分别讨论了不同创业群体（如大学生创业者、二代创业者）、不同行业（如新兴产业）的创业学习过程问题。例如，Hamilton（2011）讨论了家族企业中代际创业学习的问题，认为创业学习根植于家庭企业日常实践的参与；通过对五个家族企业的两代创业者进行访谈调研，基于情境学习理论，从实践共同体、合法的外围参与、再创造与转变的循环三方面描述和分析家族企业创业学习过程。Zamani 和 Mohammadi（2018）以大学毕业生创业者为研究对象，采用现象学方法分析了创业学习过程相关的 12 个主题，分别是以往的工作经验、从错误和失败中学习、向榜样学习、自我雇佣倾向、坚持不懈、冒险倾向、使用各种信息来源、职业担忧和抱负、对实践课程和活动的兴趣、对农业的热情、寻求一种替代的思维方式、家庭与朋友支持。陈燕妮和王重鸣（2015）以亲验学习理论为基础，对文化创意产业的创业行动学习过程进行分析，结果得出创业行动学习由创业问题驱使，是信息集成、交互反思、系统整合以及行动验证四要素共同构成的过程。王扬眉等（2020）对家族企业进行多案例的质性研究，得出其海归继承人创业学习的三个过程要素，体现在海外获取性创业学习、创业者创业动机促发、实验性创业学习三个方面。

（三）创业学习与创业意向的关系

已有文献通常是以大学生群体为样本，探讨创业学习对创业意向的作用路径，将创业学习理解为学生在创业项目中获得的知识、技能、能力和价值观（Beliaeva，Laskovaia and Shirokova，2017；Souitaris，Zerbinati and Al－Laham，2007）。Johannisson（1991）指出，大学里的创业学习包括三个层次，即“知道为什么”的能力（企业家的态度、价值观和动机），“知道如何”的能力（可用于行动的实际技能和能力），以及“知道什么”的能力（关于创业的知识）；“知道如何”的能力包括“知道谁”能力（社交技能和网络）和“知道什么时候”能力（机会识别和管理）两个子类别。在大学情境下，创业学习是培育学生的创业心态，影响潜在学生创业者的态度、决策、意愿及行为（Hastie，2007；Politis，Winborg and Dahlstrand，2012）。Souitaris、Zerbinati and Al－Laham（2007）的研究也发现，大学生从创业教育项目中学习可以提高机会识别能力，进而增强创业意愿。陈寒松、陈宣雨、林晨（2017）和李厚锐、朱健、李旭（2018）通过实证研究均发现，创业学习对个体创业意向具有显著的正向作用，并且创业学习通过创业自我效能感对创业意向产生影响。

（四）创业学习与创业机会识别的关系

Minniti 和 Bygrave（2001）指出知识可以增强机会发现的警觉性，企业家的警觉性往往会产生一些无法想象的事情，即发现一种新的做事方式，这种发现行为能够改变企业家的知识，丰富企业家的知识储备。Lumpkin 和 Lichtenstein（2005）通过实证分析发现，组织中的创业学习对创业机会的识别和开发具有显著的促进作用。Corbett（2007）指出创业学习中存在直观领悟和综合理解两种信息获取方式，以及自我反思和向外延展两种信息转化方式，它们均对创业机会识别产生重要的影响。国内学者对创业学习与机会识别的关系也进行了较多定量分析，例如，张玲（2014）对远程教育学生进行调研发现，创业学习对创业知识获取产生积极的影响，即对获取机会识别知识、克服新进入缺陷知识具有正向作用。陈文沛（2016）对新创企业进行问卷分析，发现创业学习在关系网络和创业机会识别之间的多重中介效应，其中，经验学习、认知学习通过实践学习，促进创业机会识别。张秀娥和徐雪娇（2017）考察了农民创业学习对创业机会识别的正向作用，创业警觉性中介了创业学习与机会识别之间的关系。严杰和刘人境（2018）采用仿真实验，探讨了创业学习、环境动态性与创业机会识别的关系，指出为增强机会识别能力，创业者应该视环境类型的不同来运用差异化学习策略。骆鑫和张秀娥（2023）以新创企业为研究对象，发现创业机会识别是创业学习向创业机会开发转化的重要途径，创业机会识别在创业学习与创业机会开发间起中介作用。

（五）创业学习与创业能力的关系

谢雅萍和黄美娇（2014）考察了小微企业创业者网络学习与创业能力之间的关系，构建了创业者社会网络的一个子集“学习网”，研究得出基于网络的创业学习主要包括模仿学习、指导学习和交流学习三种，三种学习均正向作用于创业能力。宋晓洪和丁莹莹（2017）对涉及电子、软件、船舶等行业的新创企业进行问卷调查得到同样的结论，指出创业学习包括模仿学习、交流学习和指导学习，三种学习类型均对创业能力产生正向影响。谢雅萍、陈睿君、王娟（2018）将经验学习划分为经验获取、反思性观察、抽象概念化三个过程，创业行动学习归为批判反思、互动支持、执行应用三个环节，得出经验学习通过创业行动学习正向促进创业能力，创业能力是“经验学习——创业行动学习”链式学习的产物，直观推断在学习过程中扮演重要的角色，调节了经验学习对创业能力的作用。周劲波，李炆灿（2023）对众创空间用户创业者进行调研，发现用户创业学习对创业能力具有正向作用，网络嵌入在二者之间起到正向调节效应。

（六）创业学习对企业成长与绩效的作用

创业者开展创业学习往往带来一定的企业效益，如创业绩效、企业成长，这也是其关注的焦点；相应地，学者对此问题进行了较多分析，考察了农民创业（罗明忠、陈明，2014）、高新技术创业（贾虎、崔毅，2015）、海归创业（彭伟、金丹丹、符正平，2018）等企业的创业学习对企业成长与绩效的作用。例如，罗明忠和陈明（2014）基于广东七地市的问卷数据，发现探索性学习和利用性学习对农民创业绩效均具有显著的促进作用。贾虎和崔毅（2015）对高科技企业进行问卷调查，结果发现，创业学习通过技术能力对企业绩效产生显著的促进作用。彭伟，金丹丹和符正平（2018）以海归创业企业为研究对象，探讨了双元创业学习，即利用性学习、探索性学习对企业成长的正向作用。巫程成和梁明辉（2018）研究发现，创业者创业学习中的教育系统学习与社会网络规模对创业绩效具有交互效应，创业者内部经验学习与社会网络异质性对绩效发挥交互作用。但也有研究发现，探索性学习对初创企业绩效产生负向作用，而利用性学习对绩效具有正向影响（李怡欣、赵文红、张文伟，2019）。

五、研究评述

总体来看，国外研究注重创业学习概念、类型、过程模型的理论性探讨，对创业者创业过程及创业学习进行访谈、叙事描述，聚焦于创业知识与绩效、创业教育、经验学习等方面；少量文献涉及定量模型构建与检验。国内创业学习的研究起步晚，但 2010 年之后发展速度加快，取得了较丰富的研究成果（刘晓莉、项国鹏、张雷，2018），侧重于对国外研究的综述，以及创业学习前因变量、结果变量的量化研究。综观创业学习的研究领域和情境，从创业行业来看，多聚焦于科技型企业；从创业代际来看，涉及家族企业的研究；企业规模上，针对小型企业的学习问题得到关注（Gibb，1997；Deakins and Freel，1998）；创业主体上，探讨了农民创业者、大学生创业群体的创业学习，考察创业学习与创业教育、创业失败和创业心理等的联系（郝志鹏、张所地、王建秀，2018）。研究层次上，多数文献注重个体层面的创业学习，以个体、创业者为分析单元，少量文章聚焦于企业组织层面，如朱秀梅等（2018）分析了创业者到员工的创业学习转移机制。

然而，在乡村旅游创业领域，目前对创业者的创业学习问题未有研究，这与国家“三农”问题中对农民主体创业的现实需要不相契合，不利于乡村社会问题的解决。并且，创业者的创业学习对创业者成长、企业成长发挥关键的作用，探讨乡村旅游创业学习受哪些因素影响、如何完成、产生哪些效果等问题将具有重要的现实价值和理论意义；此外，已有文献对创业意向、创业绩效、创业机会识别、创业企业成长等结果变量进行了数理统计与分析，但对创业学习与创业者主观感受，如创业幸福感、满意度等变量之间的关系探讨较少。有鉴于此，本书将在乡村旅游情境下，尝试探讨乡村旅游创业者的创业学习及其对创业幸福感的效应，以期拓展旅游创业、乡村旅游的理论研究成果。

第三节 幸福感相关研究

一、幸福感概念与研究

（一）幸福与幸福感释义

长期以来，在文献研究中，幸福和幸福感没有被具体区分对待，是通用的（朱翠英、凌宇、银小兰，2011）。刘芳（2009）在理论上对二者进行了辨别，第一，幸福是客观的，如身体健康、家庭美满、工作顺利等切实存在的现象，而幸福感是主观的，是个人对自己境况的评价、对幸福的体验；第二，幸福是他评的，由社会或他人评价的；幸福感是自评的，是个人对自我状况的评价；第三，幸福不仅指个人的，还可以指人生、人类，而幸福感则是针对个人来说的，是个人体验到的幸福的感觉；第四，幸福属于哲学范畴，幸福感属于心理学范畴。

英文中，幸福与幸福感通常用 well - being，happiness，eudaimonism，hedonism，subjective well - being，psychological well - being 来表示。英文表达 eudaimonism 和 hedonism 是具有代表性的幸福观，前者是实现论观点，后者是享乐论观点。在现代心理学研究中，则主要使用 well - being 代表幸福感，反映出对人类存在的思考取向，包含幸福、福利、健康之意。《韦氏高阶英语词典》对 well - being 的分析是，一种健康、幸福、兴旺的状态，良好或满意的生存条件；新英汉词典将其解释为健康、幸福、福利。

（二）幸福感分类

1967 年，Wanner Wilson 发表《自称幸福感的相关因素》一文，开启了心理学对幸福的研究（朱翠英、凌宇、银小兰，2011），到如今学者普遍关注的幸福感研究已有 50 多年的历程。幸福，既可以指情绪愉悦和生活满意，也可以表现为自我实现、自我接纳、良好的人际关系。心理学家将幸福感界定为心理健康的整体内在状态，不仅包括获得快乐和避免痛苦（基于享乐和欲望的观点），还强调心理健康的活力、意义和自我实现（基于实现论的观点）（Wiklund et al.，2019）。

幸福的享乐论观点，也被称为快乐（happiness）或主观幸福感（subjective well - being），是人们对生活的评价，包括满足感的认知判断，以及心情与情绪的情感评价（Diener et al.，1999），具体有生活满意度、积极情绪的存在和消极情绪的缺失三个组成部分。幸福之意就是快乐的主观体验，强调个人的身心愉悦，是对情绪、生活满意度的主观评价和体验，这一体验包括精神性、物质性两个层面；精神性表现为个体的情感或情绪体验，是一种暂时性体验；物质性是个体对生活各领域及总体的满意度，可以是暂时性或持续性的（朱翠英、凌宇、银小兰，2011）。

幸福的实现论观点指出幸福感是个人实现和表达的派生物（Waterman et al.，2010），这一视角强调幸福是个人潜能的发挥和自我实现（Ryff and Keys，1995；Ryan and Deci，2000），具体地说，它重视积极的自尊、生活目的、友好关系等（朱翠英、凌宇、银小兰，2011）。实现论观点倾向于采用两个理论框架衡量幸福感，一是 Ryan 和 Deci（2000）的自我决定理论，将幸福感看作是主观活力或心理上充满活力的感觉（Ryan and Frederick，1997）；二是 Ryff（1989；2019）的心理幸福感六维组成模型，构成了身体机能健全的本质，包括自主性、环境掌控、个人成长、与他人建立积极的关系、自我接受、生活目标六个方面。这两种视角对幸福感的界定有区别也有联系，Keyes（2002）和 Ring et al.（2007）指出，心理幸福感的实现论层面和主观幸福感的测量形成了不同的、但相互关联的心理健康维度。

（三）幸福感的影响因素

1. 个体自身因素的影响

一是人格对幸福感的影响。人格具有综合性、相对稳定的特点，影响着个体的思想和情感。Costa 和 McCrae（1980）指出，相较于其他生理因素，主观幸福感更多地受人格影响，差异化的人格会产生不同的积极情感、消极情感及生活满意感。二是不同年龄对幸福感的影响。年龄和幸福感有密切的关系，二者积极相关（Argyle，1999）。学者研究发现，大学生通常具有较高的情感体验和生活满意感，其主观幸福感处于中等以上水平，这可能与他们所处的年龄阶段及知识水平有关（严标宾、郑雪、邱林，2003）。通过对不同年龄段的成年人进行调查，研究发现老年人会显示更高的心理幸福感，一定程度上说明了人们“活的更老”活得“更好”（Argyle，1999）。三是性别差异对幸福感的影响。Wood（1996）研究表明，女性的积极情感比男性高，可能的解释是，日常工作中女性比男性从事更多的情感性工作，如教师、护士等，致使女性比男性更能表达情绪的变化。蔡华俭、黄玄凤、宋海荣（2008）考察了性别角色对主观幸福感的影响，结果发现，中国文化下的双性化模型成立，男性化和女性化特质均具备的个体主观幸福感最强；而一致性模型和男性化模型不成立。四是个体特质对幸福感的影响。如，李雪平和李双双（2016a）对初高中学生进行问卷调查，研究得出中学生的公正世界信念对其主观幸福感产生积极的促进作用，二者关系中，心理韧性、自尊发挥显著的中介作用。李雪平和李双双（2016b）对贫困大学生的幸福感进行探究，得到相似的结论，结果发现，公正世界信念对主观幸福感产生正向作用，而且这种影响通过心理资本、感恩间接实现。

2. 社会经济因素对幸福感的影响

多数研究发现，经济因素与幸福感有密切的关系，且幸福感最低的往往是经济上处于弱势或贫困的群体。Diener 和 Diener（1995）的跨国研究指出，人们的平均幸福感水平与基本需要的满足显著相关。马斯洛需求层次理论可以很好地解释个体幸福感的获得，当人们的基本生存需要无法得到满足时，首先会渴望经济收入的改善；当生存问题解决后，人们会感到幸福；随后，人们开始注重高层次需要的满足，比如渴望被尊重、实现自我成长等，此时期人们的幸福感与收入的相关性降低，与高层次需要的满足有很大关联。Howell 和 Howell（2008）分析发现发展中国家的低收入人群的经济收入与幸福感相关度较大，而高收入群体的经济状况与幸福感的相关性最弱。Easterlin（1995）进一步指出，幸福感取决于相对收入而非绝对收入，更确切地说，相对收入对幸福感的影响比绝对收入的影响更重要。这一发现也可以用社会比较理论来说明，不同的群体会进行社会比较，致使弱势一方的人心里感到不公平，最终富人和穷人都会产生不幸福感（戴廉，2006）。赵新宇、范欣、姜扬（2013）对收入与幸福感关系进行探讨，得到相似结论，结果表明绝对收入对幸福感具有重要的影响，相对收入可以显著提升个体的幸福感，且比绝对收入的效应大。

然而，Easterlin 还指出个体收入可以正向促进幸福感，但随着国家经济增长，国民的整体幸福感并未得到相应的提高，这被称为“幸福悖论”（Easterlin，1974）。徐淑一和陈平（2017）研究发现，收入对幸福感具有正向作用，但随着收入的增加，幸福感对收入的敏感度呈下降趋势。胡枫（2017）对中国综合社会调查（CGSS）数据分析发现，创业者的工作满意度更高，除了比受雇者获取更高的收入之外，创业带来的高工作自主性也是创业者感到更加满意的因素。此外，不少研究发现，家庭和谐（岳园园、万丛颖、赵婷，2018），社会关系、社会地位（Haller and Hadler，2006；陈和午、李斌、刘志阳，2018），社会认知、社会支持（Shannon et al.，2009；卢海阳、杨龙、李宝值，2017）等社会因素均会影响幸福感。例如，Shannon et al.（2009）指出得到良好社会支持的个体通常感受到比较高的生活满意度、主观幸福感、积极的情感。姚若松、郭梦诗、叶浩生（2018）探讨了老年人群的社会幸福感，得出社会支持对老年人社会幸福感具有促进作用，希望、孤独感分别中介了二者之间的正向关系。

二、旅游中的幸福感研究

在旅游研究领域，国内外学者纷纷对旅游幸福感进行了探讨。国外旅游领域有关幸福感的文献起始于20世纪90年代，学者聚焦于旅游能否产生或提升人们幸福感问题的讨论。本研究从旅游者幸福感、旅游目的地居民幸福感和旅游从业者幸福感三方面对现有文献进行梳理。

（一）旅游者幸福感

学者对旅游者幸福感的讨论聚焦于旅游者主观幸福感，对旅游者主观幸福感的关注和思考，是旅游业可持续发展的根基（妥艳媜，2015）。随着研究的深化，学界意识到采用主观幸福感讨论旅游幸福感的局限，进而转向实现论视角来理解旅游者幸福感（张晓、白长虹，2018）。综观已有研究，旅游者主观幸福感的概念与测量得到了较多讨论，学者指出旅游者主观幸福感是旅游者对自身生活满意程度的认知和评价（Su，Swanson and Chen，2016；陈晔、张辉、董蒙露，2017），从单一维度的总体测量视角以及从多维度的各个生活领域来测量旅游者主观幸福感（粟路军、何学欢、胡东滨，2019）。如，“您对您的整体生活感觉如何?”（Su，Huang and Chen，2015；Su，Swanson and Chen，2016）；采用13个生活领域的主观幸福感来衡量旅游幸福感（Sirgy，2011）；按照时间维度将旅游者幸福感分为旅游前美好期待体验、旅游中福乐体验、旅游后温馨回忆体验三个方面（张天问、吴明远，2014）。

学者对旅游幸福感的影响因素、形成机理进行了大量的研究，研究已表明，旅游者开展旅游活动对其幸福感具有重要的影响，诸如旅游者的个性特征、旅游特征、对生活领域的满意度等均对幸福感产生作用（Diener，Lucas and Oishi，2002；Uysal et al.，2016）。休闲度假作为一种较普遍的旅游形式，Richards（1999）指出，度假能够给个人带来身心的愉悦和放松，为个性追求、个人发展提供机会；也可以作为一种身份地位的象征，提高个体幸福感。Oppermann和Cooper（1999）得出同样的结论，认为度假活动可以提升人们的主观幸福感。Kim、Woo和Uysal（2015）研究发现，老年旅游者参与、感知价值可以增强其满意度，旅行体验对老年人的整体生活质量产生积极的影响。

Su、Swanson 和 Chen（2016）研究得出旅游服务质量对主观幸福感具有积极的促进作用，并且通过关系质量的中介作用于主观幸福感。

国内学者对旅游者幸福感的影响因素也进行了较多讨论，可以分为自我体验角度和与他人互动角度。一方面，从自我体验角度来看，旅游者的个人休闲参与、社会关系起重要的作用。周春平（2015）发现不同种类的文化消费对居民的主观幸福感影响不同，旅游类、阅读类等发展型文化消费可以显著提升居民的幸福感，而玩牌、看电视等休闲型文化消费对幸福感没有显著影响。于伟、张鹏、李雪丽（2019）采用 CGSS2015 数据进行分析，结果显示旅游活动能够给旅游者带来幸福增进效应，这一效应部分是通过提升旅游者的社会经济地位和社会资本获得。张圆刚等（2019）探讨了城市居民参与乡村旅游休闲对幸福感的影响，结果表明，休闲参与、心流体验、休闲效益对幸福感均具有显著的促进作用，休闲效益在心流体验和幸福感之间、心流体验在休闲参与和幸福感之间均发挥中介作用。高杨、白凯、马耀峰（2019）对赴藏旅游者幸福感特征进行分析，得出旅游者幸福感呈现历时性、空间非匀质性、具有协同性的三元结构、要素结构持续重构。余润哲等（2022）运用模糊集定性比较分析方法，得出乡村旅游体验中，乡愁是形成旅游者主观幸福感的关键因素，兴奋、新奇、社交、家庭团聚与乡愁组合最可能让旅游者产生幸福感。

另一方面，从与他人互动角度来说，学者探讨了游客间的互动对幸福感的影响。陈晔、张辉、董蒙露（2017）对团队游客进行问卷调查，结果发现，积极的游客间互动可以增强游客的社会联结，提升主观幸福感；消极的游客间互动不利于社会联结、个体的幸福感；社会联结在二者之间发挥部分中介作用。马鹏和张威（2017）通过研究则发现，民宿中游客互动无法直接作用于主观幸福感，体验价值在二者之间发挥完全中介作用。唐彬礼和粟路军（2024）进行问卷调查和情境实验的数据分析，结果表明价值型的旅游体验分享能够激发旅游者更高的旅游后幸福感和旅游者自我发展，且旅游者自我发展中介旅游体验分享对旅游后幸福感的影响。Su、Gong 和 Huang（2024）通过情境实验研究，发现服务人员的语言风格（幽默 vs 严肃）与旅游活动类型（放松型 vs 挑战型）对旅游者的享乐幸福感、实现幸福感存在交互效应。

（二）旅游目的地居民幸福感

旅游业的开发给旅游目的地居民的生活、生产带来了极大的转变，当地居民受旅游业发展的影响，并在一定程度上参与到旅游活动中，成为普遍的现象。旅游发展为当地社区的经济、社会带来良好的效益，是目的地居民获得幸福感的最主要原因（Jeon，Kang and Desmarais，2016）。旅游地居民幸福感主要经历场所感知、互动仪式和真实性获得三个环节，每个环节都伴随不同层面的认同与恋地情结（徐英，车静怡，乌铁红，2023）。旅游发展通过增加居民收入、缓解贫困窘境，提高了居民的生活水平（Croes，2012）；同时，旅游发展对居民生活环境、社区安全的改善，进一步提高居民的生活满意度（Yu，Cole and Chancellor，2016）。然而，旅游业发展与居民幸福感是一项复杂的系统工程，需要旅游、环保、交通、公安等多部门统筹协调、共同发力（张俊、程励，2019）。

主观幸福感方面，胡亮梓等（2014）以湖南省常宁市西江村为例，研究发现，林区生态旅游活动提高了当地居民的生活质量和幸福感，且年纪大、旅游参与越深的个体幸福感越高。蔡定昆和许小帆（2023）利用有序 Probit 模型检验乡村旅游对村民幸福感的影响，发现旅游显著提高农村居民的主观幸福感。王金伟、张丽艳、王国权（2022）以贵州省梵净山周边 3 个民族村寨为案例，通过问卷调查数据进行定量分析，发现居民对旅游扶贫正效应感知显著正向影响其主观幸福感。朱怡帆、何丹、范振杰（2023）研究发现，情感团结、环境获益感知、社会文化获益感知与自我发展对居民幸福感产生显著正向影响。心理幸福感方面，张彦和于伟（2014）对山东省历史街区旅游目的地进行问卷调查，研究发现，主客冲突对居民的心理幸福感产生负面影响，旅游活动参与增强了认知情感冲突和经济利益冲突对心理幸福感的影响，缓和了资源环境冲突对幸福感的影响；居民决策参与则减弱主客冲突对心理幸福感的负面影响。赵振斌和朱文婷（2014）考察了旅游参与对四川桃坪羌寨女性心理幸福感的影响，研究得出，旅游参与对心理幸福感有显著的正向作用，幸福感呈现倒“U”形状态，适度的旅游参与才能使心理幸福感保持较高的程度。

（三）旅游从业者幸福感

旅游从业者的幸福感鲜少被探讨，其工作幸福感对旅游也发展至关重要（Su，Li and Swanson，2024）。学者聚焦于旅游业对旅游从业者的生活质量、生活满意度的影响研究。梁增贤、黎结仪、文彤（2015）以广州的旅游非正规就业者为调研对象，发现休闲娱乐、能力发展、工作状况、工作前景、消费与安全、社会交际、家庭生活和生活条件八个领域对就业人员总体生活幸福感具有显著的影响，而且就业者的总体生活幸福感维持中等水平。王舒媛和白凯（2017）以西安回坊旅游劳工移民为例，验证了地方依恋对移民主观幸福感具有重要的影响，其中，物质依恋对幸福感的影响较大，而社交依恋对幸福感的作用最小。梁增贤（2018）运用多重差异理论对居民生活质量进行考察，发现居民自己认为值得的生活状况、周围居民的生活状况和过去最好的生活状况是居民对生活质量评价的关键指标；当旅游发展在三方面生活质量的比较中发挥积极作用时，居民的整体生活质量才得到提升。刘佳、王海凤（2024）则通过实地调研及回归分析，得出乡村旅游从业者的审美幸福感源于空间美学设计的徽派协调性感知、元素多样性感知、徽派典型性感知和设计新颖性感知。Su、Li 和 Swanson（2024）通过情境实验方法，实证研究得出组织人际氛围、组织归属感对员工工作幸福感具有正向影响。

三、创业者的幸福感研究

（一）创业幸福感定义

无论是在创业研究领域，还是在幸福感研究领域，关注“创业者在创业过程中是否感到幸福”，即研究创业与幸福感关系的文章还较少（魏江、权予衡，2014；潘春阳、王紫妍，2016）。已有研究往往单一地从财富创造角度来考察创业活动（Rindova，Barry and Ketchen，2009；叶文平、杨学儒、朱沆，2018），部分关注创业者主观感受的研究也仅停留在“满意度”的层面（Thompson，Kopelman and Schriesheim，1992；Katz，1993）。魏江和权予衡（2014）指出，创业幸福感是个体在创业过程中对自身工作完成质量、业绩表现、个人成长以及由此带来的个人价值实现和生活品质提升等方面的总体感受和评价。于晓宇等（2018）认为创业幸福感是创业者在创业过程中，对工作质量、生活品质、自我发展以及社会价值的感受和评价。Shir（2015）指出创业幸福感是一种积极而独特的心理状态，它反映了企业家在创业过程中参与创业的情感体验和认知体验，是对创业生活的积极评价和良好感觉。Wiklund et al.（2019）从心理学角度来审视幸福感，指出主观幸福感和心理幸福感都是创业幸福感的核心组成部分，一方面代表积极的感受和评价，另一方面代表积极的心理功能，将创业幸福感定义为“与创业企业的发展、启动、成长和运营相关的满足感、积极影响、少有的消极影响和心理功能”；其中，心理功能包括自我接纳、个人成长、心理健康、掌握、自主、目标和积极的关系（Wiklund et al.，2019）。崔连广等（2022）在 Wiklund 等研究的基础上，提出创业幸福感是创业者在新创业规划、创立、成长及运营中感受到的关于满意度、情绪平衡、心理功能和社会功能的体验。

（二）创业幸福感维度与度量

已有研究中对创业幸福感的界定，主要是指创业者、劳动者幸福感，有学者采用整体幸福感指标，如魏江和权予衡（2014）将创业幸福感分为主观幸福感、心理幸福感和社会幸福感三个维度，在实证检验中综合考虑三个维度，采用整体幸福感代表创业者幸福感。多数学者采用幸福感的某一维度，探讨创业幸福感的问题，指出主观幸福感可以准确地评价人们的幸福水平，并进行了大范围、重复性测量（Shin and Johnson，1978；Robinson、Shaver and Wrightsman，1992），故部分学者采用主观幸福感表示创业者幸福感，如王慕文、卢二坡（2017）采用主观幸福感代表劳动者幸福感；李树和陈刚（2015）以主观幸福感对幸福就业效应进行了分析。也有学者从不同侧面对创业幸福感进行理解，如 Hahn et al.（2012）从享乐幸福感（hedonic well - being）和实现幸福感（eudaimonic well - being）两个角度衡量创业幸福感；Dijkhuizen、Veldhoven 和 Schalk（2016）将创业幸福感分为工作投入、工作狂、精疲力竭和工作满意度四个方面；Zhang et al.（2016）则将创业者幸福感分为心理幸福感、工作满意度和生活满意度；芮正云（2017）对农民工创业幸福感的测量考虑了个体主观感受和客观创业绩效两方面。

（三）创业幸福感影响因素

1. 国外创业幸福感相关研究

近年来，国外学者将幸福感视为重要的创业成果进行了广泛的探究，部分研究关注影响创业者心理健康的心理和应对机制（Shepherd and Haynie，2009；Uy、Foo and Song，2013）。学者通过数据调查发现，指出企业家从有薪就业转向自主创业后，具有持续更高的幸福水平（Abreu et al.，2019）；企业家自主创业之后，其生活满意度和健康满意度增加，并且随着时间推移，幸福感一直持续下去（Binder and Coad，2016）。诸如创业活动的工作特征（如工作自主性、工作需求、时间灵活性）、个人特征（如人格特质、人力资本、动机与价值观）、企业因素（如公司和财务资源、公司和财务压力源）、社会因素（如家庭冲突、来自客户的积极反馈）等因素对创业心理健康与幸福均会产生重要的影响（Stephan，2018）。在创业顶尖期刊“Journal of Business Venturing”的2019年“创业与幸福感”的专题讨论中，更是对二者关系的研究进行了高度呼吁，针对不同主题进行了热烈讨论。

第一，创业对幸福感的促进作用。Bhuiyan 和 Ivlevs（2019）以孟加拉国三个村庄为样本，通过调查问卷分析小额信贷创业与主观幸福感之间的关系，研究表明，小额信贷通过增加创业者的担忧，间接降低了人们的总体生活满意度；与男性相比，女性小额贷款者对财务安全和生活成就的满意度更高，而家庭资产水平高的小额贷款者对财务安全的满意度更高。Shir、Nikolaev 和 Wincent（2018）以瑞典的早期创业者与非创业者为样本，将幸福感定义为生活满意度、全球幸福感和主观活力三方面，研究发现，与非创业活动相比，创业对幸福感具有积极的促进作用；心理自主性通过对能力和关系的影响，中介了创业与幸福感之间的作用机制。Benz 和 Frey（2008）利用来自三个欧洲国家的面板数据进行调查分析，发现个体经营者的工作满意度高于组织中的员工，他们不仅注重企业结果，还强调产生结果的过程。

第二，个人动机与幸福感的关系。企业家无法同时实现他们的亲社会目标和企业目标，由此可能造成压力体验，对幸福感产生负面影响（Shepherd，2015；Baron、Franklin and Hmieleski，2016）。由于压力的增加，亲社会动机对企业家的生活满意度产生负面影响，当企业家对工作任务追求的自主性较高时，亲社会动机通过压力对生活满意度的负面作用减弱（Kibler et al.，2019）。创业者动机不同，对幸福感的影响也各有差异。机会型创业者与生存型创业者对幸福感的感知具有明显差别，机会型企业家对家庭和健康的满意度高于生存型企业家，但两种类型的企业家对缺乏闲暇时间的不满程度是相同的（Binder and Coad，2016）。像快乐、生活满意度的享乐论方面的幸福感在注重自我导向和自给自足的独立导向型企业家中更为突出，而实现论方面的幸福，尤其是个人成长、环境掌控，是成长型企业家关注的重点（Ryff，2019）。生存型创业者普遍表现为受教育程度较低、财务压力较大，与传统的工薪族相比，他们的生活满意度较低（Bensik、Chuluun and Graham，2017）；而小额信贷创业者通常产生较高程度的担忧，降低个体的总体生活满意度（Bhuiyan and Ivlevs，2019）。

第三，区域因素对幸福感的影响。创业活动的工作特征、创业者特征、企业因素、社会因素等会对创业者的幸福产生影响（Stephan，2018）。除此之外，地区差异对幸福感的作用得到探讨。例如，Abreu et al.（2019）采用英国纵向家庭调查数据，考察了地区差异对自我雇佣者幸福感的影响，结果表明，生活在半城市地区的企业家幸福感，比那些生活在城市和农村地区的人更高；与生活在物质匮乏地区的企业家相比，生活在富裕社区的自我雇佣者对工作的满意度更高，但生活在贫困地区的人对生活的满意度更高。

2. 国内创业幸福感相关研究

近些年，国内学者对创业活动与创业幸福感关系的相关研究得到推进，与非创业者相比，创业者拥有更高的幸福感。在创业的雇主型创业、个体经营与自由职业三种形式中，雇主型创业者的幸福感水平显著高于非创业者，而个体经营、自由职业两种自雇型创业形式对创业者幸福感的影响不明显（王慕文、卢二坡，2017）。相较于非创业农户，创业农户的幸福感更高；创业后，农户的社会经济地位和社会计量地位得到提升，对自身幸福感产生积极的促进作用（陈和午、李斌、刘志阳，2018）。在对农民工幸福感的分析中，创业对农民工的幸福感具有极强的提升作用，在性别比较上，创业对男性幸福感的影响有显著变化；在地区分布上，东、中、西部创业农民工的幸福感提升程度逐渐变大；对比新老一代农民工，老一代农民工的幸福感提升更多（岳园园、万丛颖、赵婷，2018）。在夫妻自雇型创业中，丈夫进行自雇型创业会减弱个人的幸福感，但提高了妻子的幸福感；而妻子创业会增加自身的幸福感，但不利于丈夫幸福感的提升（汪圣国、杜素珍，2019）。

学者对创业动机与幸福感的关系进行了分析，通常根据创业动机的差异，将创业者划分为生存型创业者和机会型创业者。生存型创业者需要更多地应对资源约束问题，他们往往是因失业或缺乏令人满意的工作选择而进行自雇式创业；而机会型创业者具备创业的启动条件，他们不会受经济衰退、失业或工作机会有限的影响。研究表明，机会型创业对个体的幸福感有显著提升作用，生存型创业者的幸福感没有提升；机会型创业对高低学历创业者的幸福感均有提升，生存型创业的幸福感状况不明显（刘鹏程、刘永安、孟夏，2019）。也有研究得出，创业者机会导向动机正向作用于创业幸福感，盈利导向动机负向影响创业幸福感（魏江、权予衡，2014）。与生存型创业者相比，机会型创业者的心理幸福感更强，创业者自尊感在机会型创业动机与心理幸福感之间起中介作用（陈聪、高建、李纪珍，2018）。

此外，工作特征、文化差异、社会网络等因素对创业者幸福感的影响也得到探讨。创业工作性质，如工作时间增长、创业压力对幸福感产生负面影响，工作自由度的增加对幸福感具有积极作用（王慕文、卢二坡，2017）。工作自由度可以中介机会型创业、生存型创业对创业者幸福感的正向作用，而身份地位仅在机会型创业与幸福感之间发挥中介效应（刘鹏程、刘永安、孟夏，2019）。城市社会网络嵌入对促进农民工的创业幸福感具有积极的作用，创业机会开发和组织合法性中介了网络嵌入对创业幸福感的正向影响（芮正云，2017）。在传统主义文化国家，创业活跃度与幸福感的关系呈现非线性倒“U”形，即创业活跃度提升时，幸福感也得到增强，当创业活跃度达到一定水平，幸福感会因创业活跃度的提升而减弱；在现代主义文化国家，创业活跃度与幸福感呈现正相关（叶文平、杨学儒、朱沆，2018）。从经济学角度探讨创业与幸福感关系的研究得到重视，如，创业能够通过绝对收入和相对收入对幸福感产生影响、创业可以使个体避免因失业引起的幸福感下降、创业可以产生“外溢效应”而影响其他人群的幸福感、创业和幸福感两者之间互相影响（赵晓萌，2018）；内部需求和外部需求的满足均可以促进创业者的幸福感，大男子主义、公平感知强化了外在需求对幸福感的正向作用，并且大男子主义会弱化内在需求与幸福感的关系（苏晓华、周焱、杨赛楠，2019）。李慧慧等（2022）通过问卷调查实证分析，得出社会支持可以提升创业幸福感，创业自我效能感和创业绩效是社会支持提升创业幸福感的关键路径。

四、研究评述

本书借鉴心理学对幸福感概念界定和维度划分的研究成果，从主观幸福感、心理幸福感的视角对幸福感、旅游幸福感、创业幸福感的相关内容进行了理论探讨。一方面，已有文献聚焦于幸福感、旅游幸福感、创业幸福感的概念界定与度量，国内外学者进行了较多的探讨。另一方面，通过收集数据、建立模型等考察幸福感的影响因素、旅游对幸福感的作用机制、创业活动对幸福感的影响。研究得出，个人特征、工作特征、企业因素以及社会因素等对主体的幸福感具有显著的影响，旅游活动、创业活动均给个体的幸福感带来不同程度的影响。国内外学者对幸福感的探讨形成了较丰富的研究成果，为本书的写作提供启发和思考。然而，尽管学者对影响创业者幸福感的诸多因素进行了研究，但缺乏对乡村旅游创业幸福感、创业学习与幸福感关系的探讨。因乡村旅游创业实践发展的需要，乡村旅游创业幸福感的内涵及维度急需理清、乡村旅游创业者的学习活动是否对创业者幸福感产生影响值得关注。

第四节 本章小结

本章对本研究涉及的概念、变量的相关研究进行了比较系统的回顾和梳理，已有研究成果将为本书的思考和写作提供丰富的理论支撑。综合来看，仍存在以下内容尚待回答，这也是本研究将要解决的问题。

一是旅游创业研究的对象和内容需要拓展。目前，旅游创业领域尚未见创业者学习活动与行为的研究，乡村旅游创业实践中，创业者的创业学习如何发生、受哪些因素的影响？创业学习的内涵及维度有何特殊性、如何测量，需要结合具体情境进行深入挖掘，以拓展旅游创业研究的理论成果。

二是创业幸福感的研究领域和内容需要扩展。已有研究聚焦于个体主观幸福感、心理幸福感的探讨；对旅游幸福感、创业幸福感的分析，也主要讨论单一视角的幸福感。那么，对于乡村旅游创业幸福感，创业者在创业活动中有哪些感受和认知，其创业幸福感内涵、维度如何？需要进一步廓清。

三是乡村旅游创业学习与创业幸福感之间的影响机制有待挖掘。无论是在创业领域还是幸福感领域，有关创业学习与创业幸福感关系的探讨仍然缺乏，二者之间有怎样的影响关系？其作用路径如何？对此问题的回答，将为创业者进行学习以及获取幸福感指明方向，丰富创业学习领域的理论成果。

第三章　乡村旅游创业的理论分析

本研究旨在探讨乡村旅游创业学习这一现象，首先需要明确研究涉及的相关概念、给出概念在具体情境中的界定；其次需要寻找支撑研究问题的理论基础，以便为下文解决四个子问题提供理论指导和支持。因此，本章对乡村旅游、乡村旅游创业、乡村旅游创业学习、创业幸福感等关键概念进行了界定，并梳理了相关理论基础。

第一节　相关概念界定

一、乡村旅游

我国的乡村旅游发展大体上经历了以农家乐为代表的乡村旅游阶段、观光类产品阶段和休闲体验产品阶段。基于此阶段性特征，本研究对乡村旅游的理解涵盖了传统农家乐，及其外延的渔家乐、牧家乐、休闲农庄等观光产品，以及乡村民宿、度假酒店等体验类产品。综观国内外文献对乡村旅游的界定，学者从各个侧面进行了不同界定，比较典型性的定义如表 3.1 所示。

表 3.1　　国内外代表性的乡村旅游概念界定

定义者	定义内容	关键词
世界经济合作与发展组织（1994）和欧盟（1994）	乡村旅游是指发生在乡村的一系列旅游活动，乡村性是乡村旅游的核心和独特卖点	乡村性 旅游活动
Reichel（1999）	乡村旅游是发生在农村的旅游活动，具有农村区域的特征，如区域开阔、可持续性	农村区域 旅游活动

续表

定义者	定义内容	关键词
Busby（2000）	乡村旅游是乡村生活体验的商品化和模式化	乡村生活的商品化
Dernoi（2001）	乡村旅游是位于非城市地区的旅游活动，与土地密切相关，这里居住着永久性居民，永久居民的存在是乡村旅游的必要条件	非城市地区的旅游活动
杜江（1999）	乡村旅游是以乡野农村的风光和活动为吸引物、以都市居民为目标市场、以满足旅游者娱乐、求知和回归自然等需求为目的的旅游形式	乡村资源都市居民
吴必虎（2001）	乡村旅游是发生在乡村和自然环境中旅游活动的总和	乡村空间
马波（2004）	乡村旅游是以乡村社区为活动场所，以乡村独特的生产形态、生活风情和田园风光为客体的类型	乡村空间乡村生产生活资源
刘德谦（2006）	乡村旅游是以乡村地域及农事相关的风土、风物、风俗、风景组合而成的乡村风情为吸引物，吸引旅游者前往休憩、观光、体验和学习的旅游活动	乡村空间旅游活动

资料来源：干永福，刘锋，2017. 乡村旅游概论［M］. 北京：中国旅游出版社.

在对比国内外学者提出的乡村旅游概念的基础上，干永福和刘锋（2017）指出其共性的内容都在强调乡村旅游发生的空间、所依托的资源、旅游的活动和形式、乡村旅游者。由此，他们提出乡村旅游是发生在乡村地区、依托乡村资源开发观光、休闲、度假等旅游体验活动的一种旅游方式。综合来看，相较于国外学者关注乡村旅游的乡村性、经济效益的界定，国内学者则紧密结合我国乡村旅游的实际，突出强调了乡村旅游的活动形式与种类，以及作为目标市场的旅游者来源——城市居民。然而，乡村旅游发生在乡村空间，对当地经济、社会、环境等势必产生积极或消极的影响，学者普遍没有强调乡村旅游与乡村社区的关系（干永福、刘锋，2017）。本书结合已有文献研究，将乡村旅游界定为：发生在乡村、独具乡村性的，依托乡村的物质资源及非物质资源，为城市居民提供观光、休闲、度假、生活等旅游体验，并为乡村地区带来经济和社会价值的旅游经营活动。

我国的乡村旅游在发展过程中，形成了多样化的类型，比较普遍的划分方法是根据区位条件的特征，将乡村旅游分为都市依托型、景区依托型、资源依托型以及交通依托型（王铁、张宪玉，2009；干永福、刘锋，2017）。其中，都市依托型乡村旅游体现了近客源市场性、城乡发展融合性的优势，满足了主城市居民缓解生活压力、进行休闲度假的需求，迎来了较好的发展机遇，比如成都的农家乐、北京的民俗村、天津蓟州的旅游村。同时，都市依托型乡村旅游的发展对加速城乡一体化、实现乡村振兴起到关键的推动作用，在学界得到了较为广泛的讨论（吴国清，2008；吴国清，2009；王铁、张宪玉，2009）。鉴于此，本书对乡村旅游创业学习调研区域及样本的选择也是基于此类型进行考察和探讨。

二、创业与创业者

（一）创业定义

创业被看作是一种更有活力、更复杂的现象，它超越了企业的建立，而是随着时间的推移，企业走向生存、增长和扩张的一系列过程（Cope，2005b）。创业在主流经济学中被视为一种经济边缘活动（Rae，2017）。创业在给创业者带来自主性、经济收益的同时，也具有经营压力大的特征，需要个体长时间工作，工作压力增加、角色模糊、高度的不确定性以及承担风险（Kaufmann，1999；Buttner，1992）。个体经营者可能获得的任何好处都是以风险增加为代价的（Bradley and Roberts，2014）。

Gartner（1985）最先从组织过程认识创业，指出创业是复杂、多维度的现象，是新企业的创建过程，包括创业者个体、环境、过程和组织四个方面。如今，对创业概念理解最主流的观点是创业的机会观，更多学者从机会观对创业进行解释，也使创业学成为一门独立学科变为可能，比较有代表性的定义如：Morris 和 Lewis（1995）指出创业是整合资源、开拓机会，并创造价值的过程；Shane 和 Venkataraman（2000）基于机会过程，指出创业是发现、评估和开发机会的过程以及发生的与之相关的一系列行为。国内学者也从机会观对创业进行理解。例如，宋克勤（2002）指出创业是创业者发现和识别商业机会，统筹各类资源为市场提供产品和服务，来创造价值的活动；张玉利和杨俊（2003）认为创业是机会寻求和综合管理的过程，是创业者感知、识别、抓住机会，并最终实现新企业生存与成长的过程。

尹志超等（2015）将家庭户主从事个体经营或企业经营，且进行经营的原因是“想自己当老板”“更灵活自由”“赚得更多”，视为创业行为；反之，则被看作缺乏创业行为。该界定也正符合了乡村旅游发展中个体的创业现象，本研究将以此来理解乡村旅游创业。在乡村旅游中发展业态呈现多样化，如农家院、乡村民宿、旅游购物店铺等，其中不乏是以个体经营、家庭作坊的形式存在，具有非正规性、非组织化的特点，而个体希望实现灵活自主、自己当老板的需求。本研究结合创业的机会观，认为乡村旅游产业中出现的个体感知、识别并利用机会，进行个体经营或企业化运作，以实现所创事业生存和成长的现象，可以视为创业。

（二）创业类型

在已有研究中，Baumol（1990）基于创业行为，将创业分为生产性创业、非生产性创业和破坏性创业。生产性创业活动是指对经济或生产具有贡献的活动，非生产性创业活动是对经济净产出没有贡献，如寻租、逃税等活动；破坏性创业活动对经济产生负面影响，如过度地获取自然资源（黎常，2011）。Baumol 对创业类型的划分，为政策如何有针对性地培育创业活动提供了重要启发（Aidis and Mickiewicz，2012）。Amit 和 Muller 提出了推动型创业和拉动型创业，推动型创业主要是由对当前工作不满、家庭收入不足、找工作困难等因素引发；拉动型创业则是寻求自我实现、追求自主性、对高社会地位的向往等（Amit and Muller，1995）。

另外一种较常见的分类是 Global Entrepreneurship Monitor（GEM）在 2011 年报告中，将创业类型分为生存型创业和机会型创业，生存型创业是因为没有更好的工作选择而从事的创业活动，这类创业者把创业看作一种工作形式，并非出于自愿；机会型创业是受商业机会的吸引而主动开展的创业活动，是创业者自愿开发的（Reynolds et al.，2001）。对于机会型创业，创业者更希望发展和壮大企业，从而获得更大的收益，而生存型创业者则较少考虑这一方面（Aidis and Mickiewicz，2012）。Langevang 等指出新兴市场中大部分的农民创业活动属于生存型创业，且多发生于非正式经济组织（Langevang、Namatovu and Dawa，2012）。Renyong 和 Liang（2008）对 GEM 2002 年和 2006 年中国地区报告进行比较，发现机会型创业占比从 40% 上升至 59.2%，而生存型创业从 60% 下降至 38.7%，指出中国的主导创业类型开始由生存型向机会型创业转变。

在旅游产业领域，学者探讨了中小型旅游企业的创业类型，旅游小企业涉及餐饮、住宿、纪念品店、旅游交通等范畴（梁微、徐红罡、Thomas，2010）。Morrison、Rimmington 和 Williams（1999）指出英国的大多数小企业是为了维持生存和保证收入来维系自己的生活方式，属于生活方式型企业，他们通过选择一种生活方式来追求自我实现。梁微、徐红罡、Thomas（2010）以盈利和扩张为创业动机，将生活方式型旅游企业分为类生活方式型、生活方式进取型和生活方式保守型三种类型。类生活方式型旅游企业创业者多数是本地人或附近居民，创业动机是为了维持生计，加之对旅游业感兴趣；生活方式进取型创业者是外地人，拥有充足的资金且自身经历丰富，想要发展兴趣爱好，追求向往的生活方式；生活方式保守型创业分为纯玩型和维持生计型，纯玩型企业主拥有其他经济来源，企业经营只是作为生活的一种补充；维持生计型创业者主要是靠企业经营获取生活收入。徐红罡、马少吟（2012）根据创业动机和创业目标，将阳朔西街的旅游小企业分为生活方式型创业、维持生计型创业和商业型创业。生活方式型创业者多数是外地人，喜欢当地的生活和环境，将企业经营与兴趣爱好结合，来实现自我价值，经营企业是为了追求一种生活态度。维持生计型创业有两类，一类是由中老年人、退休者经营，店面较小；另一类是年轻夫妇，他们乐意自己当老板，与家人聚在一起，习惯并维持目前的生活状态。商业型创业者为了赚钱而创业，分为家族商业型和私人商业型，希望将企业越做越大，以最大化盈利。

（三）创业者

创业者是创业的主体，在创业活动中发挥关键的领导和推动作用。英文中，创业者的创业与企业家精神是同一个词汇（entrepreneurship），表明创业者首先应该具备企业家精神，企业家精神是创业者最根本的特征。Schumpeter 在《经济发展理论》一书中指出，企业家是经济发展的带头人，是实现生产要素重新组合的创新者。他认为企业家的作用在于创造性地破坏市场均衡，企业家精神包括首创性、成功欲、冒险和以苦为乐、精明理智与敏捷、强烈的事业心（Schumpeter，1934）。此外，成功的创业者还应该具备特有的个性特征（胡剑锋、彭学兵，2012）。一是成就动机，有强烈成就需要的创业者会表现出强烈地追求成功的意愿，更有可能承担创业风险，并付诸努力；二是控制点，是个人对自己行为方式与结果的责任的认识，具有高内部控制点的人更易于采取创业行动，敢于接受创业挑战；三是自我效能感，是个体相信自己能够成功扮演创业角色、完成创业任务的信念强度；四是模糊容忍，指个体对不确定情境的接受度，容忍度高的人更具冒险精神、更愿意接受新的事物；五是风险倾向，是个体对外界客观风险的感受，高风险倾向的人在同等风险情境下感知到的风险较低，更易于做出创业决策。

胡枫（2017）对2006年中国综合社会调查（CGSS）数据进行分析，梳理出四种特征的创业者，即“自己独自工作，未雇佣其他人”“为自己的企业、买卖工作，未雇佣其他人”“自己当老板，雇佣1~7名员工”“自己当老板，雇佣8名以上的员工”；进而，将前两类称为自我雇佣的生存型创业者，后两类称为雇佣他人的机会型创业者。Binder和Coad（2013）根据创业动机也将创业者划分为生存型创业者和机会型创业者。Hisrich、Langan - Fox和Grant（2007）将企业家分为生存型企业家、变革型企业家、社会创业者、内部创业者和生活方式企业家五类。生存型企业家是个体开发业务机会，以取得收入和生存；变革型企业家是创新以发展壮大自身需求的个体；社会创业者旨在以创业行动解决社会问题；内部创业者是在企业内部开展创新创业活动的企业家、员工及其他组织；生活方式企业家以经营活动来创造一种特定的生活方式。

三、乡村旅游创业

（一）乡村旅游创业概念

当前，乡村旅游创业愈演愈烈，借由国家对乡村政策的大力倾斜，越来越多的群体加入“大众创业、万众创新”的潮流，成为“双创”主体。其中不乏有当地村民转变为乡村旅游创业者，他们先前或是在家务农，或在外打工、从商，由于国家政策对乡村旅游发展的大力倡导，遂发现旅游创业机会，开展创业活动。同时，越来越多的外来创业者，先前或经商或从政，看到乡村社会经济发展的前景，回归乡村创业，期冀赚取更丰厚的利润，或是期待一种返璞归真的乡村生活方式。总体来看，这些乡村旅游创业者开展创业活动大多是在相对偏僻的农村，这一地理特征加剧了创业者对当地知识的依赖（Anderson and Obeng，2017）。

本书对乡村旅游创业的理解融合了学者对乡村旅游的界定及创业的内涵，认为乡村旅游创业是发生在乡村范围内、由创业主体整合乡村资源、识别旅游产业机会、利用乡村资源开发旅游体验活动，为城市居民和乡村社会创造旅游价值的创新性活动。这种发生在乡村地区的旅游创业，其目标市场是城市居民，旨在为旅游者提供一种体验乡村观光、休闲、度假、健身、娱乐等生活方式的旅游活动，本书将其界定为生活型创业。乡村旅游创业不仅为城市游客提供一种乡村生活方式，还为乡村社区带来新的生活方式。

（二）乡村旅游创业特殊性

1. 创业动机差异。获得经济利益或许并不是旅游创业者的主要目的（Jaafar et al.，2011），家庭环境、生活氛围、自然风光等与生活方式有关的因素在旅游小企业创业中发挥重要的作用（Getz and Carlsen，2000）。在国内的乡村旅游创业中，部分创业者是以追求生活方式为动机而进行经营活动，尤其出现在我国南方地区的少数民族创业区域，如云南大理、桂林阳朔等地。这类生活方式创业者大多数是外地人，前来居住并从事经营活动。

2. 创业资源整合。乡村旅游是以乡村田园风光、农林生产经营、乡村自然环境、乡村文化习俗等为吸引物，为都市居民提供休闲、体验的旅游活动，因而，乡村社会本身就成为创业者可整合、利用的资源，为乡村旅游创业提供场所和环境支撑，表明了旅游创业对乡村环境的依赖性较大；与此同时，创业者个人、农村居民与游客进行互动、交流，融合为旅游活动的一部分，成为游客旅游体验的重要组成部分。

3. 创业者特质差异。乡村旅游创业者来源广泛，一是本地务农或外出打工的农民因看到国家对乡村振兴的支持，以及家乡旅游业发展态势较好，转为从事旅游业；二是在外经商、在其他领域创业的人见多识广、目光长远，抓住乡村发展机遇，转向旅游创业。这些“半路的”乡村旅游创业者缺乏旅游行业知识和经验的积累，管理经验匮乏，风险承担能力弱，长远规划能力欠缺。

本土创业者因受教育程度的制约，其创业活动以低端、重复性的家庭作坊式经营为主；而外来创业者拥有较强的网络关系、社会资本，相较而言，可以得心应手地处理创业问题。

4. 创业过程差别。旅游业中，小企业占较大比例（Getz and Carlsen，2000），乡村旅游创业部分是旅游小企业类型，创业规模较小。企业的经营季节性强、管理非正式化、投资周期长、见效慢、与游客共创旅游价值，产品和服务具有综合性、多功能特点。此外，在乡村社会中，地缘、关系、非正式制度占据重要地位，这些特征对旅游创业活动产生重要的影响。再者，随着大众旅游需求日益高涨，乡村旅游如火如荼地发展，但目前普遍处于起步、成长阶段，发展还尚未成熟，而一般的商业企业组织可能经历了启动——成长——成熟——衰退的完整生命周期。

5. 创业环境依赖性。旅游企业对环境的控制力较弱，需要创业环境作保障（Gartner，1985）。乡村旅游创业的兴起和演变，离不开国家政策与制度环境的出台和大力支持，政策与制度环境对乡村旅游创业的影响较大。政府出台的乡村旅游发展举措、为创业者提供知识与技能培训、打造创业活动开展的乡村环境、实时提供旅游产业信息等，都将为乡村旅游创业带来强有力的支持。

6. 创业效果多面性。乡村旅游创业给创业者、创业企业带来经济效益，促进乡村社会的转型和发展。然而，乡村旅游创业具有社会创业的特性，在带来经济效益的同时，能够产生更大的社会效益。通过开展旅游创业活动，创业者为当地村民提供更多的就业岗位，提高就业质量，解决农村剩余劳动力的转移问题；维护乡村社会稳定，提高农民生活水平、乡村环境改善和农村社会效益。

四、乡村旅游创业学习

已有研究对创业学习的分析，多数学者关注个体层面的学习，因为创业者在新创企业中占据核心位置，对企业的创业成长发挥决定性的作用；此外，也有学者从组织层面探讨创业者学习（朱秀梅等，2018；陈逢文等，2020）。由于乡村旅游创业企业的规模小、结构简单、成员少，且规范性相对不足等特征，乡村旅游创业普遍处在初期或成长期，创业者承担大部分职责，学习问题多是发生在创业者身上。实践表明，在创业过程中，由于创业知识及技能匮乏，乡村旅游创业者进行了较多学习活动，如网络自学、模仿他人学习等，以保证企业顺利运营，因此，本书对乡村旅游创业学习的探讨主要是指创业者创业学习。因为创业学习涉及创业者自身的认知、经验分析，更离不开社会情境因素，需要进行社会参与和互动。由此，本研究结合个体认知维度和社会维度来理解乡村旅游创业学习，将乡村旅游创业学习界定为：创业者凭借个人认知和经验以及与社会进行互动，不断获得创办、发展以及管理乡村旅游企业的知识、技能和能力的过程。它更多地表现为一种过程而不仅是企业或组织学习强调的学习能力、固有的学习程序或惯例。

五、乡村旅游创业幸福感

近年来，学者对创业幸福感的定义进行了较多探讨（魏江、权予衡，2014；Shir，2015；Wiklund et al.，2019），从生活满意度、工作满意度、心理感受等层面综合考察（Hahn et al.，2012；Zhang et al.，2016；Dijkhuizen、Veldhoven and Schalk，2016；Shir et al.，2018）。借鉴心理学、创业领域对幸福感的研究，本文提及的创业幸福感，即创业活动带来的幸福感，具体指的是乡村旅游创业者在创业活动中感知到的幸福程度。对于多数乡村旅游创业者，如农家院、民宿主人，他们感受到的幸福感包含创业中的满意度、积极感受、个人目标与价值的实现，因此，本书参考 Shir（2015）、Wiklund et al.（2019）及崔连广等（2022）的观点，并结合乡村旅游创业实践，将乡村旅游创业幸福感界定为：创业者对创业活动的认知评价和情感体验，是对创业生活的积极感受和积极心理功能。具体来讲，本书对乡村旅游创业幸福感的分析涵盖了创业主观幸福感和创业心理幸福感两个层面。

第二节　理论基础

理论可以用来描述和解释现象的一个或多个概念，并可以被转化应用到一系列语境中解释社会现实（Pittaway and Thorpe，2012）。因此，理论基础至关重要，为本研究提供分析依据，主要理论内容有社会学习理论、资源保存理论、社会认知理论和自我决定理论。

一、社会学习理论

社会学习理论与早期的学习理论有较大不同，早期学习理论是基于行为主义视角，认为学习源于强化和惩罚。Albert Bandura 突破行为主义框架，从认知与行为整合的视角看待学习。他指出，社会学习是一种信息加工理论和强化理论综合的过程，其核心内容是个体通过观察他人的行为来习得新事物，是一种替代性学习（李超平，徐世勇，2019）。

社会学习理论被广泛应用于心理学、社会学等领域（Chamley，2004；Reed、Evely and Cundill，2010）。该理论实质上是一种行为理论，它尝试解释社会情境中的各种行为是如何源起、如何发生变化的（高申春，2000）。个体可以通过社会学习改变自身的行为，以实现可持续发展（Kristjanson et al.，2014）。社会学习理论的观点非常广泛（李超平、徐世勇，2019），主要表现为四方面内容。

第一，该理论强调由示范过程引起的学习，即观察学习。观察学习指出个体会观察、模仿和学习他人的行为。Bandura 提出观察学习的三种基本模型，一是现实模型，真实的个体表现出的某种行为；二是言语指导模型，对行为细节的描述和解释；三是符号模型，真实或虚构的人物，通过电视、广播、网络等媒介表现出的行为。他进一步指出，并不是所有的观察行为都能被有效学习，如果榜样的吸引力很小、观察者信息加工能力差，观察者对行为的理解存在偏差，观察者无意愿或能力去学习，这都会导致无效的社会学习。第二，示范行为对观察者的影响是通过改变观察者的两种认知实现的，包括效能期待和结果期待。效能期待是个体对自己能否表现出某种行为的认知评估，即自我效能感；结果期待是个体对某一行为能够带来某种结果的判断。社会学习理论强调效能期待，认为这种期待可以来自个人成就经验、言语说服、替代学习、心理和情绪呼唤。第三，强化在社会学习过程中发挥重要的作用，该理论指出强化有三类，即外部强化、替代强化和自我强化。外部的强化并不是决定个体学习的唯一因素，自我强化（如满意、自豪、成就感等内在心理状态）很重要；

替代强化通过信息功能、动机功能、评价功能等发挥作用；自我强化主要通过动机功能发挥作用。第四，人的心理机能是由人、行为和环境共同决定，即“三元交互决定论”。它强调人的信念、期待、意向、自我概念等认知因素能够支配并引导个体行为，个人的内在倾向性能够控制行为，行为受到环境的约束，环境因素又决定主体的认知和行为（班杜拉，2015）。

乡村旅游创业者的创业学习本身就是一种行为活动，创业者在学习过程中，不仅需要进行自我强化、自我调节学习，更离不开与他人的互动、情境学习，其中，模仿、观察学习他人的经验在创业者学习中扮演重要的角色。此外，个体的学习过程受认知、行为、环境的共同影响。社会学习理论恰巧为本研究分析乡村旅游创业学习的形成、创业学习维度结构提供理论基础。

二、资源保存理论

Stevan Hobfoll 最早系统地提出了资源保存理论，该理论指出，个体具有保存、保护和获取资源的倾向。不管是潜在的资源损失威胁，还是实际的资源损失都会引发个体的紧张和压力（Hobfoll，1989；Hobfoll et al.，2018）。具体来说，个体在三种情形下容易产生压力反应：一是现有资源面临损失威胁；二是现有资源出现实际损失；三是已付出努力而资源并未增加（Hobfoll，1989）。无论是在感知层面还是客观层面，现有资源的损失和新资源获取的失败都会致使个体产生压力。资源保存理论进一步指出，个体会使用现有资源来获取新资源，以减少资源损失，也会积极地构建和维护当下的资源储备，以应对未来可能出现的资源损失（Hobfoll et al.，2018）。

按照 Hobfoll（1989）的界定，资源是个体认为对其有价值的事物或者帮助其获得有价值事物的途径。他区分了四种不同类型的资源，即物质资源、条件资源、个体特征资源和能量资源。物质资源，如房产、汽车等，可以满足个人生存的需要，其价值在于物品固有的物理属性或蕴含的个体身份地位象征；条件资源，如资历、职位等，其价值在于它们对于个体未来生活和工作的积极意义；个体特征资源，如自我效能、乐观等，是个体具有的抵抗压力的各种技能和特质；能量资源，如知识、时间等，可以帮助个体获取所需的其他资源。Halbesleben et al.（2014）对资源进行新的界定，认为资源是“个体感知到有助于其实现目标的事物”，这里强调的是个体对特定事物是否有助于其实现目标的感知和判断，而不在乎是否切实帮助实现了目标。

该理论认为，个体具有努力获取、保持、培育及保护其所珍视资源的倾向，这是该理论的核心，它强调一种进化视角的需要，指出人们的这种倾向来源于作为物种的人类适应环境、维持生存的基本需要（Halbesleben et al.，2014；Hobfoll et al.，2018）。人们一方面利用其拥有的资源应对环境中的压力，另一方面也会通过对其现有资源的积极建构和保护来应对未来可能面对的压力。

资源保存理论指明了个体在面对创业压力时，可以采取的应对措施，其中，学习是一种应对压力的途径；而学习行为的产生，也受主观感知因素和客观情境因素的影响。该理论对于乡村旅游创业学习如何发生、创业学习有哪些影响因素、学习活动的收获如何提供了重要的理论依据。

三、社会认知理论

社会认知理论指出，人类活动是由个体行为、认知及其他个体特征、所处的外部环境三者共同决定。由此看出，人既是环境的塑造者，也是环境作用的产物。社会认知理论与组织管理有密切的关系，一是指出个体如何通过模仿而发展认知、行为等方面的能力；二是人类如何建立自己对能力的信念，进而有效利用个人知识和技能；三是人们如何通过目标系统实施个体动机（Miles，2017）。当人们置身于环境中，个体不是旁观者，而是自我与自身经历的能动者。根据社会认知理论，Bandura（1986）指出个体可以观察他人的行为来进行学习，并指出观察学习由注意、留存、复现和动机四个环节构成（Bandura，1986）。注意环节包括选择行为来观察、准确认识该行为并从中提炼所需信息；留存环节包括记忆、储存和演练所习得的行为；复现环节是实施所习得的行为，并获得该行为成功或失败的反馈；动机环节是针对新习得行为的正向激励。

社会认知理论强调个体的自我引导和自我激励。人们往往倾向于自我引导，体现在他们采用内部绩效标准，监控个人行为，并设置奖励来激励自己持续努力，以达成既定的目标。该理论还考察了人们如何掌控自己的人生，认为人们可以在自我适应、自我发展和自我更新中扮演一个变革能动者的角色

(Bandura，1989)。

由上述分析可知，社会认知理论在解释乡村旅游创业学习形成的影响因素、创业学习的方式及过程、创业学习与自我效能感等结果变量的关系方面将为本研究提供强有力的理论支撑。在具体章节中，本研究将进一步阐述该理论在乡村旅游创业学习研究中的应用。

四、自我决定理论

自我决定理论讨论的是个体的自我激励或自我决定程度，当人们的基本需求得到满足，便倾向于更高程度的绩效、健康及幸福感。这里的基本需求，是指人们感受到的一种“差距”或“缺失”，当需求得到满足，会带来健康或幸福；当未得到满足时，会致使疾病。自我决定理论假设，个体必须满足三个基本的心理需求——自主、胜任、关系，才能达到最佳的机能水平，不断地体验个人的成长和幸福感（Ryan and Frederick，1997；Deci and Ryan，2000）。其中，自主需求是指个体相信自己能够自主选择如何采取行动的需求，当这一需求得到满足，人们体会到自由感。胜任需求是指人们对完成挑战性工作和困难性任务的渴望，以实现自己所期望结果的需求；当这一需求得到满足，人们会体验到成就感、控制感。关系需求是人们希望与他人保持良好关系、建立相互尊重的需求；当这一需求得到满足，个人会感受到来自外部环境的支持。

该理论指出，人们对某些生活目标的追求，可以满足自主、胜任和关系三个基本需求，进而增强个人的幸福感（Ryan et al.，1996）。相反，人们对其他目标的追求，倘若无法带来三个基本需求的满足，则引发疾病。Kasser and Ryan（1993；1996）将个体的内部目标（如个人成长、归属、合作）与外在目标（如金钱、名声、个人形象）进行比较，研究发现，关注内部目标的满足可以增强幸福感；关注外在目标会导致焦虑和抑郁（Vansteenkiste et al.，2004）。

创业者通过学习活动，掌握知识和技能，获得创业绩效，增强幸福感，本质上就是个体需求得到满足的一系列过程。个体学习后是否带来幸福感，也是一种自我决定、自我感受。因此，分析发现，自我决定理论在解释乡村旅游创业学习与结果变量的作用机制方面，将提供重要的理论指导和支持。

第四章　乡村旅游创业学习形成机制

探讨乡村旅游创业学习这一现象，首先需要理清创业者的学习行为是如何发生、受哪些因素的影响。如前所述，本研究遵循主体行为发生的“前因——过程——结果”的行文逻辑，来设计研究思路，因此，本章聚焦于探讨乡村旅游创业学习形成的影响因素及形成机制，考察创业者的创业学习是如何形成的、各因素之间是如何作用的？

第一节　研究设计

一、理论抽样

本研究采用理论抽样的方式，以遵循研究聚焦的原则来发展构念之间的关系和逻辑（Eisenhardt，1989）。这一抽样方式获得的样本是一种有目的的样本，往往是由研究过程的经验决定的（Hamilton，2011），被选择的受访对象通常是建立在对研究问题能够提供“丰富信息”的基础上选出（Patton，1990）。具体来说，本研究基于三个标准选择调研样本：（1）受访者必须是进行乡村旅游创业活动的主体，且该创业者具有一定的代表性；（2）调研地位于乡村旅游创业快速发展的地区，在旅游业中具有一定的影响力、代表性，且创业者在创业过程中体现一系列的学习行为。（3）样本企业属于农家乐和乡村民宿业态，是乡村旅游创业的典型代表。

二、数据收集

随着大众旅游时代的到来，游客对都市型乡村旅游的需求日益增强，由此，满足都市人群的乡村旅游需求值得关注。如前文所述，天津市蓟州区作为典型的都市依托型乡村旅游目的地，具有近客源市场的优势，成为都市居民进行近郊游、周边游的首选去处。蓟州区拥有深厚的历史文化底蕴和旅游资源，素有京津“后花园”的美誉，区域将旅游休闲、文化创意、高新技术产业等作为产业发展方向，引入智慧城市建设理念，新城古城交相辉映，形成“一城两园、多点特色小镇”的空间布局（徐虹等，2017）。近年来，蓟州区的乡村旅游正蓬勃兴起，旅游特色村建设扎实推进。2015 年，蓟州区开始实施乡村旅游“123”行动计划，3 年内提升 100 个旅游村及 2000 个农家乐经营主体，打造全景乡村旅游（贾艳慧，2017）。2017 年，蓟州区下营山野运动休闲旅游小镇、上仓镇、邦均镇入选天津第一批市级特色小镇（郁滨赫等，2017）。2016 年，蓟州区被国家旅游局确立为首批“国家全域旅游示范区”创建单位，在全域旅游战略背景下，打造 1 个景区化旅游村、8 个精品化旅游村和 40 个标准化旅游村（郁滨赫等，2017）。2019 年，西井峪村、小穿芳峪村、毛家峪村、郭家沟村、常州村入选文化和旅游部首批“全国乡村旅游重点村”，东山村入选农业农村部“中国美丽休闲乡村”。

目前，蓟州区的西井峪村、毛家峪村、东山村等乡村旅游农家院和民宿创业如火如荼开展，乡村旅游农家院和民宿创业成为乡村旅游创业中广泛存在且备受关注的创业类型，对增加村民经济收入、促进乡村产业转型升级、实现乡村振兴发挥了至关重要的作用。因此，本研究选择天津市蓟州区的乡村旅游农家院和民宿创业者作为受访对象，分别于 2019 年 1 月 22 日 ~1 月 25 日、2019 年 5 月 3 日 ~5 月 7 日、2019 年 6 月 20 日 ~6 月 27 日进行实地调研。

本研究采用半结构化深度访谈的方式，根据事先制定的访谈提纲（见附录 A），进行一手数据收集。研究对象选取实施中，重点考虑了创业者所在区域、创业年限、发展程度等因素，选择了具有差异化的受访对象，以确保研究的严谨性和科学性。在尊重受访者意愿、保护个人隐私的基础上，研究者进行访谈录音，并在访谈过程中，仔细聆听，记录笔记和要点，保证资料的有效性和完整性。理论构建阶段选择了 15 位创业者，为检验理论是否达到饱和，又继续访谈 3 位创业者。受访对象的基本信息如表 4.1 所示。

表 4.1　　受访对象基本信息

序号		受访者编码	性别	年龄	受教育程度	先前职业	创业名称	创业启动时间	所在地区
理论构建样本	1	Y	女	46	初中	景区导游	善之园（农家院）	2000	常州村
	2	X	女	34	本科	幼儿教师	如意楼（农家院）	2017	常州村
	3	L	女	32	大专	宴会经理	洛奇溪堂（民宿）	2018	郭家沟村
	4	T	男	33	初中	公司上班	天香庭院（民宿）	2012	郭家沟村
	5	G	女	43	高中	公司上班	宜云馆（农家院）	2009	郭家沟村
	6	B	男	34	初中	外出打工	金波农家（农家院）	2015	郭家沟村
	7	J	女	33	初中	景区上班	聚农庄（农家院）	2014	东山村
	8	Z	女	42	初中	个体经营	相聚开心（农家院）	2010	东山村
	9	F	男	34	大专	公司上班	沐风庄园（民宿）	2014	东山村
	10	W	男	33	大专	外出打工	久涞仙居（农家院）	2014	东山村
	11	H	男	48	大专	装饰工程	蜜塘且慢（民宿）	2018	船仓峪村
	12	Q	女	47	中专	村委会会计	秀云农家（农家院）	2012	船仓峪村
	13	M	男	43	本科	中学教师	蜜蜂园（民宿）	2009	东葛岑村
	14	D	男	37	高中	外出打工	山水涧（农家院）	2017	西井峪村
	15	R	女	40	中专	幼儿教师	吉如苑（农家院）	2018	小穿芳峪村

续表

序号		受访者编码	性别	年龄	受教育程度	先前职业	创业名称	创业启动时间	所在地区
饱和检验样本	16	K	男	28	大专	公司上班	两棵银杏树（民宿）	2017	西井峪村
	17	A	女	50	初中	个体经营	百宝里（农家院）	2012	郭家沟村
	18	C	男	52	初中	公司上班	藏月坊（农家院）	2012	郭家沟村

资料来源：本研究整理。

三、数据分析方法

数据分析过程中，本研究采用 Miles 等的定性数据分析步骤，分为数据提炼、数据显示和数据推导三阶段（毛基业，张霞，2008）。第一阶段，数据提炼环节，对访谈录音与笔记进行整理。本研究按照“同义复现”的原则，对访谈录音进行文本转录，形成文字资料；为避免遗漏重要信息，对访谈过程中的笔记和思考要点进行了补充誊写；进而，将聆听录音信息和对照访谈笔记相结合，校对转录后的文本，并通过电话确认、再次访谈的方式对表达不清晰的内容进行更正和补充，确保资料真实有效。该环节尽可能地记录了访谈过程中的所有信息，以免因研究者认知偏差影响结果的全面、准确性。

第二阶段，数据显示环节，采用扎根理论的编码方式进行分析，分为开放性编码、主轴编码和选择性编码。首先，从原始资料中寻找与研究主题相关的内容，仔细阅读每一段落，对每一个句群进行分析，提炼“初始概念”，以真实地反映句子与段落的内涵。其次，对得到的概念进行抽象、整合，形成更具概括性的“范畴”。最后，对上一步形成的范畴提升抽象为“主范畴”，以突显研究主题的理论结构。

第三阶段，数据推导环节，结合原始数据资料，对提炼出的主范畴进行综合比较、梳理，进一步挖掘主范畴与范畴之间的联结关系，继而推导得出研究结果，建构相应的理论，以达到解决研究问题的目的。

第二节 乡村旅游创业学习形成因素的开放性编码

开放性编码是扎根理论方法的首要环节，包括初始编码和聚焦编码两个步骤来进行资料分析，即按照一定的规则对原始资料进行逐级精简，来完成概念化和范畴化的过程（李志刚、李兴旺，2006）。概念和范畴的来源具备多样化的特征，可以从访谈文本资料中抽取、从已有文献中获得，也可以是经过原始资料分析后研讨出的新结果，但都必须能够真实地反映文本资料所表达含义的实质。

一、初始编码

初始编码是从转录资料中归纳、总结出各个概念，即概念化过程。这一阶段的编码需要研究者仔细斟酌资料中的每个段落、每个句子，并对其准确命名。它要求所命名的概念既要贴合原始资料，又要具有开放性，以防止用局部的理论框架来限制资料的分析。通过对资料的反复推敲、琢磨，研究者初步提取了一系列相关的概念；为保证概念命名的科学性和准确性，在团队组会上进行了焦点小组讨论，将所编写的概念列表与其对应的原始资料分发给 4 位博士研究生，请他们核查概念的提取及命名是否妥当，对大家存在命名有争议、模糊、重复的概念，再次进行修改、合并，最终确定了创业学习形成因素的 39 个概念。在初始编码中，研究者发现同一个概念会出现在多位受访者资料中，在兼顾概念释出的代表性及避免文字赘述的前提下，将精选的原始资料及概念化呈现出（见表 4.2），每一句文本资料的代码用受访者姓氏的首字母代替（如首字母相同，则用受访者创业名称英文简写的首字母代替）。

表 4.2　创业学习形成因素的开放性编码分析举例：初始编码

访谈关键词句	初始概念
村里有些没有客人的院子，是态度、服务、装修都不提升，不去思考改变（Q）	旅游竞争者的激励
好多农家院的老板天天上我这来看，自己做得好，人家才来看你；你这人多，她就得琢磨你家怎么这么多人，人家也会学着你这（J）	
村里人都是干农家院的，人家不会把经验告诉你，他们也不问你；都暗自使劲，去摸索去学啊（B）	

续表

访谈关键词句	初始概念
因为现在竞争还是比较激烈，好多地方比我们村的价格要低。但是人家好多客人也并不是图价格便宜上那去，或者说价格高，不到我们这；你怎么在市场竞争中存活下来，进一步发展下去，这是需要每家每户自己去面对的（D）	旅游行业竞争激烈
现在农家院遍地开花，不好做，更是要求你脑瓜去想怎么去做，把农家院做到最好（Y）	
不能总在人家后边跟着走，就是说你会想很多，人无我有，人有我精，老会琢磨怎么先去吸引客人眼球，增强优势，让其他农家院跟你、看你干的啥样（X）	旅游竞争意识强烈
你去学习创新，客人眼前也会一亮，给他们新奇的东西，你总是固守陈旧的话，不行（W）	满足游客需求
人老来，你没有创新，没有新鲜感，客人也不来了，所以还得创新、跟着年轻人去学（Q）	
每天就是想着把它做好做大，给客人带来更好的服务（Y）	
你需要找到跟客人沟通交流的点，起码等客人需要你时，你可以补空缺，你能尽快地给他解决问题，让客人满意了（Z）	
现在接的客人的消费水平和消费理念不一样了，我的素质也需要不断地提升，房间里有茶室，我也会去做；也去学着跟客人怎么交流、沟通啊（T）	游客消费理念提升
因为咱就说，虽然干时间久了挺腻歪的，谁干的时间久了都会腻。但你干这个了，就得用全身心对待这个，干它就爱它。不然就不干，干就用心干，你就得去创新、学新东西（G）	干一行爱一行用心干
你知道你干的事你愿意、你高兴，不困知道吧，就跟打了鸡血似的（H）	对所创事业的喜爱
因为你喜欢（研究这个民宿），你想做它，就会开心去学这个东西，这个时候就感觉不到累呀，苦啊，难啊；就是你自己喜欢，对这个事业的爱好（M）	
现在是自己给自己抡小鞭，趁自己有精力，多学一些东西，做一些自己想做的，以后回归家庭的时候你没有精力再去做一些事情（L）	有精力做想做的事
感觉现在的发展形势一年不如一年，不知道是客人少了、还是自己做的不够（J）	旅游经营下滑
那时经营四五年了，客房也没变化，你不改变回头客也不愿意老来，让咱也是不能年年去没个变化的地，感觉客流量在下滑。就到人家那民宿一看，人家装修挺棒挺吸引人的，自己觉得好看，就改造了（T）	
你这个院子、这么大的面积开了，这么多人服务，你没有客人来，我工资都开不出；这你就得去想，我怎么让客人来我这，这是给你的动力、压力，逼着你去学（Y）	吸引客源的考虑
一波带一波人，不就是这么点人嘛，就会促使你更创新去吸引人来，不断地学习（J）	
我们不如大学生研究网络，那也不能白等着，回头客介绍客人啊，现在本来客源就不多，就上了百度、携程、美团，但都不太懂，就摸索着搞吧（G）	

续表

访谈关键词句	初始概念
政策不让你私搭乱建，会影响学习的积极性吧，我后边有个棚子，我就想弄个棚子，有人嫉妒举报，来人了就给你拆（J）	政府政策规制
思路还得转，转成别的怎么打造，现在把你圈在里边了，搭个木架唱歌，也得申请，大的变化没法变化，你去学的一些东西没法用上，可能就不会再想着多学点什么（Y）	
我们村整体环境更好了，村里的党建标语是2019年5月弄的，路边的垃圾箱也是刚弄的，上边支持你经营，你也有动力干劲去学，你没有付出，永远没有收获（Z）	政府规划整治环境
因为咱们这个村上边支持、有统一的规划，主要是外观方面，因为要是客人一来看到村的一些整体形象，为我们经营创造好的条件，你也有劲摸索去学吧（D）	
这几年比之前要好，尤其是领导，咱们是领导来了几次之后，改革比以前要大一点。从客源加上卫生条件，然后政府帮助自己做一些宣传，还有一些资金扶持项目可能比以前要好。你上来的路边都是修整的，包括那厕所高架路灯，村里一些环境，昨天又搞的，比以前要好（D）	政府资金扶持
从市里到县里，从市旅游局旅委到县旅游局旅委到我们乡里管旅游的，都组织我们这些人去学习（M）	政府提供学习机会
旅游局会派人到村里，给你开会，教你客人的服务礼仪、菜品搭配、用的东西方面（W）	
书记比较好，对民宿很支持，也希望把村子打造成像小型莫干山一样，也会鼓励你去探索创新，提升旅游的整体发展水平（L）	村干部领导支持
村里组织去示范点去看，毛家峪、小穿芳峪，让我们去那参观，人家那摆个东西都很整齐，就是那环境特别好（J）	村里提供条件学习
我们晚上都上课，村的旅游公司请旅游局的人啊，食品安全、客房、接待客人的礼仪都给农家院老板讲（Y）	
家里边所有人都反对我投资干这个民宿，按道理说还是应该一家人一块做；同欲者胜，有一个共同的目标去一块努力，他就能够胜利。如果几个志同道合的人在一起做呢，很快就成功了（M）	家人的反对态度
就是家人也支持，对象和我一起干，我俩会一起讨论经营的问题，也会激发你不断地克服困难、坚持学吧（W）	家人共同参与经营
本身互联网就很厉害，网上你能找到想学的各种东西，也不花钱费力（T）	网络的便捷性
白天没时间看，晚上用手机看资料，吸取经验嘛，经常看手机看一夜，晚上是很完整的学习时间，看到三点四点；我能搜到的其他好的民宿资料我都会仔细分析（H）	
我觉得就是大众创业创新，你看网上报道马云就有很多创新的东西对吧，其实都一样，你必须不断地学，创造新东西，才能吸引人眼球（W）	媒体报道成功创业事迹的激励

续表

访谈关键词句	初始概念
经常跟我父亲看新闻、看新闻联播，看到现在发展乡村旅游，不管说是国家的一个政策也好，还是说增加农民收入的一个途径也好，你要跟上这个形势。现在有机会，就是说过了多少年之后那个事不火了、过去也就过去了。现在国家振兴乡村，发展乡村旅游也好，还是说鼓励人出去游玩、消费，你要跟不上形势不学不行（D）	媒体强化个体的行业认识
想让自己各方面更愉悦一些，让客人感觉我不是传统的农村妇女（Z）	自我实现的需求
把它当作自己的一种事业，能坚持下去的，有一种持久性，你就不能一成不变、就不能固守原先的样子，不然你的游客也会疲倦（W）	
我要把这个事办成，缺什么学什么，这是个清晰的目标；事逼着你必须把事解决，不然就不停地想办法，一招不行换另一招，直到把事解决了（H）	学习效果指引
你得行动，不行动不行呀，时刻都有梦想嘛，这不是中国梦吗。天天想经过这样做有效果，我就不断地在这摸索、学啊（M）	
我投资在这，建房子、装修、家具都花了好多钱，我得让它生存下去，就得思考琢磨怎么干，不然就不干了（X）	
那时生活并不是多么富裕，也成家了，脑子里几乎不想别的，就说有这个行业去赚钱，心思全用在这上边，天天去琢磨；咱开办农家院带来这么大的效益，也就是想着把它做好做大；想让自己的生活好一点，给孩子创造好的环境（Y）	经济效益驱使
你不断地学习，创新，也会带动经济效益嘛（W）	
我觉得你其实不用心也不行，你说赚钱的时机也就年轻时这一小段（D）	
当客人走的时候，说老板你这服务太到位、太好了，我们去过这么多农家院，你们村是最美的，你家是最棒的；当他说到这句话时，你所有的疲劳都没有了。我就感觉我的付出得到了回报，他走之后会用口碑为我们家宣传，我会更愿意去学去完善（Z）	客人赞美的激励
客人来了后说，你房间真好，做菜真好吃，环境真舒服，得到了客人的肯定，我感觉挺自豪，就想着再去努力做好啊，更有干劲了，想去学点别的不一样的东西变得更好（F）	客人肯定的激励
做餐饮、服务员、导游，特别像餐饮业，什么样的突发情况都会出现，需要你方方面面去学，你做的再好还是会出问题（R）	吸收经营知识的考虑
旅游业的知识、酒店管理的知识、餐饮知识都要学，经常看手机看一夜，白天没时间，晚上是很完整的学习时间，看到三点四点（H）	
你不培训，怎么能把外边的知识吸收进来，怎么去经营好你的院子（Z）	
这个学习到了什么地方都得学，你干什么事就得学什么，你没有这个经营理念啊，各个方面的知识也不行（T）	

续表

访谈关键词句	初始概念
感觉自己的知识不够用，人家客人说话你感觉自己跟不上。你有知识的话，你可以用知识去跟他讲，他会服你；你没有知识，用老百姓的话跟他讲，越说事越多。你用知识把自己武装起来，用这个理去说，他可能会听进去。像我们老百姓上学上的少，就这点话，你就100来块钱，还想吃啥呀，他可能不爱听，就是别说这种敏感的话，一句话就惹着人了。没知识说出来的话不压众，说出来的话不好听；有知识，就不会发生争执（Y）	感知能力与知识不足
有些客人会提出很苛刻的问题，如果你不去培训、不去跟人交流心得探讨，你遇到这样的客人你怎么对待（Z）	
是新的行业、新的项目、知识储备为零，每一件事、每一天都要学习，怎么干、怎么设计装修、怎么运营、怎么做饭都要考虑（H）	
活到老学到老，学的越多，你的素质越高嘛（Q）	活到老学到老
我的心态特别积极向上，阳光，喜欢学习很多的新东西、参加培训（Z）	喜欢学新东西
做这个行业很辛苦很累，哪行哪业都艰辛，就在于你喜不喜欢做、乐不乐意去动脑筋吧（W）	乐意动脑筋做事
我这心态比较开放，性格比较温和，旺季时，我一个人跟几十个人在交流，哪怕跟小孩子交流我都会有收获，只要人有心，人要用心生活就有收获，你一个人学习不就是一个1嘛，一年下来我跟上千人交流，我的知识面就会很广；天文地理都聊的来，特别是跨行的人，他们讲的都是你不知道的，我特别喜欢（H）	愿意跟他人交流
我愿意主动去学新东西，像村里请的老师来教菜，我头一个就去的，不断地学菜艺、更新菜品（T）	愿意主动学习
有20多年积累的经验，没有啥了，对我来说太平常了，经营很熟悉了，但肯定是越学越进步，但针对性地没有特意去学了（Z）	惯性思维的局限
本身一没学历，像我这种文化程度的人对时间概念是没有的。比如我干一天活累一天了，躺床上打一把游戏；你呢，拿本书看。因为文化程度不一样，人的思想观念不一样；思想观念不一样，用的地方也不一样（B）	文化程度限制
还有好多的东西要去学，脑袋没那么好使了，思路也没那么开阔，年轻人的思路打得开，像我们岁数大了保守了（Y）	个人思想保守
出去学，还得我有时间了，只能等到冬天淡季了出去（F）	时间忙而无心力学习
我自己会考虑这个时间问题，真是又忙又累，这一年就瘦了十多斤，这个时间也都占上了，学也得有心力才行（R）	
去哪去学习的时候，前期要考虑你觉得你出去对你有没有收获；如果对你没收获，比如说有的地方一年去了好几回了，还是那些东西，没必要去花时间和精力去对吧（W）	对学习收获的甄别
我出去看之前会网上搜索这个地方是怎样的，跟我之前看到的、自己的经营有什么差别，没有新模式的，也没出去的必要，就算出去看的东西你回来也没法全盘照搬，我考虑要真学点东西你得根据自己实际去选择性地吸收（D）	

续表

访谈关键词句	初始概念
像旅游局、村里会安排一些人来讲课啊，反反复复就那一套，只是说可能每次换个人、有点新的东西，我感觉有一些也用不到经营中，就会根据个人情况参不参加（M）	对学习有选择地参与

资料来源：本研究整理。

二、聚焦编码

聚焦编码是将概念进行范畴化的过程，范畴化比概念化更加具有指向性和选择性（Glaser，1978）。范畴是对概念的进一步归类、整合，通过反复考察原始资料，对各个概念进行循环比较分析，以得到更具抽象性、更精确的范畴。通过多次比较与调整，并由团队成员提出看法、意见，本研究最终挖掘出15个范畴。它们分别是旅游市场竞争、旅游市场需求、创业激情、旅游经营压力、政府支持、村集体带动、家庭支持、互联网便捷、媒介报道、学习目标导向、游客积极反馈、创业知识需求、学习主动性、个人认知局限、知识获取预期。表4.3呈现了范畴的名称与内涵。

表4.3　　创业学习形成因素的开放性编码分析：聚焦编码

初始概念	范畴名称	范畴内涵
旅游竞争者的激励	旅游市场竞争	农家院/民宿行业中存在较多竞争者、整个行业的竞争比较激烈，致使创业者感受到市场竞争强度
旅游行业竞争激烈		
旅游竞争意识强烈		
满足游客需求	旅游市场需求	农家院/民宿行业中的游客需求不断变化，游客的消费观念和消费水平不断提升
游客消费理念提升		
干一行爱一行用心干	创业激情	创业者乐于探索新事物、对所开办农家院/民宿的创立和成长充满动力
对所创事业的喜爱		
有精力做想做的事		
旅游经营下滑	旅游经营压力	面对客流量下滑、经营形势不乐观以及需要吸引游客的境况，创业者充满压力
吸引客源的考虑		

续表

初始概念	范畴名称	范畴内涵
政府政策规制	政府支持	政府从政策、资金项目扶持、乡村环境整治、提供培训学习机会等方面给予创业支持
政府规划整治环境		
政府资金扶持		
政府提供学习机会		
村干部领导支持	村集体带动	村干部为农家院/民宿创业提供保障条件，注重为创业者创造学习机会
村里提供条件学习		
家人的反对态度	家庭支持	家庭从精神上及物质上对创业者所创事业的支持程度
家人共同参与经营		
网络的便捷性	互联网便捷	网络的便捷、信息丰富性为创业者提供学习渠道
媒体报道成功创业事迹的激励	媒介报道	电视、互联网等媒体对创业事迹、乡村旅游创业等内容的报道，强化创业者的学习意愿
媒体强化个体的行业认识		
自我实现的需求	学习目标导向	创业者对学习带来的自我价值实现、目标达成的渴求
学习效果指引		
经济效益驱使		
客人赞美的激励	游客积极反馈	游客对创业者所提供旅游产品和服务的认可、称赞的激励作用
客人肯定的激励		
吸收经营知识的考虑	创业知识需求	创业者缺乏创业所需的知识和能力，需要学习与经营有关的知识
感知能力与知识不足		
活到老学到老	学习主动性	创业者个人愿意主动学习新知识，愿意与他人交流、向他人学习
喜欢学新东西		
乐意动脑筋做事		
愿意跟他人交流		
愿意主动学习		
惯性思维的局限	个人认知局限	创业者受自身思想保守、文化程度低的影响，对学习产生惰性，易形成惯性思维
文化程度限制		
个人思想保守		
时间忙而无心力学习		
对学习收获的甄别	知识获取预期	创业者在学习之前对学习是否有收获的预先判断，影响学习行为的发生
对学习有选择地参与		

资料来源：本研究整理。

第三节　乡村旅游创业学习形成因素的主轴编码

一、主范畴的确立

主轴编码是以逻辑关系分析为基础，以研究问题为轴心，发现各个范畴之间的联系，以在不同范畴之间建立关联的数据分析过程（Pandit，1996）。这一阶段是对开放性编码的延续和深化，将独立、分散的范畴进行逻辑分析，并加以串联和衔接，确立主范畴（党兴华、胡玉杰、王育晓，2016）。在这一过程中，需要反复核查主范畴与次要范畴之间的关系，以分析出二者之间的逻辑脉络或因果关系。

通过对开放性编码中获取的15个范畴进行不断比较、分析，本研究共获得4个主范畴：（1）创业激情、创业知识需求、学习目标导向、学习主动性这四个次要范畴形成一个主范畴，命名为创业主体动力；（2）旅游市场竞争、旅游市场需求、旅游经营压力这三个次要范畴形成一个主范畴，命名为旅游市场压力；（3）政府支持、村集体带动、家庭支持、互联网便捷、媒介报道、游客积极反馈这六个次要范畴形成一个主范畴，命名为社会环境支持；（4）个人认知局限、知识获取预期这两个次要范畴形成一个主范畴，命名为主观认知判断。

二、主范畴与次要范畴之间的关系结构

经过仔细斟酌，本研究发现乡村旅游创业学习形成因素的主范畴与其对应的次要范畴之间的关系如表4.4所示。

表4.4　　创业学习形成因素的主范畴与次要范畴关系结构

次要范畴	主范畴	关系描述
创业激情、创业知识需求、学习目标导向、学习主动性	创业主体动力	创业主体动力是乡村旅游创业学习形成的内在动力因素。创业者凭借自身的创业激情，加之因创业知识匮乏而形成对知识的需求，并在学习目标导向的指引下，学习主动性增强，从而形成创业者希望进行创业学习的内动力

续表

次要范畴	主范畴	关系描述
旅游市场竞争、旅游市场需求、旅游经营压力	旅游市场压力	旅游市场压力是乡村旅游创业学习形成的外部压力因素。乡村旅游创业市场竞争越来越激烈，由此形成了创业者经营的压力，加之游客市场需求不断变化，最终引致创业者感受到旅游市场压力，促使创业者进行学习
政府支持、村集体带动、家庭支持、互联网便捷、媒介报道、游客积极反馈	社会环境支持	社会环境支持是乡村旅游创业学习形成的外部激励因素。政府、村集体为创业者学习提供向榜样学习的机会和渠道；家庭支持为创业者提供精神和物质支持，鼓励创业者持续创新学习；互联网为创业者提供便捷、多样化的学习资源和信息；媒介报道、游客积极反馈激发创业者学习的自信心、内驱力和目标感
个人认知局限、知识获取预期	主观认知判断	主观认知判断中的个人认知局限是乡村旅游创业学习形成的内在阻力因素。因为个人认知受限，创业者对学习容易产生惰性思想；学习之前，创业者对学习收获多少的预期判断也会成为其衡量是否参加学习的标准

资料来源：本研究整理。

第四节　乡村旅游创业学习形成因素的选择性编码

一、核心范畴与故事线

选择性编码是对现有的范畴进行全面系统的分析，通过各个主范畴之间的关系来确定核心范畴，并将得到的核心范畴与主范畴、范畴进行比较，发掘它们之间的从属关系，以使最终的理论模型更加完备的数据处理过程（Charmaz，2009）。核心范畴是研究中最为重要的现象，能够涵盖最终的研究结果，具有提纲挈领的功能。通过将范畴、主范畴与原始资料进行比对，尤其是对主范畴之间的关系进行反复考察，本研究将核心范畴提炼为“乡村旅游创业学习形成”这一现象。围绕“乡村旅游创业学习形成”这一核心范畴的故事线可以叙述为：乡村旅游创业学习一方面由创业激情、创业知识需求以及学习目标导向引致学习主动性，进而共同形成的创业主体动力来驱动，另一方面由旅游市场竞争引发的旅游经营压力连同旅游市场需求共同产生的旅游市场压力来驱动，并由政府支持、家庭支持、村集体带动、互联网便捷、媒介报道及游客积极反馈形成的社会环境支持作保障，以及因个人认知局限和知识获取预期形成的主观认知判断共同决定，从而触发创业学习行为。

继而，在对故事线进行抽象的基础上，本研究构建乡村旅游创业学习形成机制模型，如图 4.1 所示。“乡村旅游创业学习形成机制模型”这一核心现象蕴含的关系包括：创业主体动力、旅游市场压力、社会环境支持和主观认知判断四个主范畴，具体包含创业激情、创业知识需求、学习目标导向、学习主动性、旅游市场竞争、旅游市场需求、旅游经营压力、政府支持、村集体带动、家庭支持、互联网便捷、媒介报道、游客积极反馈、个人认知局限、知识获取预期共 15 个次要范畴。

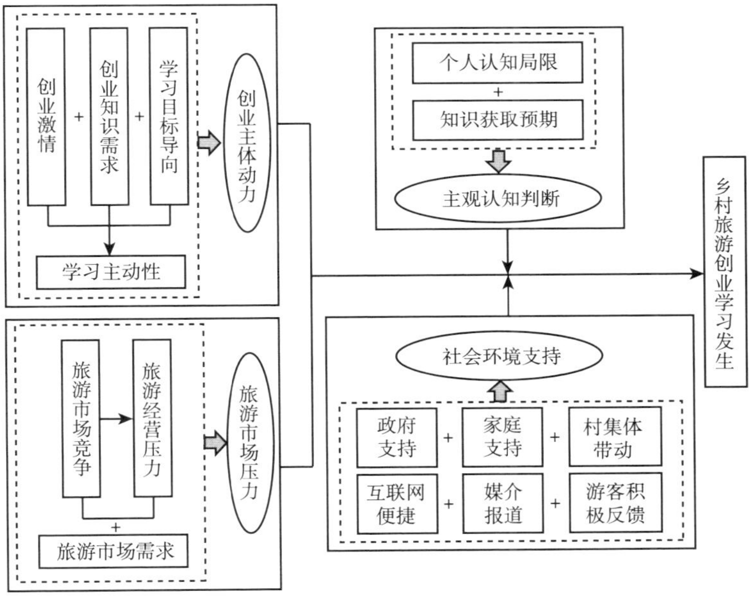

图 4.1　乡村旅游创业学习形成机制模型

资料来源：本研究绘制。

二、理论饱和度检验

理论饱和度检验是指新数据资料不再产生新概念、新范畴，不会导致新理论产生，这表明理论构建达到饱和。为此，本研究对预留的3位受访者资料进行编码分析，考察是否有新的概念和范畴产生。结果发现，新编码资料未释出新的内容，符合本书构建的乡村旅游创业学习形成机制模型。故而，本研究认为上述理论模型已经达到饱和。现抽取三位受访者的典型语句进行举例说明。

（一）两棵银杏树（K）民宿

“我会去做好自己该做的，也会努力去创新，毕竟有这个平台，去学一些更有用的，增加自己的见闻和学识，去创造自己的一个价值，也能帮助到生活中遇到什么事、遇到困难时帮你迈过过不去的坎”（学习目标导向～自我实现的需求）；“如果我长期待在这个村子里，十年八年我不出去的话，我不知道外边什么样，我有知识了才能经营，所以我得出去看看”（创业知识需求～吸收经营知识的考虑）。

（二）百宝里（A）农家院

“学这个东西是有好处嘛，毕竟社会在一直变化、创新，你也要创新啊，就得去接触一些新鲜的东西”（学习目标导向～学习效果指引）；“不能说本来咋样就咋样，你不出去看，不去吸收新东西不行；年年一个样，客人都厌烦了，就逼着自己去学，捣腾个新花样”（旅游市场需求～满足游客需求）。

（三）藏月坊（C）农家院

“像别的村有一百多块钱的，你不去变，你面临的就是说你这个路走不下去，你要随着这个时代去变化，就是说你跟着时代的脚步一点一点的变，才不会落伍”（旅游经营压力～旅游经营下滑）；“一点小的改动，每年来的回头客说你这变化挺好，回头给你介绍客人，有客人的肯定就是一种安慰吧，心里挺美的，自己会想这块得到了客人的认可，还有哪里可以再改进一下”（游客积极反馈～客人肯定的激励）。

第五节　乡村旅游创业学习形成因素作用路径

本研究基于扎根理论，系统地挖掘出乡村旅游创业学习形成的创业主体动力、旅游市场压力、社会环境支持和主观认知判断四大因素，具体包含创业激情、创业知识需求、学习目标导向、学习主动性、旅游市场竞争、旅游市场需求、旅游经营压力、政府支持、村集体带动、家庭支持、互联网便捷、媒介报道、游客积极反馈、个人认知局限、知识获取预期共15个子要素。接下来，本研究详细地分析各因素对乡村旅游创业学习形成的作用路径。

一、创业主体动力作用路径

创业主体动力是乡村旅游创业学习形成的内在动力因素，创业激情、创业知识需求、学习目标导向激发创业者的学习主动性，四者共同形成创业主体动力。

（一）创业激情

创业激情是一种积极、持续稳定的情绪，包括探索新事物的激情、创建新企业的激情、发展新企业的激情（Cardon et al.，2013）。拥有激情的创业者在积极情绪和创业身份认同的驱动下会主动学习，提升学习的效率和效果（Frese，2009）。同样地，对于乡村旅游创业者而言，他们热衷于所创办的农家院和民宿，拥有“干一行爱一行”的执着，这种积极向上的情绪和对创业者身份认同的激情，能够使之勇于面对困难和挫折，进行创造性思考，提高其学习欲望，激发学习主动性，由此促进创业学习行为的发生。

（二）创业知识需求

创业知识是与创业过程相关的、能够直接运用于创业活动的系统化信息（徐占东等，2018），而学习是获取创业稀缺资源和知识的重要途径。乡村旅游创业者开展创业活动，离不开创业知识。一方面，农家院和民宿的经营管理、提供旅游产品、服务接待客人等涉及各方面的知识和技能，使创业者感受到知识的重要性，燃起学习的欲望。另一方面，农家院和民宿创业者认识到自身受教育程度不高、文化水平有限，发觉创业知识和能力不足，激发学习的主动性，从而增强创业主体动力，引发创业学习行为。

（三）学习目标导向

创业者学习行为的发生源自学习目标导向的驱动，包括实现个人需求、追求创业目标和获得利益。个体为完成目标，会积极寻求各种资源。高学习目标导向的个体往往拥有强烈的学习意愿、注重自我能力的塑造（da Motta Veiga and Turban，2014）。具体来说，一是创业者希望通过对农家院和民宿的学习，实现自我成长、丰富头脑和知识，实现个人价值；二是创业者为了让开办的农家院和民宿获得生存、实现创业目标，驱使个人去学习；三是创业者将学习获得的知识与技能运用到创业中，可以获得经济收入，经济效益驱动学习行为。

（四）学习主动性

在创业激情、创业知识需求和学习目标导向的共同推动下，乡村旅游创业者的学习主动性油然而生。创业主体拥有“活到老、学到老”的积极心态，愿意主动学习新知识、接触新事物，乐意进行创造性的思考和钻研、投入到学习状态，喜欢与他人交流、请教学习，由此，创业者学习主动性得到极大的提高，增强了创业主体动力，产生创业学习的意愿，进而促成创业学习行为。

二、旅游市场压力作用路径

旅游市场压力是乡村旅游创业学习形成的外部压力因素。旅游市场竞争导致旅游经营压力，与旅游市场需求共同形成旅游市场压力。

（一）旅游市场竞争

随着乡村旅游的蓬勃发展，旅游市场竞争愈演愈烈，主要有三方面的原因。一是农家院和民宿竞争者的激励作用，创业者感受到竞争者“你追我赶”的激情，希望所创事业超越竞争者；同时，创业者看到缺乏创业学习精神的竞争者经营的“萧条”局面，意识到学习的重要性。二是由于旅游业竞争日趋激烈，创业者感受到乡村旅游“遍地开花”，为在激烈的市场中赢得更多的客源，需要考虑学习和创新改变。三是创业者希望“人无我有、人有我精”，获得市场竞争优势。由此，激烈的旅游市场竞争导致旅游市场压力，促成创业者的学习动机，引发创业学习行为。

（二）旅游经营压力

激烈的旅游市场竞争，致使创业者产生经营压力，这种经营压力来源于两方面。一是创业者自查每年的经营状况，感觉客流量减少、旅游经营下滑，旅游发展形势不容乐观；这一现实迫使创业者谋求生存，主动走出去学习或向引进来的专家学习，抑或是充分利用身边的资源渠道来增长知识。二是创业者考虑吸引新客源，需要去思考、琢磨如何增加客流量，急需学习来创新旅游产品、创新服务方式、用活网络营销。因此，在旅游经营困境的推动下，创业者产生强烈的学习欲望。

（三）旅游市场需求

如今，旅游者的需求千变万化，对旅游产品和服务的供给者提出了更高的要求，这种旅游市场需求带来旅游市场压力，驱动创业者的学习行为。一方面，创业者因感知到游客消费理念和消费水平的悄然变化，意识到需要提升自身素质，通过学习才能与游客更好地沟通交流。另一方面，为满足游客多样化的需求，创业者认识到学习谋求创新的紧迫性，只有通过学习、取得进步，才能更加全方位地满足游客的旅游体验需求。因而，从某种意义上说，旅游市场需求对创业者形成一种压力感，促成创业学习行为。

三、社会环境支持作用路径

社会环境支持是乡村旅游创业学习形成的外部激励因素。政府支持、家庭支持、村集体带动、互联网便捷、媒体报道及游客积极反馈六大外部因素共同形成社会环境支持。

（一）政府支持

政府在推动乡村旅游创业方面发挥至关重要的作用，各级旅游局或旅委等政府部门采取的一系列举措为乡村旅游创业者学习提供了极大的支持，引发创业者的学习动机。一是政府通过调整政策、制度，引导农家院和民宿创业者开展经营活动，必要时进行经营规制，以确保创业活动有序开展；二是政府在村庄环境规划、路面整治等方面给予大力支持，为旅游创业提供便利条件；三是政府在资金扶持项目、贷款贴息上帮助创业者开展经营活动；四是政府为农家院和民宿创业者提供知识、技能培训等学习机会，这些措施都为引导创业者开展学习活动提供了外部支持和动力。

（二）村集体带动

乡村旅游发展中需要发挥村两委的模范作用，发挥新乡贤治村的效能，形成创业领导力（王彩彩、徐虹，2019）。只有在以村两委为核心的村集体领导下，增强创业者的自主性，才能有效地推进乡村旅游创业。因而，村集体带动在创业者学习中起着关键的作用。一方面，村集体为创业者提供外出参观、考察学习的机会，组织专业人员为创业者进行讲课培训、示范指导。另一方面，村干部对乡村旅游产业具有较深的理解，他们对农家院和民宿发展的支持成为创业者的坚强后盾，能够极大地鼓励创业者主动学习、寻求创新。

（三）家庭支持

家庭对个体的作用往往是灵活的、隐蔽性较强（董静、赵策，2019），通常以情感、资源、榜样等多种形式影响创业者（Meek、Pacheco and York，2010）。因而，家人是否从行动上和精神上支持创业者开办的乡村旅游事业，对个体开展创业学习活动具有直接的影响。当创业者在创业过程中遇到困难和挫折时，能够得到家人的理解、安慰；创业时家人能够有较多的时间参与经营事务，无论从精神上还是行动上支持开办的农家院和民宿；创业者可以有较多的机会与家人探讨经营、从家人处获得启发等，这些支持与鼓励都影响着创业者进行学习的动力和信心。

（四）互联网便捷

随着信息技术时代和网络时代的到来，移动互联网迅速普及，人们可以随时随地利用智能手机、平板电脑等设备搜索信息，“互联网＋旅游”也开启了旅游产业发展的新时代。当下，互联网在农村经济发展中突显强大的生命力，50%以上的“双创”主体应用了互联网等信息技术（韩长赋，2018）。网络信息以其低成本性、时效性、丰富性等特点颇受乡村旅游创业者的青睐，农家院和民宿创业者可以通过网络搜索，学习创新旅游产品和服务、进行营销宣传。因此，借助互联网提供的多样化、便捷的学习通道，创业者可以实现低成本的学习，强化学习意愿和学习行为。

（五）媒体报道

如今，传统媒体和新媒体在乡村旅游产业发展中起着积极的推动作用，电视、广播、互联网、手机等媒介报道在传承优秀文化、传播资讯、引导大众价值观等方面发挥重要的功能，对激发创业者创业、开展学习活动产生极大的激励作用。一方面，各大媒体实时地报道成功企业家事迹、创业的艰辛过程等，创业者耳濡目染，激发自身创业的斗志、学习的动力和决心，以取得创业成功。另一方面，通过媒体对乡村旅游产业的新闻报道，创业者能够加深对乡村旅游创业、农家院和民宿发展的认识，了解产业发展动向，来开展适当的学习活动。

（六）游客积极反馈

积极的客户反馈可以为改善产品和服务提供有价值的信息（Baron and Warnaby，2011），有助于创造更富有成效和快乐的事情（Nasr et al.，2014）。从访谈中发现，游客积极反馈对创业者学习行为的产生具有积极的推动作用。在与游客的服务接触中，创业者为游客提供优质的产品和服务，主客产生互动；相应地，游客会将自己的感受和体验反馈给创业者。当在接受客人的认可、称赞等积极反馈后，创业者备受鼓舞，充满奋斗的动力，进而激发新的学习动机，以进一步完善旅游产品和服务。

四、主观认知判断作用路径

主观认知判断中的个人认知局限是乡村旅游创业学习形成的内在阻力因素。个人认知局限和知识获取预期共同形成创业者的主观认知判断。

（一）个人认知局限

社会认知理论指出，个体活动是由个人行为、认知以及个体所处的环境共同决定。每个个体都有自己的认知局限性，在一定程度上阻碍学习的动力、学习行为的产生。对乡村旅游创业者来说，这一认知局限体现在三方面。一是因受个人经验影响，创业者容易形成惯性思维，认为农家院和民宿经营的事情司空见惯，对其已经了如指掌，思想上产生惰性，不再有学习的积极性。二是乡村旅游创业者大都是初中、高中学历，知识文化水平不高，受个人文化程度限制，思想观念落后；加之一些创业者认为年纪大，思想变得保守，对学习产生一定的抵触心理。三是创业者认为旺季经营比较忙碌，忙碌后不再有学习的劲头；淡季时，创业者即使有时间，也会选择娱乐和休闲，这些因素都阻碍创业者学习行为的发生。

（二）知识获取预期

学习之前，创业者往往对学习内容进行判断，以学习有没有收获决定是否开展学习活动，即知识获取预期，反映了创业者学习的自主性。一是对于村集体组织或个体间组织的参观考察，创业者事先了解活动的具体情况，自己判断有新收获，则选择外出学习。二是对于专家讲授的知识，创业者通常进行有用性判断，根据个人实际，有选择地参与。即使将学习的内容运用到个人创业活动中，创业者也会进行选择性吸收，根据实际情况借鉴参考，而不是全盘照搬。

第六节　研究结论

本章通过扎根理论的开放性编码、主轴编码和选择性编码，对文本资料进行理论建构，对乡村旅游创业学习的形成因素进行了系统挖掘与分析，并构建乡村旅游创业学习的形成机制模型，研究得出：乡村旅游创业学习一方面由创业激情、创业知识需求以及学习目标导向引致学习主动性，进而共同形成的创业主体动力来驱动；另一方面由旅游市场竞争引发的旅游经营压力连同旅游市场需求共同产生的旅游市场压力来驱动；并由政府支持、家庭支持、村集体带动、互联网便捷、媒体报道及游客积极反馈形成的社会环境支持作保障；以及因个人认知局限和知识获取预期形成的主观认知判断共同决定，从而触发创业学习行为。

创业主体动力是乡村旅游创业学习形成的内在动力因素。创业激情、创业知识需求、学习目标导向激发创业者的学习主动性，四者共同形成创业主体动力。

旅游市场压力是乡村旅游创业学习形成的外部压力因素。旅游市场竞争导致旅游经营压力，与旅游市场需求共同形成旅游市场压力。

社会环境支持是乡村旅游创业学习形成的外部激励因素。政府支持、家庭支持、村集体带动、互联网便捷、媒介报道及游客积极反馈六大外部因素共同形成社会环境支持。

主观认知判断中的个人认知局限是乡村旅游创业学习形成的内在阻力因素。个人认知局限和知识获取预期共同形成创业者的主观认知判断。

第五章　乡村旅游创业学习维度结构

为深入研究乡村旅游创业学习的相关研究问题，必须对乡村旅游创业者创业学习的维度和内容进行剖析，以为后续的量表开发、定量研究作铺垫。因此，本章主要是探讨乡村旅游创业学习的维度构成，讨论乡村旅游创业者创业学习的类型与方式有哪些、其学习内容和学习特征如何？

第一节　研究设计

一、研究方法

本章研究问题采用扎根理论研究方法。扎根理论是由 Glaser 和 Strauss 提出的一种从资料中构建理论的方法论（Glaser and Strauss，1967），是一种比较规范、科学的质性方法（Hammersley，1989）。该方法着眼于研究问题，忠于原始资料，不断地抽取概念和范畴，经过比较与考究，得到范畴之间的逻辑关系就是所需建构的理论。扎根理论研究方法是一种自下而上、由现象建构实质理论的方式，是在理论层面描述现象的本质，资料收集和资料分析是其核心（李志刚，2007）。其基本流程如图 5.1 所示。

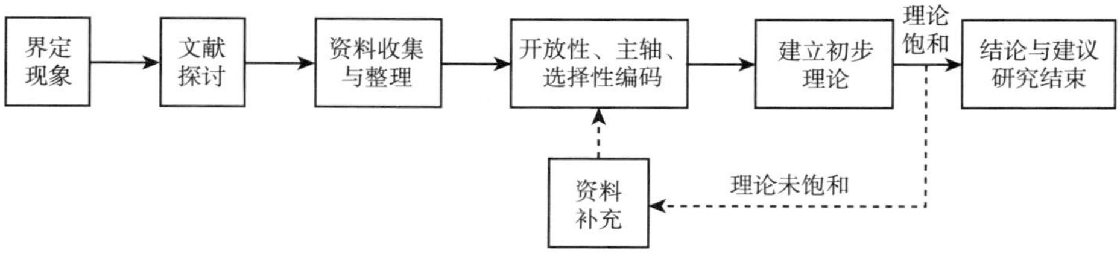

图 5.1　扎根理论研究方法的基本流程

资料来源：Pandit N R，1996. The creation of theory：a recent application of the grounded theory method [J]. The Qualitative Report，2（4）：1－14.

二、数据收集

本研究的数据来源主要是一手资料，如第四章所述，蓟州区拥有深厚的历史文化底蕴和旅游资源，素有京津“后花园”的美誉。作为都市依托型乡村旅游目的地发展典型，蓟州区的乡村旅游正蓬勃兴起，旅游特色村建设扎实推进，农家院和乡村民宿创业如火如荼开展，因此，本章依旧选择乡村旅游创业快速发展的蓟州区作为调研地。研究者分别于2019年1月22日~1月25日、2019年5月3日~5月7日、2019年6月20日~6月27日对天津市蓟州区的乡村旅游农家院和民宿创业者进行实地调研。本研究采用半结构化深度访谈的方式，根据事先制定的访谈提纲（见附录A），进行一手数据收集。研究对象选取实施中，重点考虑了创业者所在区域、创业年限、发展程度等因素，选择了具有差异化的受访对象，以确保研究的严谨性和科学性。在尊重受访者意愿、保护个人隐私的基础上，研究者进行访谈录音，并在访谈过程中，仔细聆听，记录笔记和要点；随后，按照“同义复现”的原则，对录音文件进行转录，形成文字资料，并进行仔细校对、与受访者确认不清晰的话语意思，以保证资料的有效性和完整性。理论构建阶段选择了12位创业者，为检验理论是否达到饱和，又继续访谈3位创业者。受访对象的基本信息如表5.1所示。

表5.1　受访对象基本信息

序号		受访者编码	性别	年龄	受教育程度	先前职业	创业名称	创业启动时间	所在地区
理论构建样本	1	Y	女	46	初中	景区导游	善之园（农家院）	2000	常州村
	2	X	女	34	本科	幼儿教师	如意楼（农家院）	2017	常州村
	3	L	女	32	大专	宴会经理	洛奇溪堂（民宿）	2018	郭家沟村
	4	T	男	33	初中	公司上班	天香庭院（民宿）	2012	郭家沟村
	5	G	女	43	高中	公司上班	宜云馆（农家院）	2009	郭家沟村

续表

序号		受访者编码	性别	年龄	受教育程度	先前职业	创业名称	创业启动时间	所在地区
理论构建样本	6	B	男	34	初中	外出打工	金波农家（农家院）	2015	郭家沟村
	7	J	女	33	初中	景区上班	聚农庄（农家院）	2014	东山村
	8	Z	女	42	初中	个体经营	相聚开心（农家院）	2010	东山村
	9	F	男	34	大专	公司上班	沐风庄园（民宿）	2014	东山村
	10	W	男	33	大专	外出打工	久涞仙居（农家院）	2014	东山村
	11	H	男	48	大专	装饰工程	蜜塘且慢（民宿）	2018	船仓峪村
	12	Q	女	47	中专	村委会会计	秀云农家（农家院）	2012	船仓峪村
饱和检验样本	13	M	男	43	本科	中学教师	蜜蜂园（民宿）	2009	东葛岑村
	14	R	女	40	中专	幼儿教师	吉如苑（农家院）	2018	小穿芳峪村
	15	D	男	37	高中	外出打工	山水洞（农家院）	2017	西井峪村

资料来源：本研究整理。

第二节　乡村旅游创业学习维度的开放性编码

一、初始概念与范畴

开放性编码是扎根理论的第一环节，旨在对访谈资料进行分解，命名概念，进而对概念进行分类，提炼所属范畴。具体来说，一是仔细阅读并分析原始访谈语句，将与研究主题相关的句子概念化；二是对表达相似或相近意思的概念进行合并，提取相应的范畴，对范畴进行命名。通过对文本资料进行全面、详细地考察，本研究提炼出54个概念，进而提炼出15个范畴；在编码中，研究者发现同一概念出现在多位受访者资料中，在兼顾概念释出的代表性及避免文字赘述的前提下，将精选的原始资料及初始概念与范畴呈现出来，如表5.2所示。文本资料的代码采用受访者姓氏的首字母代替（如首字母相同，则用其创业名称英文简写的首字母代替）。

表5.2　开放性编码阶段的初始概念及范畴化

原始资料	初级概念	范畴化
思考、考察，花了一年的时间，去莫干山、丽江、北京的民宿聚居地，考察民宿现状；到国外去考察，到意大利、澳大利亚去看国外民宿做的情况（H）	到国内外实地考察民宿	实地考察榜样
我们也出去学习，像淡季，大队会组织去学习，也会组织大伙去几个地参观；让我们去小穿芳峪参观，人家那摆个东西都很整齐，那屋里屋外环境特别好（Y）	村里组织外出考察农家院	
我会出去到别的农家院，像蓟州区的毛家峪、北京平谷都去过，感受一下人家的菜是啥味的、怎么做的，看看人家的条件，看人家的服务态度、经营方式；每个人的想法都不一样嘛，可以借鉴，看看别人家有啥东西了，客人会喜欢，就考虑增加（J）	去别的农家院考察学习	
介入民宿之前我去了一趟广西，去的一个民宿，找了认识的朋友实习，免费给人家做工，去学习别人家怎么运营民宿的（L）	去民宿实习学习如何经营	
那时经营四五年了，客房也没变化，你不改变回头客也不愿意老来，让咱也是不能年年去没个变化的地，感觉客流量在下滑。就到人家那民宿一看，人家装修挺棒挺吸引人，回来就学着改造、提升（T）	参观学习民宿设计和经营	
白天没时间看，晚上用手机看资料，吸取经验嘛，经常看手机看一夜，白天没时间，晚上是很完整的学习时间，看到三点四点；我能搜到的其他好的民宿资料我都会仔细分析（H）	上网查看民宿资料	网上学习榜样
我经常在网上查资料，看人家村的一些配套设施、经营理念，还有人家村的文化素质、特产、手工艺品，这些我都会去看（T）	网上查阅学习经验	

续表

原始资料	初级概念	范畴化
你想比别人好，你就得在别人的基础上，更创新，我会去学网上，同样的食材，还能怎么做更好看，客人喜欢；去看网上高档次的农家院，来装修（J）	网上学习菜品、装修	网上学习榜样
看别人发的朋友圈有这个东西，哎，我家不能保持不变也得有，不断地吸取别人家的长处，满足客人的需要（Z）	微信朋友圈吸取农家院长处	
通过平时看电视、百度搜索，去搜具体的处理方式，虽然比较笼统，你也能或多或少地获得经验（F）	网上搜索处理问题的方法	
我出去旅游，不管是住宾馆还是农家院，我看哪里好就拍照片，我回家研究，寻思这个放我家行不行；像屋里那个大柜，农家院是没有配置的，我就是在宾馆看的，我看这个高低柜挺好的，能放好多东西，不然客人拎的大包小包得放地上，回来量量多大尺寸，让人现订做的（J）	旅游学习宾馆摆设	旅游途中学习
没事的时候，自己也会出去参观，古北水镇、兰州古城，去转去看人家怎么经营的。每一个细节吧，餐饮、装修风格，还有建筑的一些小标志啊，还有室内装修。我如果出去看，觉得好的东西我都会拍下来，墙是怎么做的。但有一些好的东西在咱这院子体现不出来，因为没有那个场地。但你都得去留意啊，没准哪天你就用上了（T）	外出旅游留意优秀的做法	
我看到一些乡村旅游的会议，会去学习学习经验，听听专家讲的知识（H）	向专家学习民宿经验	听专家讲授知识
旅游局会派人到村里，给你开会，教你客人的服务礼仪、菜品搭配、用的东西方面（W）	听课学习服务和餐饮	
我们晚上都上课，村的旅游公司请旅游局的人啊，食品安全、客房、接待客人的礼仪都给农家院老板讲（Y）	听专家讲农家院相关知识	
偶尔也去培训，包括做菜啊、卫生、服务接待礼仪方面都培训（Z）	参加培训学习活动	
人家老师讲的时候说，农家院量很多，高层次的院子少；高层次的人比如这么多人，民宿就这么些，满足不了这波客人的需求（F）	听老师讲课获得知识	
淡季时（村里）把市里的专家请过来，告诉你做菜先放什么后放什么，这个食材应该凉水放还是热水放，老师一讲才明白，这些都是有步骤的，专家会到各家去给你指导；客房，比如被子怎么叠，被边怎么掖，老师都给你演示（Y）	看专家亲自示范	看专家示范指导
菜品上，要做农家院特色菜，得研究点新菜品，昨天老师来教课，学习新菜，我第一个去学习的，这个东西都是持续发展，长期更新（T）	向专家学习做菜	

续表

原始资料	初级概念	范畴化
我跟我对象不靠爸妈，二十来岁就干着，投资也靠自己，把养的大车卖了，一点点干起来，一开始就两个人互相讨论，房间怎么设计啊、添加什么摆件，主要是让我定主意，但男女角度不一样，有时会给我带来新想法（J）	夫妻之间互相讨论	家人互相讨论
之前是我爸妈经营着，后来岁数大了，让我们姐妹俩来接班，我毕业后一直在外边上班，对农家院的事好多不熟悉，就是问爸妈该买什么样的菜啊，客人喜欢啥口味，房间怎么再装修改进一下啊（X）	向父母请教学习	
那时候就是钻研这个菜咋做好吃，张三来了跟他讨教，李四来了也问她咋做，你这家的菜咋做的，他家菜咋做的，我们都是互相学习。每周五把大伙叫到一起，最简单的一个菜，比如油豆腐，你们家咋做他们家咋做，谁家做的好；甚至我们都到每个家里边，你家做一个，她家做一个，互相吸取长处（Y）	跟邻里街坊讨教学习	邻里同行讨教
我最喜欢学新东西，包括我雇每一个帮忙的，我也会想看她的做法，看她做的是不是更好，我们会交流，我喜欢更多更好的东西（Q）	向雇员学习做菜	
像这个村里边，大家之间会聊，这个农家院以后什么发展趋势，怎么改造；周边村的朋友之间也聊，互动嘛，互相学习（B）	与朋友互动学习	朋友交流沟通
有些客人会提出很苛刻的问题，大家在现场一说，我自己会分析，看我这想法跟她说的相比是不是有些单纯，是不是我再去提升一下，让客人能接受（Z）	与大家探讨处理问题	
客人会给我提建议啊，有的可以去改，喜欢你才会给你提意见，比如硬件装修、服务、房间的布置，他们给的是真实的，我自己可能想不到，你给的不是他们想要的（Q）	听取客人提出的问题	听客人问题建议
前天一个 17 人团队，高姐告诉我几点建议，告诉我哪个房间有点冷，哪个房间温度特别好，对我这了如指掌，这种跟客人之间的纽带合二为一，我就马上整改（H）	接受客人给房间的建议	
有时候客人给你提的意见，你也得听，他提的意见对你有利，他没得到方便才跟你提。一开始弄时，屋里也没有吹风机，客人头发湿答答的，出来说老板你这也没有吹风机，头发干不了，后来就屋里给放吹风机了（G）	改正客人指出的问题	

续表

原始资料	初级概念	范畴化
房间里的小物件，客人住的时候就会说你这房间里摆个什么东西比较好；像之前咱家的院子，就是客厅有电视，房间里是没有电视的，因为出来的人是很少看电视的，我们就没有备那么多，客人就说你们为什么不把它做成移动的，如果是移动的，谁想要看可以挪，老人会比较喜欢看电视，听广播，我们就都做成了移动支架（L）	听取客人给客房的意见	听客人问题建议
像我们这凳子，之前是塑料的，有个大哥一百八十斤，那天他在那晃荡坐，一个腿折了，他跟我说妹子你哪都好，就这凳子实在不合格；他礼拜日走了，下午我们就去买了，就给他拍了个图片，不久他又过来了，他感受到我这种服务的认真劲（Z）	听从客人合适的意见	
房顶上有石桌、摇椅，有客人说应该有一个遮阳伞，客人走了我们就立即改了。我就喜欢客人给提的建议，越多你越受益匪浅，他把他的经验分享给你，让你更完善（F）	听取客人为环境提的建议	
你看外边的花园，我们准备要换，也是一个搞园林的客人给的意见；他讲外边种的这个草不好打理，肯定还有其他草长出来，为什么不种冬青、女真，灌木类型的，把它种密一点，草也长不起来，到冬天也能看到绿的也是好看的；我们感觉还不错，就改了（L）	接受客人提出的专业意见	
就是跟客人交流呀，问客人做菜你哪里不满意、口味不满意的；一开始也没接触过客人，自己也不懂，就是问客人，哪里不满意，客人给你提意见，你去改；客人也反映孩子来没啥玩的，烧烤没地方，就慢慢地改进；现在，还是得问回头客，这么多年，有啥需要的，再增加（W）	与客人交流饭菜等问题	与客人沟通交流
酒店不分周六日和平日，没有时间让你去充个电、学习呀，去接触一些不同的人；但民宿可以，你会跟客人沟通聊天时，就会学到好多知识，就会转化成自己的东西（F）	与客人交流学习知识	
跟客人说话聊天，自己有提升；沟通能力啊、语言表达啊、坐姿坐态，看着人家领导咋坐的，跟着学着（B）	向客人学习沟通交流	
你看这个数字油画，是一个客人的小孩带来的一个特别简单的，客人说你们也可以做，又不贵，磨性子，哪个房间添点东西都可以，包括拿回家，放家里边也好看，也能让自己的生活充实一些（L）	从客人处学习获得启发	从客人处得启发
事逼着你必须把事解决，不然就不停地想办法，一招不行换另一招，在实际干的过程中摸索思考、学嘛，直到把事解决了（H）	摸索试错以解决问题	实践摸索试错

续表

<table>
<tr><th>原始资料</th><th>初级概念</th><th>范畴化</th></tr>
<tr><td>像配料的配比啊，咱都不懂，你照着老师说的去做，做出来的味、颜色还不行呢；我们都留了老师的号码，会再问他，再动手做几遍，将理论和实际经验结合，出来的东西慢慢地就好了（Y）</td><td>理论和实际结合来动手试验</td><td rowspan="5">实践摸索试错</td></tr>
<tr><td>最开始就是接电话分房间的事，第一个十一假期，十个人要了四间房，我没给人家留那么多房，人家到了就闹，因为十一到哪你都找不到房间；最后就给人家减免费用，两人间的凑合住三人了；干农家院，没少给人道歉，后来就想法子，拿手机、本子记着、用脑子记着（J）</td><td>分房间出错想解决方法</td></tr>
<tr><td>收拾出房间，忘记给人家开热水器了，洗澡时出凉水了。小女孩洗了一半没热水了，跟他对象闹哭，问我这房间到底要不要钱，我这钱就没给她要；后来就吸取教训呗，来人我就先给人家开热水器（G）</td><td>吸取教训改正错误</td></tr>
<tr><td>去年接过回民，但员工记不清楚哪一桌是回民，上错菜，导致客人很反感；最后就在厨房里装了一个电视，做投屏，几号桌是回民，每个人上菜之前抬头看一下，避免上错菜。客人有特殊要求的，不吃辣不吃蒜，素食主义者，都会在上边显示（L）</td><td>出现错误后想办法解决</td></tr>
<tr><td>一开始不懂，看到菜就买；回来以后，客人说给我来点贴饼子、小葱蘸酱，咱老百姓家的菜啊，就慢慢地按照客人喜好来改。都记着一批批客人吃啥不吃啥。记住客人不吃葱啊、姜啊，喜欢住哪间房啊，下一次来我就会给他提前安排好了（T）</td><td>实践中思考经营</td></tr>
<tr><td>平时就得琢磨菜品怎么去改进让客人更舒服，客房怎么改进让客人更安心，还有小的摆件，给客人的小惊喜，让它更有那种氛围在里边（Q）</td><td>实际中摸索创新产品</td><td rowspan="2">实践摸索创新</td></tr>
<tr><td>你不能让客人感觉年年都一个样，没新鲜感，就得自己去想啊、思考，客人爱玩，来了之后需要啥能舒服；本身她菜就很多了，我就使劲给她上，上了一大桌，这下可美了，人也不走了；她说真好，不退房（J）</td><td>思考如何创新让客人满意</td></tr>
<tr><td>一开始开办农家院，好多是靠自己摸索，那时候饭菜都是自己做，给客人做饭菜这块都是自己摸索的，按照咱自己家怎么做饭去给客人做（W）</td><td>个人摸索给客人做菜</td><td rowspan="2">摸索积累经验</td></tr>
<tr><td>第一年又忙又累又没有头绪，就是一股脑地冲过去干这个事，在摸索、探路；今年就梳理出每天应该干什么事情，比如周一做什么，周二周三做什么，把所有的事情安排下去，每天早晨起来第一件事转一遍房间，看看有没有落掉的，院子的卫生转完了，等员工来上班，把事情交代下去，晚上再去看一遍事情有没有落实（L）</td><td>摸索民宿经营思路</td></tr>
</table>

续表

原始资料	初级概念	范畴化
经营1年、2年、10年的还不一样呢，经营的年限长了，你从亲身经历中摸索出来了。像你今天学着炒一个新菜不成功，两次还不成功，三次可能就成功了，就是在摸索嘛（Z）	摸索学做新菜品	摸索积累经验
经营这几年，也在积累自己的经验，服务行业，我觉得应该给客人一个热情感，到这来就应该跟到家一样，并不是说有一种消费不消费的感觉，来这应该是跟到家没什么区别，我感觉首先是这个，你才能经营长久（T）	实践中积累经验	
前年，有个市里的人告诉我用哪个网比较多，但价钱贵，一年得一万，像美团、百度。但我们不如大学生研究网络，那也不能白等着，本来客源就不多，就上了百度、携程、美团，但都不太懂，就摸索着搞吧，不同网留了不同的手机号，看哪个手机号客人打电话多就保留哪个宣传，现在就用美团了（G）	摸索进行网上营销	
我是边学边用、学以致用，需要的时候就马上学、学了就用，用的时候遇到困难，反思问题，再进一步去学（H）	边学边用并反思问题	自我反思琢磨
一开始干，推着走，脑子没想这么多，来了客人就好好伺候，态度好一点；提升之后，就不能推着走了，你哪个地方需要提升，是服务啊，饭菜质量啊，还是客房标准，还是你的素质啊；卫生、饮食、环境、设施，最重要的是服务你得跟得上，这些都上去了，还是没客人的话，你就得去想宣传，广告的费用，你怎么能挣出来（Y）	自我反思来提升农家院	
在服务客人的过程中，我就会想我作为消费者去外边需要什么，咱就得等客人进门时就给他介绍提供什么，要换位思考啊（X）	琢磨问题并换位思考	
像民宿，咱这种经营方式还差很多，像南方民宿体现的是农村的东西，有单独的餐饮住宿，还有自己家的地、几头牛，民宿你就得让人感受到生活的气息；比如春天到了我去种土豆，亲子活动；秋收了，搞活动了，孩子大人一起来体验。民宿的文化很大，像农耕、手工艺品都包含在民宿里边。我这只是一个住宿、餐饮，你如果把一些农耕、手工加入到里边就厉害了（F）	反思优秀地区民宿的做法	

资料来源：本研究整理。

二、范畴的内涵

为更加清楚准确地理解各个范畴所表达的意义，本研究对15个范畴进行内涵解析（见表5.3），以便为主范畴的提炼奠定基础。

表5.3　范畴的内涵

范畴	范畴的内涵
实地考察榜样	创业者会外出考察优秀的农家院和民宿，向榜样学习经营理念、旅游产品、营销服务等
网上学习榜样	创业者经常上网学习优秀农家院和民宿的信息、资料，创新菜品、服务、客房布置等
旅游途中学习	外出游玩过程中，创业者会留意旅馆、店家的餐饮、服务、客房等，吸取他人的长处，改善自身的经营
听专家讲授知识	创业者热衷于听专家讲关于农家院、民宿经营的知识，并了解乡村旅游的发展趋势和发展方向
看专家示范指导	创业者乐于参加并观摩专家示范指导农家院和民宿做菜、客房布置等，并动手试验，提升创业技能
家人互相讨论	创业者会和家人讨论与农家院和民宿经营有关的内容，与家人交流知识、吸取家人的经验
邻里同行讨教	在村里开会时或日常聊天中，创业者向邻居同行讨教与经营有关的话题，互相取长补短
朋友交流沟通	创业者乐意与身边的朋友沟通、交流农家院和民宿相关的问题，听取朋友的想法和建议
听客人问题建议	在为客人服务的过程中，创业者乐意听取客人指出的问题、意见，并积极落实改进
与客人沟通交流	创业者会与客人聊天、交流农家院和民宿的饭菜、客房、经营问题，增长创业知识
从客人处得启发	创业者会留意客人的行为和做法，从客人身上得到灵感，提升农家院和民宿的产品、环境等
实践摸索试错	创业者在为游客提供产品和服务的过程中，会出现差错、失误，随后吸取教训，想办法改正问题
实践摸索创新	创业者在创业过程中，摸索前进，不断创造新的菜品、客房环境等，创新完善旅游产品和服务
摸索积累经验	在实践中，创业者不断地积累自己的创业经验、管理经验，并不断地纠正、完善已有经验，提升旅游产品和服务水平
自我反思琢磨	在创业过程中，创业者结合客人的旅游需求，思考琢磨榜样的做法，在干的过程中自省反思

资料来源：本研究整理。

第三节　乡村旅游创业学习维度的主轴编码

一、主范畴的形成

本研究对开放性编码形成的范畴进行归类，寻找范畴之间的联结关系。通过深入挖掘范畴之间的联系，研究发现乡村旅游创业学习的五类主范畴。

通过对开放性编码中获取的15个范畴进行不断比较、分析，本研究共获得5个主范畴：(1)实地考察榜样、网上学习榜样、旅游途中学习这三个次要范畴形成一个主范畴，命名为榜样模仿式学习；(2)听专家讲授知识、看专家示范指导这两个次要范畴形成一个主范畴，命名为专家指导式学习；(3)家人互相讨论、邻里同行讨教、朋友交流沟通这三个次要范畴形成一个主范畴，命名为亲友探讨式学习；(4)听客人问题建议、从客人处得启发、与客人沟通交流这三个次要范畴形成一个主范畴，命名为游客互动式学习；(5)实践摸索试错、实践摸索创新、摸索积累经验、自我反思琢磨这四个次要范畴形成一个主范畴，命名为个人摸索式学习。

二、主范畴与次要范畴之间的关系结构

主范畴与次要范畴之间的关系如表5.4所示，关系描述展现了乡村旅游创业学习主范畴与次要范畴的作用关系，有助于更加深入地理解创业者学习的内涵和维度。

表5.4　乡村旅游创业学习的主范畴与次要范畴关系结构

主范畴	次要范畴	关系描述
榜样模仿式学习	实地考察榜样、网上学习榜样、旅游途中学习	观察榜样、模仿榜样做法是创业者学习的一种途径，体现在三个方面。一是创业者参加村子组织或自主外出的考察学习活动；二是创业者经常在网上查阅、搜索榜样的做法，吸取经验；三是外出旅游中，创业者会留意、关注与农家院或民宿有关的优秀做法

续表

主范畴	次要范畴	关系描述
专家指导式学习	听专家讲授知识、看专家示范指导	旅游局或旅委等政府部门组织专业人员为创业者培训指导，成为创业者学习的一种渠道。一方面，创业者听取专家讲授旅游经营相关的内容，学习管理经验、经营思路；另一方面，参加专家示范指导活动，亲自实践新菜品做法、客房布置等
亲友探讨式学习	家人互相讨论、邻里同行讨教、朋友交流沟通	与身边亲友探讨交流是创业者可以充分利用的重要学习资源和学习机会，一是跟家人讨论经营事务，听取家人的意见；二是跟邻居同行取长补短，增长经验；三是与身边朋友聊天、讨论经营问题，获得启发
游客互动式学习	听客人问题建议、从客人处得启发、与客人沟通交流	创业者在与客人的服务接触中，会源源不断地从客人身上学习，成为创业学习的重要来源。创业者根据客人体验后提出的意见，落实改正问题；会主动与客人聊天、了解并改善经营相关的活动；也会从客人身上得到启示，完善农家院及民宿的软件和硬件
个人摸索式学习	实践摸索试错、实践摸索创新、摸索积累经验、自我反思琢磨	创业者在实践过程中不断地摸索、提升，内化为一种自觉行为，是最直接、高频率的学习方式。创业者在干的过程中会出现失误而后改正、摸索创新经营理念和经营方式、边干边积累经验、持续地反思进行自我提升，这都成为创业者永久的知识

资料来源：本研究整理。

第四节　乡村旅游创业学习维度的选择性编码

一、核心范畴与故事线

选择性编码是对所有范畴进行系统分析，选择一个核心范畴的过程。本研究在对五类主范畴进行综合考察的基础上，认为可以采用“乡村旅游创业学习维度结构”这一核心范畴来统领所有范畴。围绕核心范畴的故事线可以描述为：乡村旅游创业者的学习活动由五维结构组成，从自我强化与思考来讲，一方面依赖于创业者个人在实践中摸索、积累经验，另一方面有赖于创业者去实地考察、网上学习以及旅游过程中向榜样学习；从与他人互动来说，一是听专家讲课指导，吸收新知识与新技能，二是与家人、邻里街坊、同行朋友探讨学习；三是听取游客的意见，与游客交流学习。在此基础上，本研究构建乡村旅游创业学习维度结构模型，如图 5.2 所示。

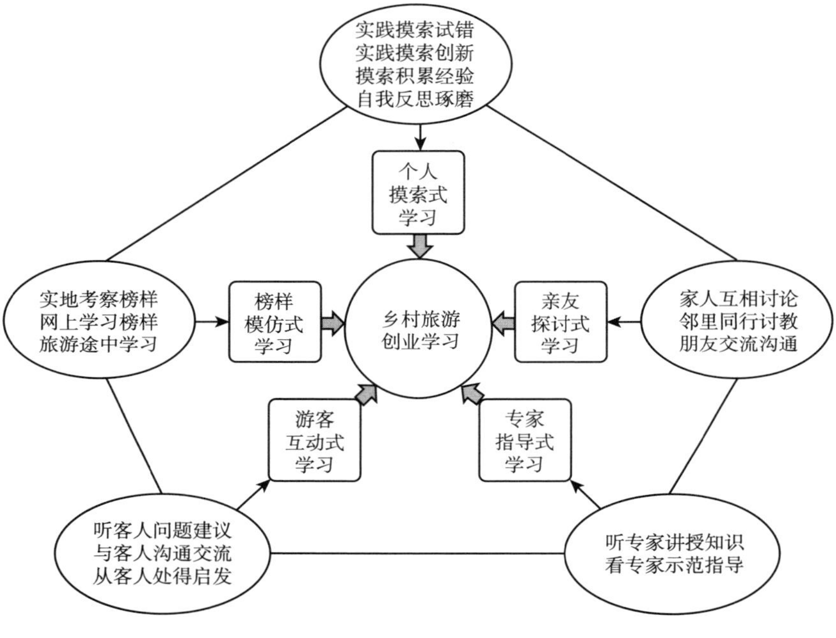

图 5.2　乡村旅游创业学习维度结构模型

资料来源：本研究绘制。

二、理论饱和度检验

本研究继续访谈了 3 位来自不同区域的乡村旅游创业者，对访谈资料进行编码分析，用作理论饱和度检验。编码分析后，研究发现新编码的概念都能够归入先前释出的概念中，没有产生新的概念和范畴，结果符合乡村旅游创业学习维度结构的核心范畴，由此认为，本研究的范畴提炼及维度结构模型在理论上达到饱和。现将 3 位受访者的编码资料举例说明。

（一）饱和检验受访者 M：蜜蜂园（农家院 + 民宿）

受访者 M 创建的蜜蜂园位于蓟州区孙各庄乡的东葛岑村，创业者 M 于 2009 年建成农家院开始营业；经过十年的沉淀、积累，农家院于 2019 年开始向高端民宿转型发展。因为处在满族乡，M 不断地思考将满族文化、蜂蜜文化融入农家院和民宿的开发与运营中。访谈调研过程中，M 表现出了较强烈的学习欲望和经营想法，主要提到了向榜样学习、向专家学习、与亲友探讨、实践中摸索创新。M 的访谈编码如表 5.5 所示。

表 5.5　　饱和检验受访者 M 的编码分析

访谈关键词句	初级概念	范畴化
2003 年我去台湾地区一趟，去台湾地区之后看了那的民宿。那里的民宿体量不是很大，屋子里住十几、二十几个人，每个民宿里面都有产品；北方的搞民宿跟南方不一样，跟南方有很大区别	亲自去台湾地区实地考察民宿做法	实地考察榜样
当时我三次到辽宁省抚顺市新民县去学习，学习满族菜，到处看看	外出实地学习特色餐饮	
从市里到县里，从市旅游局旅委到县旅游局旅委到我们乡里管旅游的，都组织我们这些人去听课学习这个乡村旅游怎么搞、农家乐怎么发展	旅游部门组织听课学习	听专家讲授知识
市里边有一个旅游协会呀，他们定期组织培训活动，想学旅游知识可以学，我会去听听讲座	旅游协会组织培训讲座	
我说说啥想法，他说说啥想法，然后展示下我的情怀、想法、宏伟蓝图，哥们之间挺好，说你这么做，比这还好呢，合理的建议咱们都采纳一下，不合理就不听嘛	与朋友交流想法和意见	朋友交流沟通
我在组建我们满族乡的一个旅游协会，把几个感兴趣的朋友聚在一起，共同探讨探讨，看这个文化和旅游怎么去运作，怎么吸引客户、创造效益	大伙共同探讨挖掘旅游产品	

资料来源：本研究整理。

（二）饱和检验受访者 R：吉如苑（农家院）

吉如苑农家院位于蓟州区小穿芳峪镇的小穿芳峪村，创业者 R 于 2017 年开始将自家房屋改造提升为农家院，访谈发现，与同村其他创业者相比，R 的创业想法和思路比较超前，其创办的农家院是高档的小院。R 主要提到了向榜样学习、与客人互动、实践中反思、向专家学习。R 的访谈编码如表 5.6 所示。

表 5.6　　饱和检验受访者 R 的编码分析

<table>
<tr><th>访谈关键词句</th><th>初始概念</th><th>范畴</th></tr>
<tr><td>我有时候通过看手机，看看那些菜品怎么搭配的；也会看腾讯浏览器，扒拉到做菜的，就是会关注一些这方面的</td><td>网上学习菜品</td><td rowspan="2">网上学习榜样</td></tr>
<tr><td>就是说会通过手机查些资料，比如说中式风格是什么样的，咱们中式的都是这种红木颜色；像那种白色的不是仿古的，我们家的家具一般都是那种仿古的</td><td>网上学习房间装修风格</td></tr>
<tr><td>去饭店，我吃一道菜的时候就会来看这菜配料什么的，自己会记在心里</td><td>去饭店吃饭学习菜品搭配</td><td>旅游途中学习</td></tr>
<tr><td>因为对我来说，我开的比较晚，如果说到明年的话，要是说别人都有人、我这没有人，我就得考虑。从服务态度还是哪方面，人比较少了，我都会考虑这方面</td><td>经营过程中反思问题</td><td>自我反思琢磨</td></tr>
<tr><td>跟客人沟通的时候，他会说之前他吃过这道菜，也许跟我做的菜的方法不一样，他说应该怎么做，你给我放什么料子；我也会从他口中学到怎么更好地做这个菜</td><td rowspan="2">跟游客沟通学习做菜</td><td rowspan="2">与客人沟通交流</td></tr>
<tr><td>第二顿饭我就会主动去问他们，有时间你就得去问他们是吧，就是跟客人交流，他们吃什么东西，跟我这一沟通，他们就讲自己的想法；我也能了解客人的喜好、口味啊</td></tr>
<tr><td>我们大队也组织过培训，就是说旅游方面、经营方面怎么整，来帮助我们提升农家院档次和服务</td><td>参加村委会的培训学习</td><td rowspan="2">听专家讲授知识</td></tr>
<tr><td>我们书记对每个农家院也有参与权，毕竟人家见多识广嘛，他给你意见，比如好的理念、超前的意识，听不听是你的问题</td><td>村干部帮助指导经营</td></tr>
</table>

资料来源：本研究整理。

（三）饱和检验受访者 D：山水涧农舍（农家院）

山水涧农舍位于蓟州区渔阳镇的西井峪村，创业者 D 于 2017 年开始创办并经营该农家院。D在创办农家院之前一直是在外打工，他的经营思路为“薄利多销”，定位是普通的农家院标准，以争取更多的客源。D的学习主要是向专家学习、与客人互动、向榜样学习、实践中积累经验。D的访谈编码如表5.7所示。

表5.7　饱和检验受访者D的编码分析

访谈关键词句	初始概念	范畴
他们旅委的经常会过来培训，定期讲一些注意事项、发展方向，那些事都会讲；每家都要去一个人学习、培训，有的时候会发一些教材让我们学习	参加政府组织的专家培训讲课	听专家讲授知识
做的过程中，你可以主动地问客人哪做得不好，比如，他会说屋里边缺一些实用的小柜子、挂衣服的地方；院子人家给你出主意，这边这样弄、那边怎么弄。虽然这房子是我的，但我没有去客房住过，具体也不知道怎么不方便，但客人说出来了，就是真不方便，要着手去解决	认真听取客人提出的问题和意见	听客人问题建议
去看看周边邻居，人家怎么经营、整理的，好的经验可以借鉴一下	向邻居观察学习	实地考察榜样
偶尔村里边也会组织去外边的一些村、其他的地区去考察，这也是一个学习的途径	村里组织农家院外出考察参观	
干的过程中琐碎的事很多，就是一边干一边摸索吧，摸索多了就出来了	边干边摸索学习	摸索积累经验
自己都可以在网上主动地学习一些资料，比如农家院的发展方向、哪些菜大家喜欢吃、屋子里的装饰风格	网上学习农家院资料	网上学习榜样

资料来源：本研究整理。

第五节　研究结果与讨论

一、乡村旅游创业学习方式

本章遵循扎根理论的编码方式，对乡村旅游创业学习的维度进行质性研究，最终得到乡村旅游创业学习的5个维度，分别是榜样模仿式学习、专家指导式学习、亲友探讨式学习、游客互动式学习、个人摸索式学习。由访谈文本及各维度的内涵可以看出，这五维度结构就是乡村旅游创业者的学习方式或途径。

（一）自我强化视角的学习

从自我强化角度来说，创业者的学习方式有个人摸索式学习、榜样模仿式学习两种。个人摸索式学习体现了创业者注重边干边学，在实践中摸索试错、摸索创新、积累经验及自我反思。这一学习方式随着创业活动的深入，已内化为创业者的自觉行为，是一种最直接、高频率的学习方式，贯穿于创业全过程。从受访者回答来看，他们往往是干中学，从一开始经营中频繁出错、摸索改进行为方式，到注重创新农家院和民宿的餐饮、客房，为客人提供更优质的旅游产品和服务；同时，不断地进行自我反思、琢磨，纠正先前的思想和行为，并持续地积累个人经验、丰富经营知识和管理理念。

因受限于自身文化水平、思想和眼界，农家院和民宿创业者仅仅在实践中摸索、反思，还远远不够，他们从创业初始便注重观察、模仿他人的行为，这一榜样模仿式学习体现在网上学习优秀做法、外出旅游留意好的事物、实地考察先进的创业典型。访谈过程中，多数创业者提到经常通过手机上网，浏览快手、抖音等 APP，使用百度搜索与农家院和民宿经营有关的内容；一些创业者在淡季时选择外出旅游，在游玩过程中，会注意观察好的事物，拍照带回家研究、琢磨；创业者也提到村里不定期地组织他们外出考察、学习榜样做法，但这种学习机会并不常有。总体来看，创业者通过向榜样学习，尤其是通过网络这一快速、便捷的方式学习并吸取创业知识，取得了较好的效果。

（二）他人互动视角的学习

从与他人互动来看，创业者的学习方式分为游客互动式学习、亲友探讨式学习、专家指导式学习三种。其中，创业者提及最多的是游客互动式学习，这成为创业者认识不足、提升旅游经营的最快捷方式。游客将其体验结束后的感受反馈给创业者，可以为创业者提出菜品搭配、客房布置、院落环境等方面的问题，有助于创业者及时解决问题；在与客人的日常接触中，创业者也会从客人举止行为中获得启发，对照自身去改善不足之处；在与客人的聊天交流中，创业者可以学习语言表达、沟通交流，增长知识和见闻。从游客身上学习的所获运用到实践中，将为现有游客和潜在游客提供更完善的旅游体验，为创业者创造持久的价值。

除了与游客互动之外，创业者提到与邻里同行、家人、朋友进行探讨交流。向同行讨教如何做菜、聊农家院和民宿的发展、讨论如何解决客人提出的棘手问题等，是创业者多次提到的话题，在这一过程中，创业者向他人吸取经验，提升经营水平；一些创业者提到与配偶、父母、孩子询问不明白的问题，但往往因为是与家人一起创办的事业，创业者表示自己家里人的知识水平都了解，还是倾向于从外在渠道中学习；也有创业者提到与身边朋友交流农家院和民宿经营，能够获得意想不到的灵感，这成为创业者学习的一种资源支持。

除此之外，政府部门、村党支部会邀请专业人员为创业者进行培训指导，专家指导式学习为创业者提供了更专业、对口的学习资源和学习机会。一是听取专家讲授旅游相关的知识，如食品卫生安全、客房设计与布置、游客需求偏好、农家院和民宿的提质升级等；二是观摩专家示范指导菜品做法、客房被褥叠法等，并通过亲身实践，得到专家的具体指导，不断地增强创业技能。创业者对此表现出强烈的学习意愿，乐意向专家学习，提高自身素质和能力，但这种学习机会并不经常。

二、乡村旅游创业学习特征

结合乡村旅游创业学习的维度结构以及访谈文本，可以看出，乡村旅游创业者的学习具有以下特征。

一是非正式性。从创业学习方式来看，乡村旅游创业者的创业学习大都属于非正式学习，通过个人实践摸索、观察模仿榜样、与游客互动、与亲友探讨等方式获取创业所需的新知识与新技能；而像那种在教室里、课堂上的正式培训与学习行为较少。在专家指导式学习中，创业者听专家讲授旅游知识，因为这一学习机会并不常见，所以仅算作一小部分的“正式学习”，而非正式的特点是乡村旅游创业者学习的常态。

二是实践导向性。创业者学习某一新事物，皆是从乡村旅游创业的实践需要出发。随着创业企业的生存和发展，创业者意识到学习的重要性，将自我强化和与他人互动的方式相结合，选择适合实际情况的学习渠道，加强旅游产品和服务的学习，将知识运用到实践中，并服务于创业活动，创造经济价值。但从某种意义上看，这流露出创业者急功近利的思想，希望学习就能带来立竿见影的成效。对此，创业者应该充分认识到学习的持久意义和价值，在实践中精进创业。

三是网络化。随着智能手机、直播 APP 软件的大力普及，乡村旅游创业者能够快捷地搜索与农家院和民宿经营有关的信息，观察并模仿网络上各种榜样行为、优秀做法，满足创业企业成长中随用随学的需求。网络化的学习模式为创业者提供了便捷、时效性、低成本的资源支持，但在为创业者提供便利条件的同时，也充斥着各种各样的信息，创业者需要辨别各种优劣资源，以正确地利用网络化的学习工具。

四是模仿性。因自身知识文化水平的制约，多数乡村旅游创业者选择向优秀典型学习，借鉴并模仿榜样的行为，体现在实地考察榜样行为、网上学习优秀的做法、旅游途中留意观察榜样三个方面。创业者可以参照榜样的行为，反观自我的表现，取长补短，提升旅游经营水平；但创业者需要注意自身创业的实际情况和特殊性，不能盲目、无限度地跟随榜样，而应当立足实际，发挥自身优势，突显创业特色。

三、乡村旅游创业学习内容

从乡村旅游创业学习的维度结构以及受访者访谈中发现，创业者通过一系列方式学习农家院和民宿经营的知识，具体包括旅游产品学习、游客服务学习、旅游营销学习和旅游理论学习。

第一，旅游产品学习。旅游产品是旅游经营者为满足游客需要，提供给旅游市场的物品和服务，通常包含餐饮、交通、娱乐、购物、旅游住宿、游览观光六要素（王大悟、魏小安，2000）。可以看出，旅游产品供给是旅游产业链上至关重要的一环，作为旅游供给方，创业者应当提供满足游客需求的产品。为此，在乡村旅游产业实践中，为游客提供体现乡村特色的餐饮、住宿、娱乐等产品，成为创业者急需学习的任务。访谈发现，多数乡村旅游创业者提到学习与菜品、客房、环境等相关的内容，如“去小穿芳峪参观，人家那摆个东西很整齐，屋里屋外环境特别好”（Y）、“像蓟州区的毛家峪、北京平谷都去过，感受一下人家的菜是啥味的、怎么做的，看看人家的条件”（J）。创业者也意识到创新菜品种类、客房设计等产品的重要性，“菜品上，要做农家院特色菜，得研究新菜品，昨天老师来教课，学习新菜，我第一个去学习”（T），“想比别人好，就得在别人的基础上，更创新，我会去学网上，同样的食材，还能怎么做更好看”（J）。

第二，游客服务学习。旅游体验需求被满足与否，除了旅游产品质量之外，主客接触中的服务质量发挥关键的作用。服务质量体现在卫生、安全、礼貌、方便程度、应答能力等服务特性上，而旅游服务态度、服务的行为语言、满足游客个性需要的程度、所体现出的服务理念决定了旅游服务质量的水平（安应民，2010）。由此可知，真诚友好地为游客提供服务、迅速准确地回应客人需求、以“顾客是上帝”的信条接待并维护客人、注重并掌握服务礼仪等，成为创业者需要学习的内容，对此，乡村旅游创业者往往通过手机上网搜索游客服务的内容，旅游局等政府部门也会派专业人员为创业者讲授卫生、安全和服务。如，创业者提到“卫生、饮食、环境、设施要注意，最重要的是服务你得跟得上，村的旅游公司请旅游局的人，给农家院老板讲接待客人的礼仪”（Y），“会去参加培训，卫生、服务接待礼仪方面都培训”（Z）。

第三，旅游营销学习。乡村旅游企业往往是小企业，因条件有限，企业主通常选择间接或混合的渠道进行产品销售，如选择中间商，但会增加企业的运营成本（方中权，郭艺贤，2007）。为应对乡村旅游市场压力，创业者需要加强旅游产品和服务营销，改变单一营销模式，完善营销渠道。访谈发现，一些创业者比较清楚企业的目标市场与目标客户群，与现有游客保持良好的关系，有效地进行游客信息管理。但实践中，创业者也苦于无途径、无知识进行营销宣传，“没客人的话，就得去想宣传，广告的费用怎么能挣出来”（Y）。随着互联网的普及，旅游企业开始利用网络进行产品销售，创业者提及学习网络营销，在美团、携程等网站宣传农家院和民宿，但表示对网络营销这一新事物并不熟练。“我们不如大学生懂网络，那也不能白等着，本来客源就不多，就上了百度、携程、美团，但都不太懂，摸索着搞”（G）。对于如何高效地发挥互联网的作用，创业者仍需要继续学习，此外，可以利用村里节庆活动、媒体进村宣传、政府旅游部门推销等方式吸引新游客，拓宽营销渠道。

第四，旅游理论学习。乡村旅游创业重在实践中经营和创新，但理论是实践的基础，理论与实践相结合，才能更具针对性地指导实践，达到知行一致化。创业者提及在经营过程中，听专家的讲课和指导，学习一些理论性知识，主要是学习农家院和民宿的本质与发展方向、了解旅游服务对象特点、旅游管理知识等。他们往往将自主性学习与组织化学习相结合，获取旅游理论与知识，如“看到一些乡村旅游的会议，会去学习学习经验，听听专家讲的知识”（H），“市里边有一个旅游协会，定期组织培训活动，想学旅游知识可以学，我会去听听”（M），“每家都要去一个人学习、培训，有时候会发一些教材让我们学习”（D）。然而，访谈也发现，一些创业者对理论性知识重视不足，对政府或村集体硬性要求的理论学习产生排斥心理，需要更新观念、改正错误认识。

第六章　乡村旅游创业学习量表开发与验证

虽然已有文献对创业学习的测量进行了不同角度的探讨，如从探索性学习和利用性学习两维度对创业学习的测量（李怡欣、赵文红、张文伟，2019），从经验学习、认知学习、实践学习三维度的测量（单标安等，2014），有大学生创业学习的四维度量表（刘琴、黄玉纤、张进辅，2013）等，但多样化的测量在一定程度上说明，因研究问题及研究情境的差异，科学的研究需要进行更具情境化的概念界定和测量。也正如我们所了解的，乡村旅游创业扎根于乡村社会这一特殊背景，创业者的创业学习贯穿创业活动的始终，且有其独特性。因此，开发一份有效的乡村旅游创业学习量表至关重要，成为进一步探讨与创业学习相关的变量以及变量之间关系的关键。本章在第五章研究的基础上，严格遵循量表的开发步骤，形成乡村旅游创业学习的量表，以便为后文进行创业学习的定量研究打下基础。

第一节　量表开发与分析的步骤

一、量表开发的原则

所谓量表，是一种测量工具，由多个项目构成，旨在揭示不易用直接方法测量的变量或构念的水平（DeVellis，2010）。本研究中的量表开发是对乡村旅游创业学习这一核心构念的操作化过程，通过量表开发，对乡村旅游创业学习的概念进行描述、解释和测量。本章量表开发的主要任务是对乡村旅游创业学习这一构念找到可被观测的指标和题项。为保证量表开发的科学有效性，量表开发的实施过程中需要遵循一定的原则（陈晓萍、徐淑英、樊景立，2008）。

第一，量表开发中的题项应当全面地涵盖所测构念的各个成分。如果量表开发的测项漏掉了本该包含的内容，则认为该量表不够完备，无法准确地实施测量。量表中测项出现的问题越多，则量表的内容效度越低。第二，量表的各个题项应当表述清晰，具有明显的区分效度。如果所开发量表的测项含糊不清，或测项意思指向了其他相近概念，将不属于该量表内容的测项纳入其中，就会降低该构念的解释力，致使测量的不准确性。第三，量表开发过程中应当尽量排除其他随机因素对测量的影响，如被试者所处的环境条件、被试者的情绪变动、外界的环境干扰等，以确保量表开发的准确性。

二、量表开发的步骤

研究者进行量表的开发，需要经过一系列的研究步骤，以逐步验证量表的构念效度，才能保证所测构念得到恰当的测量和估计（陈晓萍、徐淑英、樊景立，2012）。

（一）构念说明

量表开发的首要任务是明晰所要测量的目标构念，清楚构念的理论边界，对所测构念进行高度精确的定义。进行构念说明时，研究者需要明确该构念对应的现象，才能发展出准确的测项；清楚该构念与其他相近或相关构念的差别，以弄明白哪些内容应该包含在所测的构念之中。研究者应当明确对所测理论变量的层次，如是在个体层面还是群体团队层面、微观层次抑或是宏观层次，不能在测量中混淆。此外，研究者需要明确构念的内部结构，包含哪些内部成分，这会影响如何发展测量指标、指标的个数及指标的抽象程度。

（二）测量题目产生

在明确构念定义的基础上，研究者需要对其进行操作化，通常来看，可以采用归纳法和演绎法来发展测量题目。在归纳法中，研究者并不了解构念的内部结构及其指标，往往需要通过质性方法去挖掘构念的结构和指标。演绎法的逻辑是，研究者通过已有文献的整合和思考，对构念进行界定，确定所测指标的范围。需要注意的是，测量题目应该比最终形成的测项所涵盖的范围更广，在初始项目产生阶段，研究者可以发展出足够多的测量题目，且初始测项可以包含一些无关紧要的题目。这是因为如果发展出的测项不充分的话，之后任何的分析都是于事无补；而多余的测项可以经过后续定量分析被剔除，并不会影响最终量表的准确度。

（三）内容效度评价

在产生测量指标后，研究者需要对各个指标进行评价，以删除有歧义、影响测量质量的题项，首要做的就是评价题项的内容效度。内容效度是指量表内容在多大程度上代表所要测量的构念，如果量表在内容上无法充分地评价该构念，其内容效度就会受质疑。因此，量表需要包含所测构念的关键成分，选择能够涵盖构念范围的题目，应当注意检查所用指标是否具有代表性；考察指标是否包含了构念的理论边界；指标的个数分配是否反映了各个成分的重要性，不能太少或太多集中于某一成分。

（四）内容结构检验

测量过程中，研究者需要确认所测指标是否真切地反映了同一理论构念，主要是通过探索性因子分析和验证性因子分析来评价题项的内部结构。通过探索性因子分析，研究者可以找出与测量构念不相关的指标或不符合研究预期的指标，由此，来决定哪些指标可以保留、哪些指标需要剔除。在探索性因子分析之后，研究者对题项与构念之间的关系有了判定，接下来采用验证性因子分析，来观察指标与假设模型的契合度以判断测量结构。如果估计模型与所收集数据能够很好地拟合，可以认为题项的构念效度得到验证。

（五）内部一致性与稳定性评价

量表除了在内容结构上符合研究预期外，还必须能够稳定、准确地测量该构念。研究往往采用“信度”来评价量表的稳定性、可靠性和一致性，以估计测量误差对测量结果的影响。信度就是测量结果不受误差影响的程度，测量中，通过该误差大小来衡量测验信度。一个具有良好信度的量表不允许含有太多的随机误差，在此研究者往往检验量表的内部一致性，可以用 Cronbach α 系数来估计。

（六）聚合效度和区分效度检验

对量表的内部结构及内部一致性进行检验，可以起到分析量表测量质量的效果，帮助研究者剔除不合适的题项。虽然测量指标在其对应潜变量上的因素负荷较高，但仍无法确认该指标产生的潜变量就是所测的构念，因此，还需要分析题项的聚合效度和区分效度。聚合效度是指使用不同方法来测量同一构念时，所得到的分数之间因反映同一构念而应当高度相关；区分效度是在运用不同方法测量不同构念时，所得到的分数之间应该能够区分开。

第二节　乡村旅游创业学习测项初步编制

一、初始项目发展

（一）项目池的形成

项目池是研究者编写出的与研究变量相关的一系列测量条目，一般通过访谈法、已有文献或专家质询等途径获取。在第五章质性研究中，本书对乡村旅游创业学习的内涵及维度等进行了探索性研究，对创业学习这一构念在乡村地区、旅游情境下的特殊性进行了详细的分析，该部分的内容与乡村旅游创业学习项目的产生方法相一致，因此，在本章中借用并延展创业学习质性研究的相关结果。本研究在对乡村旅游创业学习各维度及其子维度仔细考量的基础上，结合受访者的访谈回答，形成创业学习的初始问项。

（二）项目冗余

从质性文本中提取所测变量的问项，具有一定的开放性，即存在项目冗余的问题，而项目冗余在量表开发过程中是必不可少的，这也为量表开发留下充分的探索空间，因此，在初始题项中，本研究保留了一定的冗余问题。

（三）项目数量

量表开发中的初始项目需要远多于最终量表的项目数，有学者认为项目池中的项目个数是最终量表题项的 3 ~4 倍，也有学者提出达到 1.5 倍即可。在此，本研究根据乡村旅游创业学习 5 个维度、15 个子维度以及被编码的初始概念，编写形成了 45 个题项。

二、预测试

在形成了初始项目后，本研究请旅游管理领域的 3 位专家、创业研究领域的 1 位专家、旅游管理的 4 位博士生进行项目审查，请他们评估每个变量维度与相应题项的关联性、题项的意义明确性与用词清晰性等。研究者根据汇总的批注意见进行了斟酌和修正，继而将编制完整的题项发放给 8 位乡村旅游创业者作答，询问被答者对各题目的理解难度、语句清晰等方面的问题，针对回收的某些问题答案，研究者与之进行微信沟通，以确保作答者理解的意思与问项原意一致；对于理解偏误的问题，研究者作进一步的修改，最终形成初始项目 30 个（见表 6.1）。

表 6.1　初始项目池

学习维度	编号	测项
个人摸索式学习（PT）	PT1	经营中我不断摸索创新餐饮、客房布置等
	PT2	出现错误后我会持续地摸索如何改正，并吸取教训
	PT3	我注重边干边学，进行自我反思、琢磨
	PT4	我注重积累自己的经验，来更好地服务客人
	PT5	通过实践，我能够积累到很多经验
专家指导式学习（EG）	EG1	我经常听专家讲课，学习农家院/民宿卫生、服务、餐饮等知识
	EG2	我经常参加旅游局、旅委组织的培训，向专家学习农家院/民宿经营
	EG3	我喜欢听专家讲课，了解农家院/民宿未来发展趋势和发展方向
	EG4	通过专家培训讲课，我学到很多经营农家院/民宿的知识
	EG5	有专家示范指导农家院/民宿做菜、被褥叠法等，我都积极参加
	EG6	通过专家亲自示范指导，我学到很多经营农家院/民宿的技能
游客互动式学习（TI）	TI1	我乐意与客人交流饭菜口味、客房舒适度等问题，以改正完善
	TI2	我喜欢与客人聊天学习语言表达、沟通交流等，增长知识
	TI3	我常常接受客人关于客房布置、硬件装修等的建议，并积极落实
	TI4	客人提出的建议对我经营农家院/民宿不重要
	TI5	我经常从客人身上获得启发，来提升完善农家院/民宿

续表

学习维度	编号	测项
亲友探讨式学习（FE）	FE1	我乐意向邻里街坊讨教，学习农家院/民宿菜品、经营发展等
	FE2	我经常与同行聊天，探讨农家院/民宿的发展
	FE3	我喜欢跟同行探讨处理客人问题的方法
	FE4	我会与朋友交流探讨农家院/民宿的经营发展
	FE5	我经常与家人讨论农家院/民宿经营，并与他们交换经验和知识
	FE6	我常常向家人学习与经营农家院/民宿有关的内容
	FE7	家人的建议对我经营农家院/民宿比较有用
榜样模仿式学习（EI）	EI1	旅游途中我喜欢将店家的餐饮、室内装饰等拍下来学习
	EI2	外出吃饭住宿时我会留意店家的菜品搭配、经营方式、建筑设计等
	EI3	我经常自主外出考察知名农家院/民宿
	EI4	我经常参加村里或旅游部门组织的考察榜样农家院/民宿活动
	EI5	我积极上网查阅农家院/民宿经营的资料，吸取经验
	EI6	我经常上网学习优秀农家院/民宿的菜品、装修、服务等
	EI7	我经常在微信朋友圈学习其他农家院/民宿的长处

资料来源：本研究整理。

第三节　问卷形成与数据收集

一、问卷形成

本研究利用初始问项池编制了最初问卷，为得到受试群体的积极配合，问卷题头对研究目的、作答保密性等问题进行了说明。接下来，问卷包括两大部分，第一部分是测量乡村旅游创业学习的30个题目，每个题项以Likert 7点量表的形式呈现，从非常不符合到非常符合，符合程度依次增大；第二部分是受访者的人口统计特征及基本信息，如性别、年龄、受教育程度、创业年限等，问卷的完整设计见附录B。

二、数据收集

本研究的受试对象为乡村旅游农家院及民宿创业者，由于研究对象的特殊性，无法使用问卷调查平台的“样本服务”寻找受试者。为提高作答有效性和准确性，研究者进行实地调研，于 2019 年 11 月 22 日～12 月 2 日对天津市蓟州区的西井峪村、小穿芳峪村、毛家峪村、东山村、郭家沟村、常州村等 10 个村入户填答调研问卷，为保证调研顺利进行及问卷回收的准确性，研究者到访每一个村子均与本村党支部书记取得联系，并将调研目的和内容与支部书记进行交流，由村党支部委员带领入户填答问卷；为保证创业者对问卷进行认真作答，研究者为每一位作答者准备了手机支架、零钱包、指甲刀等小礼物。本次调研最终回收问卷 200 份，经过一番筛选，保留有效问卷 188 份，有效率达 94.0%。受试样本的基本信息如表 6.2 所示。

表 6.2　　　　样本基本信息

基本信息	样本量 n = 188		
	类目	频数	占比（%）
性别	男	81	43.1
	女	107	56.9
年龄	25 岁及以下	5	2.7
	26～35 岁	60	31.9
	36～45 岁	48	25.5
	46～55 岁	54	28.7
	56 岁及以上	21	11.2
受教育程度	小学	15	8.0
	初中	92	48.9
	高中	24	12.8
	中专	18	9.6
	大专	32	17.0
	本科及以上	7	3.7
创业动机	没有更好的工作选择、为了改善生活	52	27.7
	发现了旅游创业机会	104	55.3
	成就一番事业、寻求更大的独立	32	17.0
创业年限	1～2 年	21	11.2
	3～5 年	66	35.1
	6～8 年	32	17.0
	9 年及以上	69	36.7

续表

基本信息	样本量 n = 188		
	类目	频数	占比（%）
创业年净收入	10 万元及以下	54	28.7
	11 万～30 万元	101	53.7
	31 万～50 万元	20	10.6
	51 万～100 万元	10	5.3
	101 万元及以上	3	1.6
创业前工作	务农，以种地、果园、大棚等为生	49	26.1
	外出打工	59	31.4
	公司上班	40	21.3
	个体做买卖、经商	26	13.8
	开办企业或工厂	2	1.1
	暂时没有工作	8	4.3
	其他	4	2.1

资料来源：本研究整理。

188 份样本中，男女比例比较均衡，男性创业者占 43.1%，女性占 56.9%。创业者年龄集中在 26～55 岁年龄段，分布较均衡，其中，26～35 岁的占比最多，为 31.9%；其次是 46～55 岁和 36～45 岁区间，分别占 28.7% 和 25.5%。受教育程度方面，受试者普遍是初中水平，占 48.9%；其次是大专和高中学历，分别占比 17% 和 12.8%。在“当初为什么选择创业”问题上，超过一半的群体选择“发现了旅游创业机会”，剩余 27.7% 的样本是“没有更好的工作选择、为了改善生活”；17.0% 的样本是为了“成就一番事业、寻求更大的独立”。创业年限方面，以创业 9 年及以上、创业 3～5 年居多，分别占 36.7% 和 35.1%。创业年净收入方面，多在 11 万～30 万元区间，占 53.7%，其次是 10 万元及以下、31 万～50 万元区间，分别占 28.7%、10.6%。创业者在创业前，31.4% 的人员在外打工，26.1% 的群体是务农，以种地、果园、大棚等为生，21.3% 的样本在公司上班；此外，有少量群体有创业经历，13.8% 的人员做买卖、经商，1.1% 的人开办过企业或工厂。

第四节 乡村旅游创业学习量表开发

一、量表探测与精炼

（一）数据正态性检验

样本数据在进行统计分析之前，需要进行正态性检验，若数据呈现正态分布，将进行后续统计分析；若数据为非正态，需要将其正态化。偏度值和峰度值是通常被用来作正态性检验的统计量，偏度（Skewness）可以描述变量取值分布的对称性；峰度（Kurtosis）被用来形容变量取值形势陡缓程度。本研究采用SPSS25.0软件对数据进行描述性分析，输出偏度值和峰度值。当数据的偏度绝对值小于3，峰度绝对值小于10，表明数据符合正态分布（Kline，1998）。如表6.3所示，从偏度和峰度的绝对值来看，样本数据近似服从正态分布。

表6.3 数据正态性检验

题项	偏度值	峰度值	题项	偏度值	峰度值
PT1	-1.864	5.508	TI5	-1.335	3.756
PT2	0.303	-0.244	FE1	-1.787	3.876
PT3	-0.874	2.351	FE2	-1.563	3.093
PT4	0.378	-0.485	FE3	-1.681	3.126
PT5	-0.722	1.691	FE4	-1.885	5.034
EG1	-1.346	1.534	FE5	-1.704	4.983
EG2	-1.778	3.790	FE6	-1.799	5.975
EG3	-1.678	2.751	FE7	-1.762	6.326
EG4	-1.387	1.987	EI1	-1.979	7.557
EG5	-1.703	3.001	EI2	-0.696	2.891
EG6	-1.492	2.140	EI3	-0.779	-0.131
TI1	-1.911	8.187	EI4	-1.532	1.707
TI2	-1.533	3.748	EI5	-1.047	0.224
TI3	-1.075	1.384	EI6	-1.122	0.539
TI4	-0.835	-0.276	EI7	-1.903	4.246

资料来源：本研究整理。

（二）求临界比值

在对反向题进行转换后，本研究对30个问项进行独立样本t检验，确定每个项目的临界比值，即决断值t，临界比值如表6.4所示。由方差相等的Levene检验的F统计量及t值检验可知，各个题项的临界比值均达到显著水平，显著性概率值p小于0.05。因此，经过t检验，本研究保留30个题项。

表6.4　　　　独立样本检验

		方差相等的 Levene 检验		平均数相等的 t 检验	
		F 检验	显著性	t	显著性（双尾）
PT1	假定等方差	14.657	0.000	5.841	0.000
	不假定等方差			5.768	0.000
PT2	假定等方差	34.641	0.000	6.070	0.000
	不假定等方差			6.104	0.000
PT3	假定等方差	0.031	0.861	6.698	0.000
	不假定等方差			6.652	0.000
PT4	假定等方差	15.477	0.000	6.839	0.000
	不假定等方差			6.844	0.000
PT5	假定等方差	0.765	0.384	6.502	0.000
	不假定等方差			6.469	0.000
EG1	假定等方差	48.784	0.000	8.191	0.000
	不假定等方差			8.087	0.000
EG2	假定等方差	22.358	0.000	7.646	0.000
	不假定等方差			7.555	0.000
EG3	假定等方差	55.126	0.000	8.616	0.000
	不假定等方差			8.493	0.000
EG4	假定等方差	24.713	0.000	7.662	0.000
	不假定等方差			7.571	0.000
EG5	假定等方差	37.240	0.000	8.024	0.000
	不假定等方差			7.924	0.000
EG6	假定等方差	45.260	0.000	8.002	0.000
	不假定等方差			7.892	0.000

续表

		方差相等的 Levene 检验		平均数相等的 t 检验	
		F 检验	显著性	t	显著性（双尾）
TI1	假定等方差	7.208	0.008	7.477	0.000
	不假定等方差			7.381	0.000
TI2	假定等方差	11.002	0.001	6.550	0.000
	不假定等方差			6.488	0.000
TI3	假定等方差	16.892	0.000	7.409	0.000
	不假定等方差			7.337	0.000
TI4	假定等方差	0.057	0.812	2.520	0.013
	不假定等方差			2.517	0.013
TI5	假定等方差	5.054	0.027	7.207	0.000
	不假定等方差			7.169	0.000
FE1	假定等方差	18.618	0.000	6.428	0.000
	不假定等方差			6.350	0.000
FE2	假定等方差	24.651	0.000	8.071	0.000
	不假定等方差			7.966	0.000
FE3	假定等方差	27.122	0.000	7.491	0.000
	不假定等方差			7.391	0.000
FE4	假定等方差	21.157	0.000	7.256	0.000
	不假定等方差			7.161	0.000
FE5	假定等方差	5.095	0.026	6.148	0.000
	不假定等方差			6.114	0.000
FE6	假定等方差	18.637	0.000	7.717	0.000
	不假定等方差			7.621	0.000
FE7	假定等方差	3.245	0.075	6.251	0.000
	不假定等方差			6.203	0.000
EI1	假定等方差	2.298	0.133	6.175	0.000
	不假定等方差			6.117	0.000
EI2	假定等方差	9.191	0.003	6.339	0.000
	不假定等方差			6.334	0.000
EI3	假定等方差	18.203	0.000	8.519	0.000
	不假定等方差			8.449	0.000

续表

		方差相等的 Levene 检验		平均数相等的 t 检验	
		F 检验	显著性	t	显著性（双尾）
EI4	假定等方差	23.129	0.000	6.152	0.000
	不假定等方差			6.089	0.000
EI5	假定等方差	16.695	0.000	8.347	0.000
	不假定等方差			8.265	0.000
EI6	假定等方差	34.160	0.000	9.018	0.000
	不假定等方差			8.907	0.000
EI7	假定等方差	14.957	0.000	7.383	0.000
	不假定等方差			7.300	0.000

资料来源：本研究整理。

（三）题项与总分的相关性检验

在项目分析中，题项与总分的相关性可以作为题项筛选的另一指标。当个别题项与总分的相关程度越高时，题项与整体样本的同质性越高；若题项与总分的相关系数未达显著性，或者二者的相关系数小于 0.4（二者低度相关），表明题项与量表的同质性不高，需要考虑删除题项。本研究考察了乡村旅游创业学习各个题项与总分的 Pearson 相关性（见表 6.5），发现各题项与学习总分均达到显著，p 值小于 0.05。题项 TI4 与总分的相关系数为 $0.228 < 0.4$，$p = 0.002 < 0.05$，虽然达到显著水平，但两者的相关系数过低，只是低度相关，其余题项与总分的相关系数均在 0.4 以上。因此，本研究考虑将 TI4 删除。

表 6.5　　题项与总分相关性

题项	与总分相关性	显著性	题项	与总分相关性	显著性
PT1	0.510	0.000	TI5	0.546	0.000
PT2	0.460	0.000	FE1	0.587	0.000
PT3	0.478	0.000	FE2	0.552	0.000
PT4	0.500	0.000	FE3	0.571	0.000
PT5	0.525	0.000	FE4	0.608	0.000

续表

题项	与总分相关性	显著性	题项	与总分相关性	显著性
EG1	0.656	0.000	FE5	0.509	0.000
EG2	0.555	0.000	FE6	0.562	0.000
EG3	0.668	0.000	FE7	0.439	0.000
EG4	0.630	0.000	EI1	0.484	0.000
EG5	0.620	0.000	EI2	0.536	0.000
EG6	0.651	0.000	EI3	0.616	0.000
TI1	0.614	0.000	EI4	0.501	0.000
TI2	0.558	0.000	EI5	0.626	0.000
TI3	0.605	0.000	EI6	0.651	0.000
TI4	0.228	0.002	EI7	0.555	0.000

资料来源：本研究整理。

（四）同质性检验

1. 信度检验

信度代表量表的稳定性或一致性，在项目分析中信度系数可以作为同质性检验的指标之一，通常用 Cronbach α 系数，又称量表的内部一致性 α 系数来进行信度估计。信度检验旨在考察题项删除后，整体量表的信度系数变化情况。若题项删除后的 Cronbach α 系数比原 α 高很多，则表示该题项与其他题项的同质性不高，可以考虑将该题目删除。并且，当修正后的项与总计相关性的数值小于 0.4 时，表示该题项与其他题项为低度相关，可以考虑删除该题项。

经过计算，本研究得出 29 个题项的 α 值为 0.919，大于 0.8，表示量表 29 个题的内部一致性佳。如表 6.6 所示，从修正后的题项与总分相关性来看，除了 FE7 之外，其余题项与总分的相关系数均在 0.438 以上；FE7 与总分的相关系数为 0.391，表明该题项与其他题项的相关度为低度相关，为纯化量表，在此删除 FE7。从题项删除后量表的内部一致性 α 改变值来看，删除项后，α 系数均小于 0.919。

表 6.6　　项目整体统计量

题项	修正后的项与总计相关性	删除项后的 Cronbach α 系数	题项	修正后的项与总计相关性	删除项后的 Cronbach α 系数
PT1	0.474	0.916	FE1	0.535	0.915
PT2	0.438	0.917	FE2	0.506	0.916
PT3	0.455	0.917	FE3	0.519	0.916
PT4	0.482	0.917	FE4	0.573	0.915
PT5	0.501	0.917	FE5	0.470	0.917
EG1	0.620	0.914	FE6	0.520	0.916
EG2	0.510	0.916	FE7	0.391	0.917
EG3	0.627	0.914	EI1	0.449	0.917
EG4	0.583	0.915	EI2	0.511	0.917
EG5	0.578	0.915	EI3	0.549	0.916
EG6	0.606	0.914	EI4	0.438	0.918
TI1	0.585	0.915	EI5	0.567	0.915
TI2	0.522	0.916	EI6	0.594	0.915
TI3	0.566	0.915	EI7	0.508	0.916
TI5	0.503	0.916	\	\	\

资料来源：本研究整理。

2. 共同性与因素负荷量

共同性代表题目能够解释共同属性或特质的变异量，共同性的数值越高，表示能够测量到的变量程度越高；共同性较低的题项与量表的同质性较少，可以考虑删除该题目（吴明隆，2010）。当共同性值低于0.2，因素负荷量小于0.45时，应该删除该题项。各题项的共同性及因素负荷量如表6.7所示，从公因子方差表中可以发现，题项的共同性均大于0.2，因素负荷量在0.45以上，故本研究保留28个题项。

表 6.7　　题项共同性与因素负荷量

题项	共同性	因素负荷量	题项	共同性	因素负荷量
PT1	0.268	0.518	TI5	0.309	0.556
PT2	0.274	0.523	FE1	0.347	0.589
PT3	0.293	0.541	FE2	0.324	0.570

续表

题项	共同性	因素负荷量	题项	共同性	因素负荷量
PT4	0.318	0.564	FE3	0.325	0.570
PT5	0.327	0.572	FE4	0.386	0.622
EG1	0.435	0.659	FE5	0.253	0.503
EG2	0.308	0.555	FE6	0.311	0.558
EG3	0.437	0.661	EI1	0.236	0.486
EG4	0.376	0.613	EI2	0.321	0.566
EG5	0.382	0.618	EI3	0.320	0.566
EG6	0.401	0.633	EI4	0.212	0.460
TI1	0.419	0.647	EI5	0.351	0.592
TI2	0.348	0.590	EI6	0.371	0.609
TI3	0.376	0.613	EI7	0.287	0.536

资料来源：本研究整理。

二、探索性因子分析

经过项目分析，初始题项保留 28 个，继而通过 SPSS25.0 软件对数据进行探索性因子分析。Bartlett 球形检验结果如表 6.8 所示，显著性为 0.000，KMO 值为 0.866，表明数据适合进行因子分析。

表 6.8　　KMO 和 Bartlett 检验

KMO 取样适切性量数		0.866
Bartlett 球形检验	近似卡方	2897.976
	自由度	378
	显著性	0.000

资料来源：本研究的数据统计。

因子分析的转轴方法有正交和斜交两种，本研究分别采用两种方法。在斜交转轴后，各因素间的相关系数普遍小于 0.3，由此选择正交旋转方式更适合本研究（何晓群，2012）。第一次探索性因子分析（EFA）得到 8 个特征值大于 1 的因子，累计解释方差为 72.334%。随后，在第一次探索性因子分析的基础上，继续进行探索性分析。删除不合适项目的标准为题项在两个及以上因子上的载荷≥0.4（即交叉载荷）、公因子的项目数<3、单个题项跨维度形成其他因子成分等，每次探索性因子分析删除一个不合适的题项后，即进行下一轮因子分析；根据新的因子分析结果，结合删除题项标准，再判定删除下一个不合适的题目，以保留准确的因子成分及题项；依次进行多轮探索性因子分析，直至获取合适的因素结构。遵循上述原则，每一轮的 EFA 删除题项过程如表 6.9 所示。

表 6.9　探索性因子分析过程

EFA 次数	删除题项编码	删除依据	因子成分个数	累计解释方差（%）
1	/	/	8	72.334
2	EG5	跨维度、交叉载荷	7	69.192
3	EI2	交叉载荷	7	70.345
4	EI3	交叉载荷	6	66.907
5	EI4	跨维度	6	68.130
6	EI1	因子载荷<0.4	6	70.105
7	FE5	公因子项目数<3	5	66.490
8	FE6	因子载荷<0.5	5	68.075
9	PT1	因子载荷<0.5	5	69.731

资料来源：本研究整理。

经过前七轮探索性因子分析，公因子进一步缩减，变为五个因子成分。为确保量表的简洁性和有效性，本研究进一步将因子载荷小于 0.5 的测项删除；最终，形成包含 5 个因子成分、20 个测项的量表，KMO 值为 0.863，Bartlett 检验的近似卡方为 2002.778，自由度为 190，显著性为 0.000，五个因子共同解释变异量为 69.731%，达到 60% 标准，表明萃取的五个因素是适切的。

图 6.1 为探索性因子分析的碎石图，也称因素陡坡图，可以呈现各个因子的重要程度，横轴为公因子个数，纵轴为特征值大小。碎石图按照特征值大小排列，可以直观地表现解释力高的因子。可以看出，前五个因素呈现陡峭的曲线，从第五个因素之后呈现平坦的曲线，因而，保留五个因子较为适宜。

探索性因子分析得到五个特征值大于 1 的因子，五个因子总共解释原有项目 69.731% 的变异量。因子 1 的特征值为 3.515，解释了 17.575 的变异量；

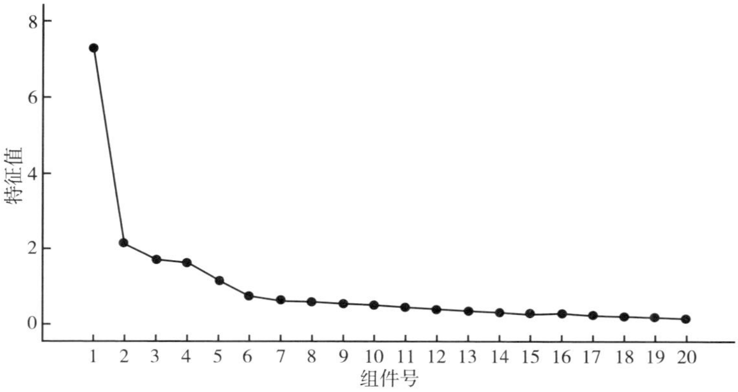

图 6.1　探索性因子分析碎石图

资料来源：本研究绘制。

因子 2 的特征值为 2.736，解释了 13.682 的变异量；因子 3 的特征值为 2.696，解释了 13.482 的变异量；因子 4 的特征值为 2.641，解释了 13.207 的变异量；因子 5 的特征值为 2.357，解释了 11.785 的变异量。因子萃取结果如表 6.10 所示。

表 6.10　因子萃取结果

测项	因子				
	1	2	3	4	5
EG4	0.882				
EG2	0.772				
EG3	0.759				
EG1	0.755				
EG6	0.725				
PT4		0.823			
PT2		0.808			
PT3		0.728			
PT5		0.705			
FE2			0.839		
FE3			0.746		
FE4			0.724		

续表

测项	因子				
	1	2	3	4	5
FE1			0. 672		
TI2				0. 834	
TI1				0. 761	
TI3				0. 701	
TI5				0. 602	
EI6					0. 868
EI5					0. 834
EI7					0. 724
特征值	3. 515	2. 736	2. 696	2. 641	2. 357
解释方差（%）	17. 575	13. 682	13. 482	13. 207	11. 785
累计解释方差（%）	17. 575	31. 256	44. 739	57. 946	69. 731

资料来源：本研究整理。

从新生成成分包含的因子可以看出，结合第五章质性研究的编码结果，本研究对五个新生成成分进行命名，新生成成分的测项与命名如表 6. 11 所示。

表 6. 11　　新成分命名

成分编号	因子名称	因子编号	因子内容
1	专家指导式学习（EG）	EG1	我经常听专家讲课，学习农家院/民宿卫生、服务、餐饮等知识
		EG2	我经常参加旅游局、旅委组织的培训，向专家学习农家院/民宿经营
		EG3	我喜欢听专家讲课，了解农家院/民宿未来发展趋势和发展方向
		EG4	通过专家培训讲课，我学到很多经营农家院/民宿的知识
		EG6	通过专家亲自示范指导，我学到很多经营农家院/民宿的技能
2	个人摸索式学习（PT）	PT2	出现错误后我会持续地摸索如何改正，并吸取教训
		PT3	我注重边干边学，进行自我反思、琢磨
		PT4	我注重积累自己的经验，来更好地服务客人
		PT5	通过实践，我能够积累到很多经验

续表

成分编号	因子名称	因子编号	因子内容
3	亲友探讨式学习（FE）	FE1	我乐意向邻里街坊讨教，学习农家院/民宿菜品、经营发展等
		FE2	我经常与同行聊天，探讨农家院/民宿的发展
		FE3	我喜欢跟同行探讨处理客人问题的方法
		FE4	我会与朋友交流探讨农家院/民宿的经营发展
4	游客互动式学习（TI）	TI1	我乐意与客人交流饭菜口味、客房舒适度等问题，以改正完善
		TI2	我喜欢与客人聊天学习语言表达、沟通交流等，增长知识
		TI3	我常常接受客人关于客房布置、硬件装修等的建议，并积极落实
		TI5	我经常从客人身上获得启发，来提升完善农家院/民宿
5	网络搜索式学习（EI）	EI5	我积极上网查阅农家院/民宿经营的资料，吸取经验
		EI6	我经常上网学习优秀农家院/民宿的菜品、装修、服务等
		EI7	我经常在微信朋友圈学习其他农家院/民宿的长处

资料来源：本研究整理。

三、新生成成分的信度检验

经过探索性因子分析，本研究得到乡村旅游创业学习的5个分量表，接下来，对各分量表的信度进行检验。专家指导式学习分量表的 Cronbach α 为 0.879，达到“非常好”的标准；修正后的项与总计相关性在0.6以上，删除项后的 Cronbach α 系数均低于分量表的整体信度系数（见表6.12）。

表6.12　专家指导式学习分量表信度分析

专家指导式学习因子	修正后的项与总计相关性	删除项后的 Cronbach α	分量表的 Cronbach α
EG1	0.711	0.853	0.879
EG2	0.668	0.863	
EG3	0.711	0.853	
EG4	0.812	0.829	
EG6	0.660	0.866	

资料来源：本研究整理。

个人摸索式学习分量表的 Cronbach α 为 0.817，达到“非常好”的标准；修正后的项与总计相关性在0.5以上，删除项后的 Cronbach α 系数均低于分量表的整体信度系数（见表6.13）。

表6.13　　　　个人摸索式学习分量表信度分析

个人摸索式学习因子	修正后的项与总计相关性	删除项后的 Cronbach α	分量表的 Cronbach α
PT2	0.684	0.755	0.817
PT3	0.608	0.789	
PT4	0.718	0.742	
PT5	0.590	0.799	

资料来源：本研究整理。

亲友探讨式学习分量表的 Cronbach α 为 0.832，达到“非常好”的标准；修正后的项与总计相关性在0.6以上，删除项后的 Cronbach α 系数均低于分量表的整体信度系数（见表6.14）。

表6.14　　　　亲友探讨式学习分量表信度分析

亲友探讨式学习因子	修正后的项与总计相关性	删除项后的 Cronbach α	分量表的 Cronbach α
FE1	0.607	0.814	0.832
FE2	0.735	0.756	
FE3	0.680	0.780	
FE4	0.635	0.801	

资料来源：本研究整理。

游客互动式学习分量表的 Cronbach α 为 0.813，达到“非常好”的标准；修正后的项与总计相关性在0.5以上，删除项后的 Cronbach α 系数均低于分量表的整体信度系数（见表6.15）。

表6.15　　　　游客互动式学习分量表信度分析

游客互动式学习因子	修正后的项与总计相关性	删除项后的 Cronbach α	分量表的 Cronbach α
TI1	0.693	0.747	0.813
TI2	0.708	0.729	
TI3	0.611	0.787	
TI5	0.558	0.799	

资料来源：本研究整理。

网络搜索式学习分量表的 Cronbach α 为 0.846，达到“非常好”的标准；修正后的项与总计相关性在 0.6 以上，删除 EI7 项后的 α 系数略大于分量表的 α 系数，但二者相差较小，暂且先保留该题项；其余两项删除后的 Cronbach α 系数低于分量表的整体信度系数（见表 6.16）。

表 6.16　　网络搜索式学习分量表信度分析

网络搜索式学习因子	修正后的项与总计相关性	删除项后的 Cronbach α	分量表的 Cronbach α
EI5	0.756	0.746	0.846
EI6	0.812	0.682	
EI7	0.607	0.883	

资料来源：本研究整理。

乡村旅游创业学习总量表的 Cronbach α 为 0.900，达到“非常好”的标准。修正后的项与总计相关性均高于 0.4，删除项后的 Cronbach α 系数均低于总量表的信度系数（见表 6.17）。

表 6.17　　乡村旅游创业学习总量表信度分析

乡村旅游创业学习总题项	修正后的项与总计相关性	删除项后的 Cronbach α	分量表的 Cronbach α
EG1	0.623	0.892	0.900
EG2	0.518	0.895	
EG3	0.619	0.892	
EG4	0.582	0.893	
EG6	0.552	0.895	
PT2	0.445	0.898	
PT3	0.445	0.898	
PT4	0.493	0.898	
PT5	0.495	0.897	
FE1	0.562	0.894	
FE2	0.503	0.896	
FE3	0.544	0.895	
FE4	0.564	0.894	

续表

乡村旅游创业学习总题项	修正后的项与总计相关性	删除项后的 Cronbach α	分量表的 Cronbach α
TI1	0.589	0.895	0.900
TI2	0.530	0.895	
TI3	0.572	0.894	
TI5	0.489	0.896	
EI5	0.582	0.895	
EI6	0.601	0.894	
EI7	0.520	0.895	

资料来源：本研究整理。

第五节　乡村旅游创业学习量表验证

经过探索性因子分析，本研究得到乡村旅游创业学习的 5 个维度、20 个题项的量表。接下来，需要采用更多样化的样本对量表进行验证，本研究利用 Amos21.0 软件进行验证性因子分析。

一、问卷设计与数据收集

（一）问卷设计

本研究利用探索性因子分析之后形成的 20 个题项设计调研问卷，为得到受试群体的积极配合，问卷题头对研究目的、作答保密性等问题进行了说明。接下来，问卷包括两大部分，第一部分是测量乡村旅游创业学习的 20 个题目，每个题项以 Likert 7 点量表的形式呈现，从非常不符合到非常符合，符合程度依次增大；第二部分是受访者的人口统计特征及基本信息，如性别、年龄、受教育程度、创业年限等，问卷的完整设计见附录 C。

（二）数据收集

验证性因子分析需要寻求新的、更多样化的问卷样本，为此，本研究于2019年12月7日~12月20日开展了线上线下同步进行的问卷调研。一方面，研究者进行实地调研，前往天津市的黄崖关村、车道峪村、小平安村、青山岭等地，由当地村党支部委员带领入户填答问卷。为保证创业者对问卷进行认真作答，研究者为每一位作答者准备了手机支架、零钱包、指甲刀等小礼物。另一方面，研究者邀请开办农家院和民宿的熟人和朋友填答电子版问卷，再由朋友帮忙转发给他们认识的创业者作答，这部分问卷在地域上进行了扩展，分布在北京、河北、陕西、江苏、浙江、广西等省区，体现了验证性因子分析要求的多样化的样本来源。为保证样本填答的有效性，研究者事先告知作答者，有效的答卷将获得一定的酬劳；问卷回收后，对于合格、有效的问卷，研究者采用微信转账的方式感谢作答者。本次调研最终回收问卷255份，经过筛选，保留有效问卷235份，有效率达92.2%。样本的基本信息汇总如表6.18所示。

表6.18　　样本基本信息

基本信息	样本量 n=235		
	类目	频数	占比（%）
性别	男	107	45.5
	女	128	54.5
年龄	25岁及以下	3	1.3
	26~35岁	50	21.3
	36~45岁	62	26.4
	46~55岁	90	38.3
	56岁及以上	30	12.8
受教育程度	小学	32	13.6
	初中	107	45.5
	高中	34	14.5
	中专	22	9.4
	大专	26	11.1
	本科及以上	14	6.0

续表

基本信息	样本量 n = 235		
	类目	频数	占比（%）
创业动机	没有更好的工作选择、为了改善生活	81	34.5
	发现了旅游创业机会	111	47.2
	成就一番事业、寻求更大的独立	43	18.3
创业年限	1~2 年	28	11.9
	3~5 年	65	27.7
	6~8 年	45	19.1
	9 年及以上	97	41.3
创业年净收入	10 万元及以下	97	41.3
	11 万~30 万元	104	44.3
	31 万~50 万元	23	9.8
	51 万~100 万元	4	1.7
	101 万元及以上	7	3.0
创业前工作	务农，以种地、果园、大棚等为生	73	31.1
	外出打工	59	25.1
	公司上班	32	13.6
	个体做买卖、经商	41	17.4
	开办企业或工厂	3	1.3
	暂时没有工作	16	6.8
	其他	11	4.7

资料来源：本研究整理。

235 份样本中，男女比例较均衡，男性创业者占 45.5%，女性占 54.5%。创业者年龄集中在 26~55 岁年龄段，其中，46~55 岁人群占比最多，为 38.3%；其次是 36~45 岁和 26~35 岁，分别占 26.4% 和 21.3%。受教育程度方面，受试者普遍是初中水平，占 45.5%；其次是高中和大专学历，分别占比 14.5% 和 11.1%。在“当初为什么选择创业”问题上，47.2% 的群体是“发现了旅游创业机会”，34.5% 的样本是“没有更好的工作选择、为了改善生活”；18.3% 的人群是为了“成就一番事业、寻求更大的独立”。创业年限方面，以创业 9 年及以上占比最多，为 41.3%，其次是创业 3~5 年，占 27.7%。创业年净收入方面，集中在 11 万~30 万元和 10 万元及以下，分别占 44.3% 和

41.3%。创业者在创业前，31.1%的人员是务农，25.1%的群体在外打工；此外，有部分群体有创业经历，17.4%的人员做过买卖，有经商经验，1.3%的人开办过企业或工厂。

二、一阶验证性因子分析

（一）正态性检验

本研究首先对收集的样本数据进行正态性检验，采用SPSS25.0软件对数据进行描述性分析，输出偏度值和峰度值。当数据的偏度绝对值小于3，峰度绝对值小于10，表明数据符合正态分布（Kline，1998）。如表6.19所示，从偏度和峰度的绝对值来看，样本数据近似服从正态分布。

表6.19　　　　数据正态性检验

题项	偏度值	峰度值	题项	偏度值	峰度值
EG1	-1.201	1.205	FE2	-1.177	1.632
EG2	-1.565	2.819	FE3	-1.386	2.227
EG3	-1.436	2.426	FE4	-1.403	3.220
EG4	-1.428	3.019	TI1	-1.929	7.383
EG6	-1.020	0.917	TI2	-1.039	0.872
PT2	-0.634	1.688	TI3	-0.706	0.083
PT3	-1.048	2.188	TI5	-1.679	3.892
PT4	-0.802	1.773	EI5	-0.995	0.455
PT5	-0.850	0.840	EI6	-1.422	2.097
FE1	-1.231	1.777	EI7	-1.596	2.693

资料来源：本研究整理。

（二）模型拟合度检验

本研究利用Amos21.0软件构建一阶验证性因子分析模型（见图6.2），采用最大似然法对模型参数进行估计，进行模型的拟合度检验。根据数据分析结果，本研究删除了标准化系数小于0.45的测项TI5，删除TI5后，模型的卡方值降低，模型适配度变好。继而，对剩余测项进行拟合度检验，各项指标如表

6.20 所示。其中，卡方自由度比值为 2.257，小于 3，表示模型适配良好；RMSEA 为 0.073，表示模型适配度尚好；CFI 为 0.921、TLI 为 0.905，代表模型拟合较好。总体来看，各项指标符合可接受的标准，表示模型拟合较好。

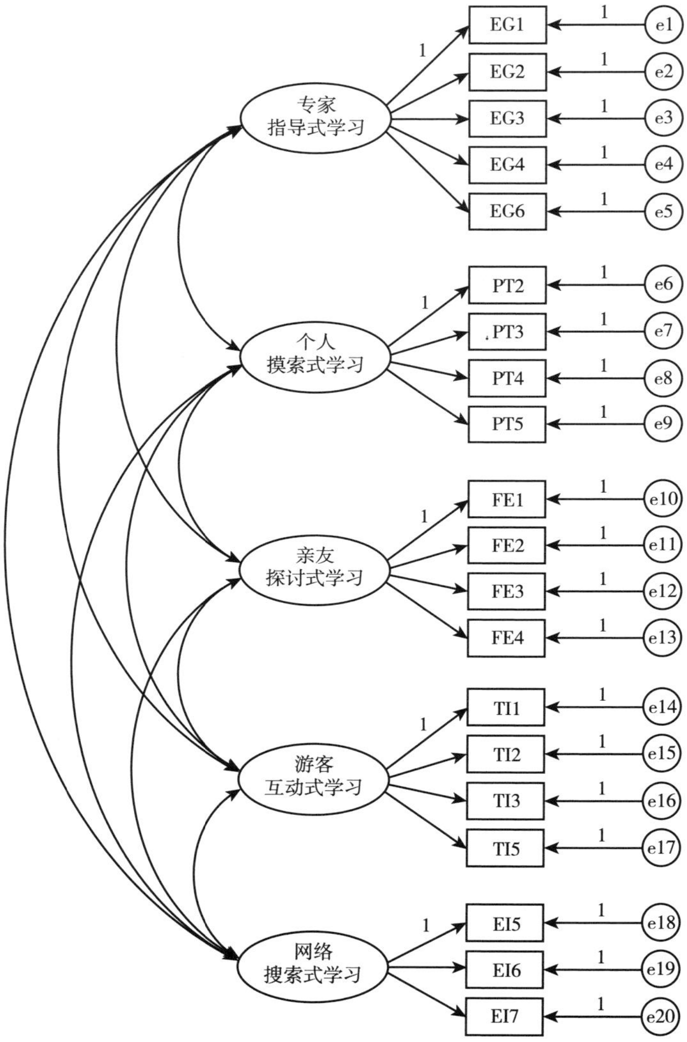

图 6.2　一阶验证性因子分析模型

资料来源：本研究绘制。

表 6.20　　　　模型拟合指标

统计量		适配标准/临界值	模型检验结果	模型适配判别
绝对适配统计量	CMIN/DF	<3	2.257	是
	RMSEA	<0.08	0.073	是
	GFI	>0.90（0.8 以上可接受）	0.877	基本达标
	AGFI	>0.90（0.8 以上可接受）	0.836	基本达标
增值适配统计量	CFI	>0.90（0.8 以上可接受）	0.921	是
	TLI	>0.90（0.8 以上可接受）	0.905	是
	NFI	>0.90（0.8 以上可接受）	0.868	基本达标
	RFI	>0.90（0.8 以上可接受）	0.841	基本达标
简约适配统计量	PGFI	>0.5	0.656	是
	PNFI	>0.5	0.721	是
	PCFI	>0.5	0.765	是
	AIC	理论模型小于独立模型	416.463 <2460.393	是
	CAIC	理论模型小于独立模型	630.523 <2545.125	是

资料来源：本研究整理。

（三）参数估计值

如表6.21所示，由验证性因子分析的参数估计值（Estimate）与估计值标准误（standard error of estimate，SE）的比值，可求得临界值（critical ratio，CR），CR绝对值均大于1.96，参数估计值达到0.001显著性水平，即专家指导式学习、个人摸索式学习、亲友探讨式学习、游客互动式学习、网络搜索式学习的各个测项在相应的一阶因子上的因子载荷均达到显著水平。

表 6.21　　　　因子载荷及显著性

			Estimate	SE	CR	P
EG1	<---	专家指导式学习	1.000			
EG2	<---	专家指导式学习	0.954	0.087	10.957	***
EG3	<---	专家指导式学习	1.020	0.082	12.495	***
EG4	<---	专家指导式学习	1.032	0.080	12.901	***

续表

			Estimate	SE	CR	P
EG6	<---	专家指导式学习	0.973	0.093	10.493	***
PT2	<---	个人摸索式学习	1.000			
PT3	<---	个人摸索式学习	1.140	0.116	9.857	***
PT4	<---	个人摸索式学习	1.130	0.107	10.573	***
PT5	<---	个人摸索式学习	1.063	0.132	8.074	***
FE1	<---	亲友探讨式学习	1.000			
FE2	<---	亲友探讨式学习	1.475	0.161	9.186	***
FE3	<---	亲友探讨式学习	1.520	0.165	9.190	***
FE4	<---	亲友探讨式学习	1.158	0.134	8.676	***
TI1	<---	游客互动式学习	1.000			
TI2	<---	游客互动式学习	0.906	0.081	11.232	***
TI3	<---	游客互动式学习	0.650	0.097	6.726	***
EI5	<---	网络搜索式学习	1.000			
EI6	<---	网络搜索式学习	1.034	0.075	13.879	***
EI7	<---	网络搜索式学习	0.969	0.072	13.443	***

注：*** 代表显著性水平为0.001。

资料来源：本研究的数据统计。

（四）量表的信效度检验

组合信度（composite reliability，CR）可以作为潜在构念的信度系数，也称为建构信度，一般地，组合信度需要大于0.6。另一个检验模型内在质量的判断指标为平均方差抽取量（average variance extracted，AVE），可以直接显示被潜在构念所解释的变异量有多少是来自测量误差；AVE值越大，表示指标变量被潜在构念解释的变异量百分比越大，相对的误差越小（吴明隆，2010）。平均方差抽取量是一种聚合效度的指标，是潜在变量可以解释其指标变异量的比值，一般而言，AVE值要大于0.5，组合信度和平均方差抽取量都可以通过项目的标准化估计值进行计算，各因子的组合信度及AVE值如表6.22所示，各维度的聚合效度得到验证。

表 6.22　　　　　　量表各维度的组合信度和平均方差抽取量

维度	题项	标准化估计值	组合信度	平均方差抽取量
专家指导式学习	EG1	0.759	0.876	0.588
	EG2	0.720		
	EG3	0.813		
	EG4	0.839		
	EG6	0.692		
个人摸索式学习	PT2	0.741	0.803	0.508
	PT3	0.719		
	PT4	0.792		
	PT5	0.582		
亲友探讨式学习	FE1	0.581	0.848	0.587
	FE2	0.845		
	FE3	0.846		
	FE4	0.762		
游客互动式学习	TI1	0.847	0.765	0.536
	TI2	0.820		
	TI3	0.464		
网络搜索式学习	EI5	0.769	0.878	0.706
	EI6	0.895		
	EI7	0.852		

资料来源：本研究整理。

进一步地，本研究对量表的区分效度进行检验。当任一维度的 AVE 值大于与其他维度间相关系数的平方时，说明各维度之间的区分效度较好。区分效度结果如表 6.23 所示。经过计算，任一维度的 AVE 值均大于该维度与其他维度之间相关系数的平方，表明量表的区分效度良好。

表 6.23　　　　　　量表各维度的相关系数

量表维度	维度间的相关系数与 AVE 值				
	专家指导式学习	个人摸索式学习	亲友探讨式学习	游客互动式学习	网络搜索式学习
专家指导式学习	(0.588)				
个人摸索式学习	0.334	(0.508)			
亲友探讨式学习	0.601	0.342	(0.587)		
游客互动式学习	0.466	0.571	0.451	(0.536)	
网络搜索式学习	0.423	0.381	0.599	0.294	(0.706)

注：对角线上的数值为 AVE 值。

资料来源：本研究整理。

三、二阶验证性因子分析

本研究继续对乡村旅游创业学习因子结构进行二阶模型验证。一阶因子是与测量条目直接相关的因子，在此基础上，对一阶因子产生影响的因子被称为二阶因子或高阶因子。当一阶验证性因子分析模型达到拟合标准之后，为了使理论更易解释或模型得到简化，通常会采用二阶因子来解释一阶因子，即构建二阶验证性因子分析模型（见图 6. 3）。

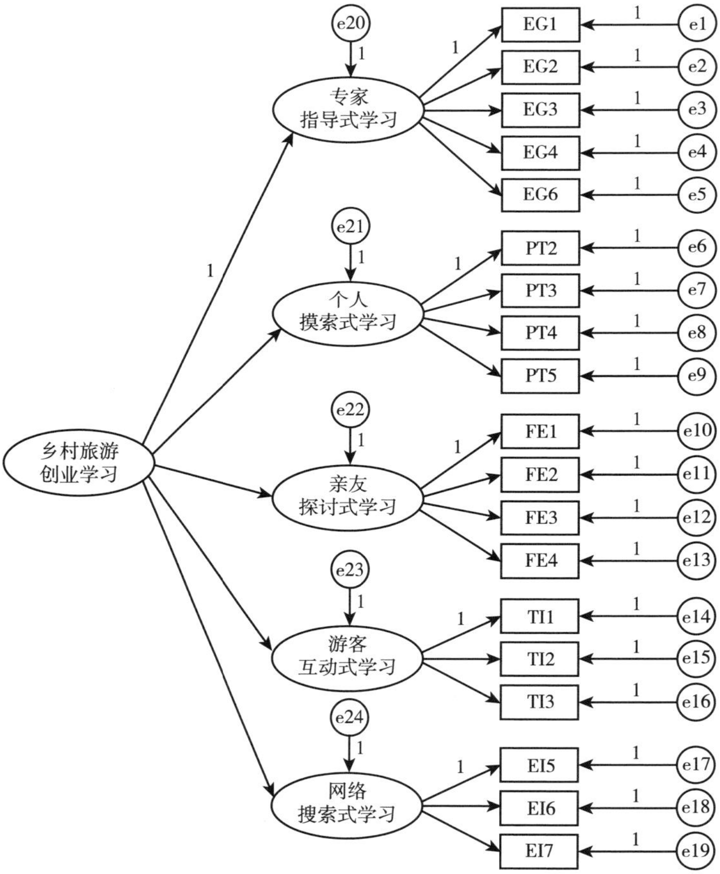

图 6. 3　二阶验证性因子分析模型

资料来源：本研究绘制。

本研究采用最大似然法对模型参数进行估计，进行二阶模型的拟合度检验，整体模型的适配度检验如表 6.24 所示。整体来看，二阶模型的拟合效果良好。

表 6.24　　二阶模型适配度检验

统计量		适配标准/临界值	模型检验结果	模型适配判别
绝对适配统计量	CMIN/DF	<3	2.417	是
	RMSEA	<0.08	0.078	是
	GFI	>0.90（0.8 以上可接受）	0.862	基本达标
	AGFI	>0.90（0.8 以上可接受）	0.822	基本达标
增值适配统计量	CFI	>0.90（0.8 以上可接受）	0.907	是
	TLI	>0.90（0.8 以上可接受）	0.892	基本达标
	NFI	>0.90（0.8 以上可接受）	0.853	基本达标
	RFI	>0.90（0.8 以上可接受）	0.829	基本达标
简约适配统计量	PGFI	>0.5	0.667	是
	PNFI	>0.5	0.734	是
	PCFI	>0.5	0.780	是
	AIC	理论模型小于独立模型	441.332<2460.393	是
	CAIC	理论模型小于独立模型	633.094<2545.125	是

资料来源：本研究整理。

根据影响路径来看，二阶因子乡村旅游创业学习对五个维度的影响分别为 0.709（专家指导式学习）、0.536（个人摸索式学习）、0.817（亲友探讨式学习）、0.611（游客互动式学习）、0.654（网络搜索式学习），达到 0.001 显著性水平（见表 6.25）。

表 6.25　　二阶模型因子载荷及显著性

			非标准化系数	标准误	临界值	P
专家指导式学习	<---	乡村旅游创业学习	1.000			
个人摸索式学习	<---	乡村旅游创业学习	0.363	0.067	5.442	***
亲友探讨式学习	<---	乡村旅游创业学习	0.814	0.132	6.182	***
网络搜索式学习	<---	乡村旅游创业学习	1.106	0.171	6.456	***

续表

			非标准化系数	标准误	临界值	P
游客互动式学习	<---	乡村旅游创业学习	0.645	0.104	6.209	***
EG1	<---	专家指导式学习	1.000			
EG2	<---	专家指导式学习	0.953	0.087	10.908	***
EG3	<---	专家指导式学习	1.021	0.082	12.466	***
EG4	<---	专家指导式学习	1.035	0.080	12.896	***
EG6	<---	专家指导式学习	0.976	0.093	10.501	***
PT2	<---	个人摸索式学习	1.000			
PT3	<---	个人摸索式学习	1.146	0.120	9.534	***
PT4	<---	个人摸索式学习	1.181	0.114	10.367	***
PT5	<---	个人摸索式学习	1.088	0.136	7.978	***
FE1	<---	亲友探讨式学习	1.000			
FE2	<---	亲友探讨式学习	1.463	0.158	9.264	***
FE3	<---	亲友探讨式学习	1.498	0.162	9.239	***
FE4	<---	亲友探讨式学习	1.152	0.131	8.760	***
EI5	<---	网络搜索式学习	1.000			
EI6	<---	网络搜索式学习	1.043	0.075	13.920	***
EI7	<---	网络搜索式学习	0.957	0.072	13.338	***
TI1	<---	游客互动式学习	1.000			
TI2	<---	游客互动式学习	0.891	0.086	10.304	***
TI3	<---	游客互动式学习	0.647	0.097	6.648	***

注：*** 代表显著性水平为 0.001。

资料来源：本研究的数据统计。

与一阶验证性因子检验一样，本研究对二阶模型进行组合信度、平均方差抽取量的计算，以验证量表的信效度。由表 6.26 可知，二阶验证性因子分析通过了模型检验，表明乡村旅游创业学习二阶模型的量表作为测量工具具有较高的稳定性和内部收敛水平。

表 6.26　　二阶模型信效度检验

测量题项	因素负荷量	组合信度	平均方差抽取量
EG1	0.758		
EG2	0.718		
EG3	0.813		
EG4	0.840		

续表

测量题项	因素负荷量	组合信度	平均方差抽取量
EG6	0. 694	0. 876	0. 588
PT2	0. 726		
PT3	0. 709		
PT4	0. 811		
PT5	0. 584	0. 803	0. 507
FE1	0. 587		
FE2	0. 846		
FE3	0. 841		
FE4	0. 764	0. 848	0. 588
EI5	0. 770		
EI6	0. 904		
EI7	0. 843	0. 878	0. 707
TI1	0. 854		
TI2	0. 812		
TI3	0. 465	0. 765	0. 535
专家指导式学习	0. 709		
个人摸索式学习	0. 536		
亲友探讨式学习	0. 817		
网络搜索式学习	0. 654		
游客互动式学习	0. 611	0. 801	0. 500

资料来源：本研究整理。

第六节　研究结论

基于乡村旅游创业学习维度结构的质性研究，本章通过问卷调查来收集数据，开发了乡村旅游创业学习量表。经过探索性因子分析，本研究得到包含5个维度、20个题项的乡村旅游创业学习初始量表；而后，对开发的初始量表进行一阶验证性因子分析，剔除了因子载荷较低的一个测项，对量表再次修正，最终得到包含5个维度、19个题项的乡村旅游创业学习量表（见表

6.27)。经过二阶验证性因子分析，乡村旅游创业学习二阶模型的量表在信度与效度检验上均达到了较高标准，表明乡村旅游创业学习二阶模型的量表作为测量工具具有较高的稳定性和内部收敛水平，可以用来作进一步的定量研究。

表 6.27　　乡村旅游创业学习完整量表

维度	编码	题项内容
专家指导式学习	EG1	我经常听专家讲课，学习农家院/民宿卫生、服务、餐饮等知识
	EG2	我经常参加旅游局、旅委组织的培训，向专家学习农家院/民宿经营
	EG3	我喜欢听专家讲课，了解农家院/民宿未来发展趋势和发展方向
	EG4	通过专家培训讲课，我学到很多经营农家院/民宿的知识
	EG6	通过专家亲自示范指导，我学到很多经营农家院/民宿的技能
个人摸索式学习	PT2	出现错误后我会持续地摸索如何改正，并吸取教训
	PT3	我注重边干边学，进行自我反思、琢磨
	PT4	我注重积累自己的经验，来更好地服务客人
	PT5	通过实践，我能够积累到很多经验
亲友探讨式学习	FE1	我乐意向邻里街坊讨教，学习农家院/民宿菜品、经营发展等
	FE2	我经常与同行聊天，探讨农家院/民宿的发展
	FE3	我喜欢跟同行探讨处理客人问题的方法
	FE4	我会与朋友交流探讨农家院/民宿的经营发展
游客互动式学习	TI1	我乐意与客人交流饭菜口味、客房舒适度等问题，以改正完善
	TI2	我喜欢与客人聊天学习语言表达、沟通交流等，增长知识
	TI3	我常常接受客人关于客房布置、硬件装修等的建议，并积极落实
网络搜索式学习	EI5	我积极上网查阅农家院/民宿经营的资料，吸取经验
	EI6	我经常上网学习优秀农家院/民宿的菜品、装修、服务等
	EI7	我经常在微信朋友圈学习其他农家院/民宿的长处

资料来源：本研究整理。

第七章　乡村旅游创业学习对幸福感的效应

前文已对乡村旅游创业者的创业学习前因、维度与测量进行了探讨，那么，创业学习是否对乡村旅游创业者产生影响，值得进一步分析，这也成为明晰创业学习必要性和重要性的关键。对于乡村旅游创业者而言，为获得创业成功，个体需要不断进行多样化的学习活动，在这一过程中，创业者需要付出时间、精力，乃至财力成本，而学习所获如何还需在持续的创业活动中体现。那么，这种创业学习除了让创业者付出成本之外，是否给创业者带来相应的“回报”？已有研究探讨了学习带来的物质性结果，如经济收入的提升（彭伟、金丹丹、符正平，2018；刘田田、张敬伟、裴雪婷，2019），但对于精神层面的回馈，如幸福感是否有影响，还未见探讨。因此，本章聚焦乡村旅游创业学习对创业幸福感的效应，考察乡村旅游创业者学习是否对创业幸福感产生影响？二者是如何作用的？

第一节　研究假设与模型

一、乡村旅游创业学习与创业幸福感之间的关系

学习是一种有意义的创造活动，质变学习理论强调生活经验、批判性反思，以及学习发展的重要性。人本主义理论指出，学习的过程是满足需要的过程、是自我实现的过程（王有智，2010），心理学家马斯洛提出，“朝着健康、充满仁慈、自我实现、完美方向发展是人类的基本冲动”（梅里安、凯弗瑞拉，2010）。因而，通过学习活动，行为主体能够朝着自我发展和实现的方向迈进，进而产生一种快乐、满意的情感。马斯洛的需要层次理论具体指出，求知需要、自我实现需要是人类的成长需要，这种需要可以让人们生活得更有质

量，就会提高个体的生活满意度，从而提升人们的幸福感。此外，自我决定理论假设，个体必须满足三个基本的心理需求——自主、胜任、关系，才能达到最佳的机能水平，不断地体验个人的成长和幸福感（Deci and Ryan，2000）；而学习活动有助于满足个体的自主、胜任和关系需求，实现人们对生活目标的追求，从而增强个体的幸福感。

在心理学领域，Schuller（2004）对成人学习进行了研究，数据表明，成人学习可以降低情绪低落，提升个体对生活的满意度，使自我产生高峰体验。Lyubomirsky（2007）认为，快乐最重要的来源是与他人的关系；与朋友保持联系和生活满意度也有强烈的关联（Myers，1999）；同样地，个体生活在社会中，与社会保持强大的联结给人们带来更高的生活满意度（Gilovich et al.，2016）。由此可知，个体在学习过程中，不可避免地与社会、与他人发生联系，将对个体的满意度带来积极的影响。Shir（2015）进一步提出，自我导向的信息源所激发的动机，如学习和个人成长，与幸福感呈正相关关系。

在人力资源管理、组织行为学领域，近年来，已有研究对工作中员工培训、学习与员工幸福感、工作满意度的关系进行了较多理论性阐释，指出员工的培训活动、工作学习对提升幸福感、工作满意度具有促进作用（Grawitch、Gottschalk and Munz，2006；Van Ruysseveldt、Verboon and Smulders，2011）。工作满意度通常用来指个体对工作的感受、态度或心理状态（Hoppock，1935），与幸福感的概念有相似之处。在学习与工作满意度关系方面，Rowden（2000）考察了马来西亚中小型企业中员工的工作学习对工作满意度有直接的影响；Buhler（1994）、Dolan（1996）也指出员工的工作满意度很少与薪酬、晋升有关，而员工对受到赏识、参与事务、职业发展更感兴趣，这些都与工作场所的学习相关。在学习与幸福感的关系方面，多是定性的理论化分析，如Randelin et al.（2013）通过内容分析法，探讨了基于网络的人类工程学学习项目对中小型企业幸福感的作用，研究指出，学习项目通过提高员工的能力和胜任力、提高工作组织和环境以及提高领导能力，促进企业的可持续幸福感。Watson et al.（2018）对41篇文献进行综述，发现工作场所不同形式的培训学习对员工主观幸福感具有积极的影响。Lases et al.（2019）分析了住院医师学习氛围与工作幸福感的关系，将工作幸福感分为工作投入、工作满意度、专业领域满意度和同理心四个方面，指出学习氛围对工作投入、工作满意度具有积极的促进作用。施涛和曾令凤（2015）以基层员工为调查对象，考察组织学习、工作幸福感、绩效及健康之间的关系，定量研究表明，组织学习对工作幸福感具有显著的正向作用，且工作幸福感在组织学习与组织绩效、员工健康之间发挥中介效应。

然而，创业领域对学习与幸福感关系的研究涉及较少，Rahman 等（2016）研究表示，私有企业的培训扶持，不仅为社会底层的创业者带来技术、基础设施等组织资源，还能够帮助创业者增进创业知识、提升管理技能、获得企业成功（包括财务绩效和非财务绩效），由此提高创业者的主观幸福感。新创企业需要不断地发现新机会，开发新的能力资源，解决创业不同阶段的问题，这一过程离不开学习、能力和机会（刘井建，2010），对于乡村旅游创业者来说，为提升能力、把握机会，取得创业成功，更离不开创业学习。在乡村旅游创业实践中，创业者利用不同的学习方式，接触乡村旅游行业的相关知识，增强自身的工作能力，获得创业发展的资源。资源保存理论提出，当个体拥有充足的资源时，个体能够比较容易达成目标，进而争取获得新资源（Mauno、Kinnunen and Ruokolainen，2007）。凭借学习活动积累的知识资源，创业者将努力促使目标的实现，增强对生活、对创业的满足感与成就感，满足精神需求，获得幸福感。此外，创业者会通过不断地自我适应目标（self - appropriate goal）追求，不断地提升个人的幸福水平和适应性（Lykken and Tellegen，1996）。

当乡村旅游创业者通过各种学习方式去获取创业所需的知识、技能，就可以按照自己的意愿去实施创业计划和行动，具有自主性、独立性。尤其是，通过个人摸索式学习、网络搜索式学习，创业者进行自我调节和摸索，不断地增强胜任感，相信自己有能力完成创业中的事务；通过专家指导式学习、亲友探讨式学习和游客互动式学习，创业者与他人互动交流，想法和成就得到家人、朋友、游客的认可和尊重，感受到一种存在感，并加强了与大家和谐融洽的关系，从而产生积极的心理和情绪。这些心理感受都反映出创业者的自主、胜任和关系需要得到满足，根据自我决定理论，创业者的幸福感会随之得到提升（Reis et al.，2000；Patrick et al.，2007）。相反，如果创业者无法通过学习获取创业所需技能，就无法胜任工作、对创业没有信心、也得不到他人的认同，由此，创业者的基本需要得不到满足，无法体会到积极的心理和情感体验，幸福感会降低。

综上所述，创业幸福感既与享乐幸福感有关，也与实现主义幸福感密切联系。如前所述，本研究将创业幸福感界定为乡村旅游创业者对创业活动的认知评价和情感体验，是对创业生活的积极感受和积极心理功能，包含了创业主观幸福感和创业心理幸福感两方面的内容。其中，创业主观幸福感强调创业过程中创业者的身心愉悦、快乐体验，是对个人情绪、创业满意度的评价；创业心理幸福感意指创业者的主观活力、潜能发挥和自我实现。乡村旅游者的创业学习给创业幸福感带来的影响恰巧体现了这两方面。一是通过学习，创业者增加了创业知识和能力，促进目标的达成，带来创业满意度和积极的情绪，增强创业主观幸福感；二是创业者通过学习在实现目标的同时，实现了自我成长和价值实现，保持向上的活力和心理状态，增强创业心理幸福感。因此，本研究提出以下假设。

假设 1：乡村旅游创业学习对创业主观幸福感具有显著的正向作用；

假设 2：乡村旅游创业学习对创业心理幸福感具有显著的正向作用。

二、乡村旅游创业学习与创业自我效能感之间的关系

“自我效能”一词源于社会学习理论，指的是一个人相信自己有能力完成任务的信念（Bandura，1986；1997）。自我效能感高的人，认为创业是可行的；相反，自我效能感低的人，可能较难完成创业任务。自我效能感是自我做某特定工作时对自己能力的一种具体的判定，具有未来导向。学习者的亲身经验对效能的影响最大，成功的经验会提高人的自我效能水平，反之，失败的经验会降低人的自我效能感（陈琦、刘儒德，2010）。个体进行自我学习，获得知识和技能以满足成长和发展的需要，这种自我学习是个人获取知识、能力的一种有效方式，能够增强个体提出新想法和新观点的信心和自我效能感（Lankau and Scandura，2002）。

社会学习理论指出个体通过观察他人的行为来习得新事物，是一种替代性学习，又称观察学习（李超平、徐世勇，2019）。当学习者观察到与自己水平差不多的示范者取得了成功，就会增强自我效能；反之，会降低自我效能。这一替代学习或观察学习是通过两方面的认知过程来影响自我效能感（陈琦、

刘儒德，2010）。一方面，学习者通过与示范者比较，参考对方的表现来判断自我效能的大小；另一方面，学习者从示范者那里学到解决问题的策略或方法，从而提高自我效能感。

创业自我效能感是创业者对自我可以胜任不同创业任务和创业角色的信念（Chen、Greene and Crick，1998），国内外学者就创业学习与创业自我效能感的关系进行了一些探讨。例如，De Noble、Jung 和 Ehrlich（1999）指出利用互联网进行商业学习可以增强女性作为学习者和企业主的独立性和自信心，进而提升创业自我效能感。Florin、Karri 和 Rossiter（2007）以及 Wilson、Kickul 和 Marlino（2007）探讨了创业教育对创业自我效能感的作用，指出创业教育可以有效地促进自我效能感水平。Maritz 和 Brown（2013）指出了参加创业教育项目对大学生的创业自我效能感有积极的影响，且在女性群体、40 岁及以上者以及那些在企业中没有亲属的人群中创业自我效能感增幅更大。国内学者往往以大学生、青年创业者为研究对象，考察创业学习与自我效能感的关系。例如，周必彧、池仁勇（2016）以大学生为调查样本，验证了家庭内部学习、创业教育学习、社会关系学习三种类别的创业学习与创业自我效能的正相关关系。陈寒松、陈宣雨、林晨（2017）以创业孵化园区的创业者为调研群体，李厚锐、朱健、李旭（2018）以大学生创业者为例，Shen et al.（2021）以新生创业者为研究对象，均通过实证研究得出创业学习对创业自我效能感具有正向作用。

对于乡村旅游创业者而言，一方面，通过个人摸索式学习、网络搜索式学习，在创业实践中摸索、试错，并通过便捷的移动网络搜索、学习创业相关内容，不断地纠正错误的想法、摸索积累经验，在反思与解放中，增强创业自信心和创业能力；另一方面，通过专家指导式学习、亲友探讨式学习和游客互动式学习，听取专家的授课指导、学习同行朋友的经验、接受游客的中肯建议，发挥社会学习的价值，在一次次的互动沟通中，吸取有益经验，增强创业技能，提升创业自我效能感。据此，本研究提出以下假设。

假设 3：乡村旅游创业学习对创业自我效能感具有显著的正向作用。

三、创业自我效能感与创业幸福感之间的关系

作为一种个人特质，自我效能感对个人能力、积极心理品质的培养具有重

要的意义。在心理学领域，学者对个体的自我效能感与幸福感的关系进行了实证研究，但主要聚焦于一般自我效能感对主观幸福感的分析。研究对象呈现多样化的特征，如大学生、老年人、企业管理者与员工等。以大学生为调研群体的研究中，申正付等（2013）对大学生进行问卷调查，发现一般自我效能感对个体的主观幸福感起正向促进作用；张萍、汪海彬（2015）发现大学生的情绪调节自我效能感对主观幸福感具有正向预测作用。学者对企业领导与员工的自我效能感进行探讨，得到了较为一致的结论。如，孟慧、梁巧飞、时艳阳（2010）对企业员工进行调查，发现社交自我效能感、工作自我效能感对主观幸福感均具有正向促进作用，高自我效能感的员工往往具有较高的主观幸福感。同样地，邹璐等（2014）以275名企业员工、公务员等群体为研究对象，发现自我效能感对主观幸福感具有显著的正向影响。沈艺、周箴（2016）实证发现，管理者的自我效能感在工作压力与职业幸福感之间发挥中介效应。近年来，老年人的自我效能感与幸福感的关系也得到了关注，吴芳、郭艳（2016）以抚养独生子女的老年群体为研究对象，发现城市老年人的一般自我效能感对主观幸福感发挥积极的预测作用；高锋剑等（2017）对五省份老年人的问卷调查显示，自我效能感对老年人的主观幸福感有显著的正向作用。

但学者对创业自我效能感与幸福感的研究涉及较少，创业自我效能感是个体成为企业家或创业者的重要特质，对创业活动具有重要的影响。李慧慧等（2022）对东中西部创业者进行问卷调查，发现创业自我效能感对创业幸福感具有正向作用。对于乡村旅游创业者而言，由于知识文化水平受限、获取信息渠道闭塞、创业能力不足等因素，其创业活动面临更大的不确定性和风险性，创业者的自信心、胜任力显得尤为关键。具有较高创业自我效能感的个体，对个人创业往往具有更大的自信、清楚地了解如何制订创业计划、有能力掌握创办企业的全过程，对创业的成功性和前景持乐观积极的态度，进而产生积极的情感和主观评价，增强创业主观幸福感；同时，为获得企业成功，创业者选择努力开展创业活动、创新旅游产品和服务，保持积极的心理状态，实现自我成长和自我价值，提升创业心理幸福感。因此，在乡村旅游创业情境下，本研究提出以下假设。

假设4：创业自我效能感对创业主观幸福感具有显著的正向影响；

假设5：创业自我效能感对创业心理幸福感具有显著的正向影响。

四、创业自我效能感的中介作用

根据工作需求—资源模型，创业者通过学习，获取创业所需技能，增强自我效能感（Bakker、Demerouti and Schaufeli，2003；Bakker and Demerout，2007），从而增强个人资源，能够更好地满足创业过程中的工作需求。学习获取的知识、能力增长都可以看作是个人资源的一部分，而研究发现，个人资源对幸福感具有重要的作用（Mastenbroek et al.，2014；Robertson et al.，2015）。同样地，李伟（2010）对学习的结果进行了理论性探讨，指出学习可以提升个体技能，尤其是非认知技能，如自信度、社会适应能力、控制生活的能力等，从而产生积极的心理幸福感。由此可推断，创业者的学习活动可以通过提升创业自我效能感，进而对创业幸福感产生影响。

Rae 和 Carswell（2001）的创业认知学习模型指出，创业者通过整合知性理论、个体理论和关系能力，进行主动学习，可以提高创业者信心，进而提升创业价值和动机，实现创业目标，取得成就。可见，学习活动可以提升个人的创业自我效能感，这种信心与自信有助于个体抵御压力，影响创业目标的设定，促进创业目标的实现，继而给创业者带来快乐、愉悦的积极情感，提高创业满意度，增强创业主观幸福感；同时，随着自信心的提高和目标的实现，创业者获得积极的心理状态，满足自我实现的需求，从而增强创业心理幸福感。

在乡村旅游创业学习中，创业者通过个人摸索、网络搜索、专家指导、亲友探讨和游客互动进行学习，增长旅游产品、游客服务、旅游营销等方面的知识和技能，不断地实现企业目标，增强个人自信心，提升创业自我效能感，进而不断地获得积极的情绪体验、减少消极情绪，增强创业主观幸福感；又能够保持健康的心理状态，充满活力和精神，实现自我价值，提升创业心理幸福感。因此，本研究提出以下假设。

假设6：创业自我效能感在乡村旅游创业学习与创业者主观幸福感之间起中介作用；

假设7：创业自我效能感在乡村旅游创业学习与创业者心理幸福感之间起中介作用。

五、研究模型

通过上述假说，本研究探讨了乡村旅游创业学习对创业幸福感的作用路径，在理论推演的基础上，本研究提出7条研究假设，并绘制乡村旅游创业学习对创业幸福感效应的理论模型（见图7.1）。

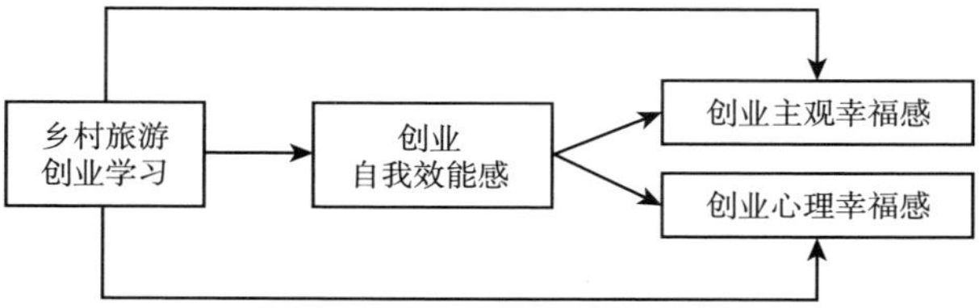

图7.1　本研究的理论模型

资料来源：本研究绘制。

第二节　研究设计

一、问卷设计与数据收集

（一）问卷设计

除了受访者的人口统计特征等基本信息之外，本研究利用第六章开发的乡村旅游创业学习量表，并选择被广泛认可的创业自我效能感、主观幸福感以及心理幸福感的成熟量表设计调研问卷。问卷测量题目采用Likert 7点量表的形式呈现，从非常不符合到非常符合，符合程度依次增大。详细调研问卷见附录D。

（二）数据收集

如前所述，天津市蓟州区典型村庄的农家院和乡村民宿创业正蓬勃发展，这些类型的创业者成为本研究的调查对象。为提高问卷收集效率，本研究于2019年12月7日~12月27日开展了线上线下同步进行的问卷调研，数据收集来自以下三种渠道。一是研究者进行实地调研，前往天津市蓟州区的黄崖关村、车道峪村、毛家峪、西井峪村、常州村等村庄，由当地村党支部委员带领入户填答问卷。为保证创业者对问卷进行认真作答，研究者为每一位作答者准备了手机支架、零钱包、指甲刀等小礼物。二是对于实地调研时未联系到的创业主体，研究者请当地的支部委员将问卷发到该村的农家院及民宿群，让未作答的老板填写问卷；为保证答卷的有效性，事先告知作答者对于有效答卷将获得一定的酬劳；研究者以“仅限微信作答”“同一手机仅作答一次”为限制条件，确保通过渠道一和渠道二回收答卷的不重叠性。三是对于一些先前调研课题认识的农家院及民宿老板，研究者通过微信联络对方，请对方帮忙填答问卷，并以微信转账的方式感谢作答者。数据收集最终回收答卷353份，删除无效答卷，共获得有效答卷334份，有效率达94.6%。样本的基本信息汇总如表7.1所示。

表7.1　样本基本信息

基本信息	样本量 n = 334		
	类目	频数	占比（%）
性别	男	132	39.5
	女	202	60.5
年龄	25岁及以下	6	1.8
	26～35岁	83	24.9
	36～45岁	83	24.9
	46～55岁	120	35.9
	56岁及以上	42	12.6
受教育程度	小学	40	12.0
	初中	168	50.3
	高中	43	12.9
	中专	33	9.9
	大专	39	11.7
	本科及以上	11	3.3
创业动机	没有更好的工作选择、为了改善生活	116	34.7
	发现了旅游创业机会	166	49.7
	成就一番事业、寻求更大的独立	52	15.6

续表

基本信息	样本量 n = 334		
	类目	频数	占比（%）
创业年限	1 ~ 2 年	36	10.8
	3 ~ 5 年	96	28.7
	6 ~ 8 年	51	15.3
	9 年及以上	151	45.2
创业年净收入	10 万元及以下	131	39.2
	11 万 ~ 30 万元	164	49.1
	31 万 ~ 50 万元	25	7.5
	51 万 ~ 100 万元	11	3.3
	101 万元及以上	3	0.9
创业前工作	务农，以种地、果园、大棚等为生	99	29.6
	外出打工	101	30.2
	公司上班	55	16.5
	个体做买卖、经商	50	15.0
	开办企业或工厂	2	0.6
	暂时没有工作	18	5.4
	其他	9	2.7

资料来源：本研究整理。

334 份样本中，女性创业者比重较大，占 60.5%。创业者年龄集中在 26 ~ 55 岁年龄段，其中，46 ~ 55 岁人群占比最多，为 35.9%；其次是 26 ~ 35 岁和 36 ~ 45 岁，各占 24.9%。受教育程度方面，受试者中多半是初中学历，占 50.3%；其次是高中、小学和大专学历，分别占 12.9%、12.0% 和 11.7%。在“为什么选择创业”问题上，49.7% 的群体是“发现了旅游创业机会”，34.7% 的样本是“没有更好的工作选择、为了改善生活”；15.6% 的人群是为了“成就一番事业、寻求更大的独立”。创业年限方面，以创业 9 年及以上占比最多，为 45.2%，其次是创业 3 ~ 5 年，占 28.7%。创业年净收入方面，集中在 11 万 ~ 30 万元和 10 万元及以下，分别占 49.1% 和 39.2%。创业者在创业前，30.2% 的群体在外打工，29.6 % 的人员是务农；此外，部分群体有创业经历，15.0% 的人员做过买卖、有经商经历，0.6% 的人开办过企业或工厂。

二、变量测量

（一）乡村旅游创业学习

本研究采用第六章开发的乡村旅游创业学习量表，包含 5 个维度、19 个测项（见表 7.2）。受访者基于 Likert 7 点问法对每个题项做出符合实际情况的判断，1 代表“非常不符合”，2 代表“不符合”，3 代表“有些不符合”，4 代表“一般”，5 代表“有些符合”，6 代表“符合”，7 代表“非常符合”。

表 7.2 乡村旅游创业学习测量问项

维度	编码	题项
EG	EG1	我经常听专家讲课，学习农家院/民宿卫生、服务、餐饮等知识
	EG2	我经常参加旅游局、旅委组织的培训，向专家学习农家院/民宿经营
	EG3	我喜欢听专家讲课，了解农家院/民宿未来发展趋势和发展方向
	EG4	通过专家培训讲课，我学到很多经营农家院/民宿的知识
	EG6	通过专家亲自示范指导，我学到很多经营农家院/民宿的技能
PT	PT2	出现错误后我会持续地摸索如何改正，并吸取教训
	PT3	我注重边干边学，进行自我反思、琢磨
	PT4	我注重积累自己的经验，来更好地服务客人
	PT5	通过实践，我能够积累到很多经验
FE	FE1	我乐意向邻里街坊讨教，学习农家院/民宿菜品、经营发展等
	FE2	我经常与同行聊天，探讨农家院/民宿的发展
	FE3	我喜欢跟同行探讨处理客人问题的方法
	FE4	我会与朋友交流探讨农家院/民宿的经营发展
TI	TI1	我乐意与客人交流饭菜口味、客房舒适度等问题，以改正完善
	TI2	我喜欢与客人聊天学习语言表达、沟通交流等，增长知识
	TI3	我常常接受客人关于客房布置、硬件装修等的建议，并积极落实
EI	EI5	我积极上网查阅农家院/民宿经营的资料，吸取经验
	EI6	我经常上网学习优秀农家院/民宿的菜品、装修、服务等
	EI7	我经常在微信朋友圈学习其他农家院/民宿的长处

资料来源：本研究整理。

（二）创业自我效能感

对于创业自我效能感的测量，本研究借鉴采用 Liñán 和 Chen（2009）开发的量表，包含 6 个题项；该量表由国内学者胡玲玉、吴剑琳、古继宝（2014）在中国情境下进行了应用，得到了较为广泛的认可。在测量过程中，本研究针对乡村旅游创业情境，对量表的问项的表述进行了适当的改动（见表 7.3）。

表 7.3　创业自我效能感测量问项

编码	题项
ESE1	开农家院/民宿并让它正常运营对我来说是容易的
ESE2	对于开农家院/民宿，我充满信心
ESE3	我有能力掌控开农家院/民宿的全过程
ESE4	我清楚开农家院/民宿的必要细节
ESE5	我知道如何制订开农家院/民宿的计划
ESE6	我觉得我开农家院/民宿成功的可能性很大

资料来源：本研究整理。

（三）创业主观幸福感

这一变量强调创业过程中创业者的身心愉悦、快乐体验，是对个人情绪、满意度的评价。对于创业主观幸福感的测量，学者普遍采用生活满意度来测量（Kibler et al.，2019；Bhuiyan and Ivlevs，2019），而 Diener et al.（1985）开发的 5 个测项的生活满意度量表得到了较为广泛的运用。本研究将这一成熟量表应用到乡村旅游创业领域，对问项的表述进行了相应的调整（见表 7.4）。

表 7.4　创业主观幸福感测量问项

编码	题项
SWB1	我的生活在大多数方面接近我所希望的
SWB2	我的生活状况非常好
SWB3	我对自己的生活感到满意
SWB4	到现在为止，我已经得到了生活中想要的重要东西
SWB5	如果再过一次，我几乎不会改变目前的生活方式

资料来源：本研究整理。

（四）创业心理幸福感

创业心理幸福感意指创业者的主观活力、潜能发挥和自我实现。国外学者 Ryan 和 Frederick（1997）开发的 7 个项目的主观活力量表得到了较为广泛的应用，随后，学者利用主观活力来测量创业者的心理幸福感（Shir，2015；Shir、Nikolaev and Wincent，2018）。本研究在此基础上，根据具体研究情境，对测量指标进行调整，采用 5 个题目测量乡村旅游创业心理幸福感（见表 7.5）。

表 7.5　　创业心理幸福感测量问项

编码	题项
PWB1	我充满活力和干劲
PWB2	我充满精力和精神
PWB3	我期待新的每一天
PWB4	我头脑清醒，能很快认识到周围环境的变化
PWB5	我精力充沛，能影响或改变身边的环境和人

资料来源：本研究整理。

第三节　数据分析与结果

一、数据正态性检验

本研究采用最大似然法对参数进行估计，首先需要对样本数据进行正态性检验。偏度值和峰度值通常被用来进行正态性检定，偏度（Skewness）可以描述变量取值分布的对称性；峰度（Kurtosis）被用来形容变量取值形势陡缓程度。本研究采用 SPSS25.0 软件对数据进行描述性分析，输出偏度值和峰度值。当数据的偏度绝对值小于 3，峰度绝对值小于 10，可以认为数据基本符合正态分布（Kline，1998）。如表 7.6 所示，从偏度和峰度的绝对值来看，样本数据近似服从正态分布，因而适合采用最大似然法对数据进行统计分析。

表 7.6　　数据正态性检验

题项	偏度值	峰度值	题项	偏度值	峰度值
ESE1	-0.153	-1.212	FE4	-1.629	4.105
ESE2	-1.862	5.036	TI1	-1.478	4.499
ESE3	-1.651	4.213	TI2	-1.370	2.853
ESE4	-1.414	3.510	TI3	-0.888	0.663
ESE5	-0.971	0.996	EI5	-0.967	0.176
ESE6	-0.880	0.538	EI6	-1.237	1.117
EG1	-1.192	1.118	EI7	-1.659	3.102
EG2	-1.603	3.021	SWB1	-0.632	-0.143
EG3	-1.482	2.248	SWB2	-0.561	-0.446
EG4	-1.316	2.187	SWB3	-0.862	0.491
EG6	-1.172	1.267	SWB4	-0.501	-0.202
PT2	-0.287	1.349	SWB5	-1.029	0.326
PT3	-1.069	2.626	PWB1	-1.358	3.695
PT4	-0.529	1.640	PWB2	-1.088	1.539
PT5	-0.890	1.310	PWB3	-1.288	3.373
FE1	-1.439	2.575	PWB4	-0.970	1.100
FE2	-1.343	2.177	PWB5	-1.136	1.402
FE3	-1.518	2.569			

资料来源：本研究整理。

二、信度与效度检验

（一）信度检验

本研究通过题项与总体相关性，即 CITC 值，以及 Cronbach α 系数对各个量表的信度进行检验。数据分析结果如表 7.7 所示。其中，创业自我效能感的题项 ESE1 的 CITC 值小于 0.4 且删除项后量表信度增加，因此删除该题项；对于创业主观幸福感的题项 SWB5、创业心理幸福感的题项 PWB5，删除这两项后的量表信度均有提高，为提升模型拟合的整体效果，在此考虑删除 SWB5 和 PWB5。

表 7.7　量表信度检验

变量	题项编码	修正后的项与总计相关性	删除项后的 Cronbach α	量表的 Cronbach α
乡村旅游创业学习	EG1	0.596	0.887	0.894
	EG2	0.541	0.889	
	EG3	0.640	0.885	
	EG4	0.621	0.886	
	EG6	0.582	0.887	
	PT2	0.374	0.893	
	PT3	0.356	0.893	
	PT4	0.483	0.891	
	PT5	0.460	0.891	
	FE1	0.514	0.889	
	FE2	0.515	0.889	
	FE3	0.566	0.888	
	FE4	0.603	0.887	
	TI1	0.504	0.890	
	TI2	0.466	0.891	
	TI3	0.479	0.890	
	EI5	0.564	0.889	
	EI6	0.602	0.887	
	EI7	0.584	0.887	
创业自我效能感	ESE1	0.263	0.769	0.701
	ESE2	0.533	0.637	
	ESE3	0.545	0.636	
	ESE4	0.442	0.665	
	ESE5	0.505	0.639	
	ESE6	0.523	0.635	
创业主观幸福感	SWB1	0.643	0.772	0.817
	SWB2	0.694	0.762	
	SWB3	0.711	0.754	
	SWB4	0.628	0.776	
	SWB5	0.433	0.845	

续表

变量	题项编码	修正后的项与总计相关性	删除项后的 Cronbach α	量表的 Cronbach α
创业心理幸福感	PWB1	0.790	0.819	0.869
	PWB2	0.799	0.815	
	PWB3	0.691	0.843	
	PWB4	0.650	0.851	
	PWB5	0.592	0.878	

资料来源：本研究整理。

（二）效度检验

本研究对测量模型进行验证性因子分析，来考察量表的效度。量表题项的标准化因素负荷量越大，表明其与潜在构念的关系越密切，由表 7.8 可以看出，所有题项的标准化因子载荷均大于0.5，且在 P 小于0.001 的水平上显著，表明问卷具有较好的效度。此外，测量模型的卡方自由度比值为 1.948，RMSEA 为 0.053，CFI 为 0.917，TLI 为 0.909，均达到了拟合标准，表明测量模型具有良好的聚合效度。

表 7.8　　量表的验证性因子分析结果

			非标准化系数	标准化系数	临界值	P
个人摸索式_学习	<---	乡村旅游_创业学习	0.409	0.676	7.360	***
游客互动式_学习	<---	乡村旅游_创业学习	0.672	0.705	8.091	***
网络搜索式_学习	<---	乡村旅游_创业学习	1.178	0.614	7.478	***
专家指导式_学习	<---	乡村旅游_创业学习	1.000	0.692		
亲友探讨式_学习	<---	乡村旅游_创业学习	0.671	0.655	6.899	***
SWB1	<---	主观幸福感	1.000	0.784		
SWB2	<---	主观幸福感	0.947	0.812	14.968	***
SWB3	<---	主观幸福感	1.001	0.805	14.831	***
SWB4	<---	主观幸福感	0.933	0.658	11.908	***
PWB1	<---	心理幸福感	1.000	0.899		
PWB2	<---	心理幸福感	1.087	0.916	24.035	***
PWB3	<---	心理幸福感	0.835	0.792	18.698	***

续表

			非标准化系数	标准化系数	临界值	P
PWB4	<---	心理幸福感	0.695	0.614	12.611	***
ESE2	<---	创业_自我效能感	1.000	0.645		
ESE3	<---	创业_自我效能感	0.944	0.639	9.158	***
ESE4	<---	创业_自我效能感	0.784	0.562	8.295	***
ESE5	<---	创业_自我效能感	1.196	0.663	9.403	***
ESE6	<---	创业_自我效能感	1.132	0.655	9.322	***
测量模型拟合指标：卡方自由度比 =1.948，RMSEA =0.053，GFI =0.862，AGFI =0.839，NFI =0.844，CFI =0.917，TLI =0.909						

资料来源：本研究的数据统计。

三、共同方法偏差检验

问卷调查法导致研究者依赖设计的一份问卷而获取所有数据，这可能会产生共同方法偏差，是由测量方法的单一局限而带来的变异（陈晓萍，徐淑英，樊景立，2012）。为避免共同方法偏差，本研究在问卷题头说明“作答信息仅供学术研究之用，不记名也不对外公布；所选答案无优劣对错之分，请根据实际情况和直观感受作答”，以防作答者因为社会赞许心理而造成的偏差。此外，本研究采用 Harman 单因素检验法，对可能存在的共同方法偏差进行分析。数据分析发现，未旋转的因子分析得到 8 个因子，提取的第一个因子解释了总方差的 29.368%，低于临界标准的 40%，因此，本研究基本可以忽略共同方法偏差的问题。

四、结构方程模型与假设检验

本研究采用 Amos21.0 软件对整体模型的拟合度以及潜变量之间的关系进行统计分析。结构方程模型的拟合指标如表 7.9 所示。其中，卡方自由度比值为 2.007，小于 3，表示模型适配良好；RMSEA 为 0.055，表示模型适配度较好；CFI 为 0.912、TLI 为 0.905、IFI 为 0.912，代表模型拟合较好。总体来看，各项指标符合可接受的标准，表示模型拟合良好。

表 7.9　　结构方程模型拟合指标

统计量		适配标准/临界值	模型检验结果	模型适配判别
绝对适配统计量	CMIN/DF	<3	2.007	是
	RMSEA	<0.08	0.055	是
	GFI	>0.90（0.8 以上可接受）	0.857	基本达标
	AGFI	>0.90（0.8 以上可接受）	0.834	基本达标
增值适配统计量	CFI	>0.90（0.8 以上可接受）	0.912	是
	TLI	>0.90（0.8 以上可接受）	0.904	是
	IFI	>0.90（0.8 以上可接受）	0.912	是
	NFI	>0.90（0.8 以上可接受）	0.839	基本达标
	RFI	>0.90（0.8 以上可接受）	0.825	基本达标
简约适配统计量	PGFI	>0.5	0.737	是
	PNFI	>0.5	0.768	是
	PCFI	>0.5	0.835	是

资料来源：本研究整理。

结构方程模型中各潜变量之间的路径系数如图 7.2 所示，当参数临界值的绝对值大于 1.96，显著性概率值 P 小于 0.05 时，可以认定该假设路径系数显著，假设成立。假设检验结果如表 7.10 所示，可以看出，假设 1 ~ 假设 5 均得到验证。

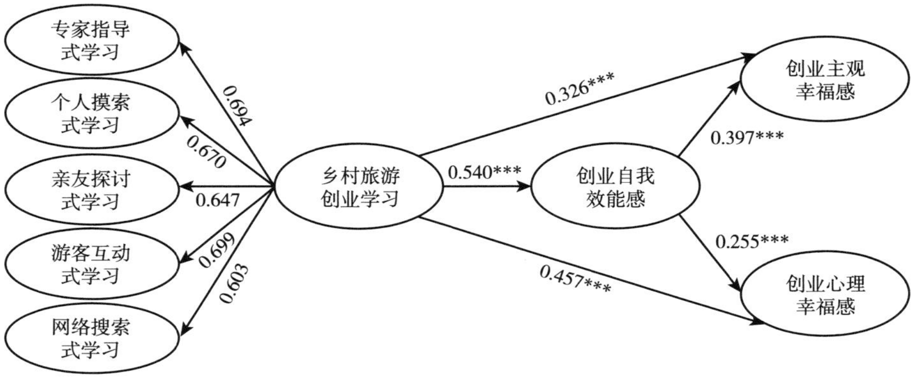

图 7.2　结构方程模型参数估计结果

资料来源：本研究绘制。

表 7.10　　研究假设检验结果

研究假设	标准化系数	标准误	临界值	P 值	检验结果
H1：乡村旅游创业学习→创业主观幸福感	0.326	0.114	4.044	***	支持
H2：乡村旅游创业学习→创业心理幸福感	0.457	0.093	5.547	***	支持
H3：乡村旅游创业学习→创业自我效能感	0.540	0.087	6.164	***	支持
H4：创业自我效能感→创业主观幸福感	0.397	0.115	4.888	***	支持
H5：创业自我效能感→创业心理幸福感	0.255	0.084	3.448	***	支持

注：*** 代表显著性水平为 0.001。

资料来源：本研究整理。

假设 1 提出乡村旅游创业学习对创业者主观幸福感具有显著的正向作用，数据分析显示路径系数 $\beta_1 = 0.326$，达到 $P < 0.001$ 的显著水平，故假设 1 得到支持；假设 2 提出乡村旅游创业学习对创业者心理幸福感具有显著的正向作用，数据分析显示 $\beta_2 = 0.457$，达到 $P < 0.001$ 的显著水平，故假设 2 得到支持；假设 3 提出乡村旅游创业学习对创业自我效能感具有显著的正向作用，数据分析显示 $\beta_3 = 0.540$，达到 $P < 0.001$ 的显著水平，故假设 3 得到支持；假设 4 提出创业自我效能感对创业主观幸福感具有显著的正向作用，数据分析显示 $\beta_4 = 0.397$，达到 $P < 0.001$ 的显著水平，故假设 4 得到支持；假设 5 提出创业自我效能感对创业心理幸福感具有显著的正向作用，数据分析显示 $\beta_5 = 0.255$，达到 $P < 0.001$ 的显著水平，故假设 5 得到支持。

对于创业自我效能感的中介效果，本研究通过 bootstrap 方法进行检验，在原始数据（n = 334）中，随机自主抽样 5000 次，设定误差修正置信区间为 95%。由表 7.11 可以看出，乡村旅游创业学习通过创业自我效能感影响创业主观幸福感的间接效应为 0.302，标准误为 0.117，Bias – corrected 的 95% 置信区间为［0.137，0.602］，Percentile 的 95% 置信区间为［0.132，0.592］，区间不包含 0，故创业自我效能感在乡村旅游创业学习与创业主观幸福感之间的中介效应存在。直接效应中，Bias – corrected 的 95% 置信区间为［0.137，0.808］，Percentile 的 95% 置信区间为［0.121，0.79］，区间不包含 0，故直接效应存在，创业自我效能感在乡村旅游创业学习与创业主观幸福感之间起部分中介作用，假设 6 成立。

表 7.11　　乡村旅游创业学习与创业主观幸福感的中介效果检验

<table>
<tr><th rowspan="3">变量关系</th><th colspan="7">Bootstrap 技术</th></tr>
<tr><th rowspan="2">效应类别</th><th rowspan="2">效应大小</th><th rowspan="2">标准误</th><th colspan="2">Bias - corrected
95% 置信区间</th><th colspan="2">Percentile
95% 置信区间</th></tr>
<tr><th>下限</th><th>上限</th><th>下限</th><th>上限</th></tr>
<tr><td>乡村旅游创业学习→创业主观幸福感</td><td>间接效应</td><td>0.302</td><td>0.117</td><td>0.137</td><td>0.602</td><td>0.132</td><td>0.592</td></tr>
<tr><td>乡村旅游创业学习→创业主观幸福感</td><td>直接效应</td><td>0.459</td><td>0.17</td><td>0.137</td><td>0.808</td><td>0.121</td><td>0.79</td></tr>
<tr><td>乡村旅游创业学习→创业主观幸福感</td><td>总效应</td><td>0.761</td><td>0.129</td><td>0.543</td><td>1.058</td><td>0.534</td><td>1.046</td></tr>
</table>

注：表格中的估计值均为非标准化值。

资料来源：本研究整理。

表 7.12 显示，乡村旅游创业学习通过创业自我效能感影响创业心理幸福感的间接效应为 0.156，标准误为 0.089，Bias - corrected 的 95% 置信区间为 [0.021，0.382]，Percentile 的 95% 置信区间为 [0.015，0.366]，区间不包含 0，故创业自我效能感在乡村旅游创业学习与创业心理幸福感之间的中介效应存在。直接效应中，Bias - corrected 的 95% 置信区间为 [0.26，0.842]，Percentile 的 95% 置信区间为 [0.244，0.814]，区间不包含 0，故直接效应存在，创业自我效能感在乡村旅游创业学习与创业心理幸福感之间起部分中介作用，假设 7 成立。

表 7.12　　乡村旅游创业学习与创业心理幸福感的中介效果检验

<table>
<tr><th rowspan="3">变量关系</th><th colspan="7">Bootstrap 技术</th></tr>
<tr><th rowspan="2">效应类别</th><th rowspan="2">效应大小</th><th rowspan="2">标准误</th><th colspan="2">Bias - corrected
95% 置信区间</th><th colspan="2">Percentile
95% 置信区间</th></tr>
<tr><th>下限</th><th>上限</th><th>下限</th><th>上限</th></tr>
<tr><td>乡村旅游创业学习→创业心理幸福感</td><td>间接效应</td><td>0.156</td><td>0.089</td><td>0.021</td><td>0.382</td><td>0.015</td><td>0.366</td></tr>
<tr><td>乡村旅游创业学习→创业心理幸福感</td><td>直接效应</td><td>0.517</td><td>0.146</td><td>0.26</td><td>0.842</td><td>0.244</td><td>0.814</td></tr>
<tr><td>乡村旅游创业学习→创业心理幸福感</td><td>总效应</td><td>0.673</td><td>0.117</td><td>0.479</td><td>0.935</td><td>0.472</td><td>0.924</td></tr>
</table>

注：表格中的估计值均为非标准化值。

资料来源：本研究整理。

第四节　研究结论

以往研究主要集中于探究制造业、高新技术产业等行业的创业学习现象（陈燕妮、王重鸣，2015；单标安等，2018；阳银娟、陈劲，2018），多是研究创业学习与创业绩效、企业成长等经济性指标的关系（单标安、于海晶、费宇鹏，2017；彭伟、金丹丹、符正平，2018；刘田田、张敬伟、裴雪婷，2019），未关注乡村旅游创业中创业学习与结果变量之间的关系问题；有关幸福感的研究中，学者开始关注创业活动对创业幸福感的作用，但未讨论创业学习是否对幸福感产生影响。本章从乡村旅游创业学习着手，构建了乡村旅游创业学习与创业幸福感之间的结构方程模型，主要有以下结论。

首先，本研究证实了乡村旅游创业学习对创业主观幸福感、创业心理幸福感均具有显著的正向作用，丰富了创业学习领域、幸福感领域的已有研究成果。这说明，创业学习活动不仅给创业者带来物质性收入，还会带来精神上的愉悦和积极向上的心理状态。其次，证明了乡村旅游创业学习对创业自我效能感具有显著正向影响，这与先前其他领域的相关研究结果一致（陈寒松、陈宣雨、林晨，2017；李厚锐、朱健、李旭，2018）；也证明了创业自我效能感对创业主观幸福感、创业心理幸福感的正向作用，先前研究聚焦于心理学领域对自我效能感与主观幸福感的关系进行讨论（孟慧、梁巧飞、时艳阳，2010；吴芳、郭艳，2016；高锋剑等，2017），本研究拓展了自我效能感对心理幸福感的作用机理。最后，本研究揭示了乡村旅游创业学习与创业幸福感之间的“黑箱”，证实了创业自我效能感在乡村旅游创业学习与创业主观幸福感、乡村旅游创业学习与创业心理幸福感之间的中介效应，且创业自我效能感在二者之间均发挥部分中介作用，丰富了创业自我效能感的相关研究。

第八章　结论与讨论

本章为结论和讨论，对文章的研究结论、理论贡献、实践启示，以及研究局限与未来展望等方面进行了详细的阐述和分析。

第一节　研究结论

本研究对乡村旅游创业者的创业学习进行了较全面、系统的剖析，遵循事件、行为发生的“前因——过程——结果”的逻辑框架，依次考察了乡村旅游创业者的创业学习形成机制、创业学习维度结构、创业学习度量方式、创业学习对幸福感的效应四个问题，主要得出四方面的结论。

一、构建了乡村旅游创业学习形成机制模型

本研究通过深度访谈法收集数据资料，并采用扎根理论对文本资料进行分析，结果发现，乡村旅游创业学习形成的四大影响因素，分别是创业主体动力、旅游市场压力、社会环境支持和主观认知判断；进而，在此基础上，本书构建乡村旅游创业学习形成机制模型。具体来说，乡村旅游创业学习一方面由创业激情、创业知识需求以及学习目标导向引致学习主动性，进而共同形成的创业主体动力来驱动，另一方面由旅游市场竞争引发的旅游经营压力连同旅游市场需求共同产生的旅游市场压力来驱动，并由政府支持、家庭支持、村集体带动、互联网便捷、媒介报道及游客积极反馈形成的社会环境支持作保障，以及因个人认知局限和知识获取预期形成的主观认知判断共同决定，从而触发创业学习行为。

本研究详细地阐释了各个影响因素的作用路径。首先，创业主体动力是

乡村旅游创业学习形成的内在动力因素。创业激情、创业知识需求、学习目标导向激发创业者的学习主动性，四者共同形成创业主体动力。其次，旅游市场压力是乡村旅游创业学习形成的外部压力因素。旅游市场竞争导致旅游经营压力，与旅游市场需求共同形成旅游市场压力。再次，社会环境支持是乡村旅游创业学习形成的外部激励因素。政府支持、家庭支持、村集体带动、互联网便捷、媒介报道及游客积极反馈六大外部因素共同形成社会环境支持。最后，主观认知判断中的个人认知局限是乡村旅游创业学习形成的内在阻力因素。个人认知局限、知识获取预期共同形成创业者的主观认知判断。从乡村旅游创业学习的形成机制可以看出，创业者的创业学习是由内部主体与外部力量共同作用产生，这与社会认知理论强调的人类活动是由个体行为、认知以及外部环境三者共同决定的观点不谋而合。这恰巧表明，正是由于面临创业压力，创业者考虑采取学习行为，获取并维护所需要的资源，以适应环境、维持生存（Halbesleben et al.，2014）。

二、挖掘了乡村旅游创业学习维度结构

本研究在界定乡村旅游创业学习概念的基础上，遵循扎根理论的编码范式，对乡村旅游创业学习的维度进行质性研究，最终挖掘出乡村旅游创业学习的五个维度，分别是榜样模仿式学习、专家指导式学习、亲友探讨式学习、游客互动式学习、个人摸索式学习。进而，研究者将乡村旅游创业学习各维度与原始资料相结合，得出乡村旅游创业学习方式包括：从自我强化角度来说，创业者的学习方式有个人摸索式学习、榜样模仿式学习两种；从与他人互动来看，创业者的学习方式有游客互动式学习、亲友探讨式学习、专家指导式学习三种。其中，榜样模仿式学习是一种便捷、高效的学习方式，这与社会学习理论强调的“观察学习”的重要性相契合。

此外，研究者对访谈文本进行斟酌和思考，发现乡村旅游创业者的创业学习具有以下突出的特点：一是非正式性；二是实践导向性；三是网络化；四是模仿性。创业者为取得创业成功，通过一系列方式去学习与经营相关的内容，具体包括旅游产品学习、游客服务学习、旅游营销学习、旅游理论学习。由此可以得出，乡村旅游创业者的创业学习过程是个人主观能动性发挥的结果，创

业者在创业成长、自我适应中扮演变革能动者的角色（Bandura，1989），持续地进行学习、创新。

三、开发了乡村旅游创业学习量表

在乡村旅游创业学习维度结构分析的基础上，本研究设计调查问卷，收集数据，开发了乡村旅游创业学习量表。经过探索性因子分析，本研究得到包含5个维度、20个题项的乡村旅游创业学习初始量表；而后，对开发的初始量表进行一阶验证性因子分析，剔除了因子载荷较低的一个测项，对量表再次修正，最终得到包含5个维度、19个题项的乡村旅游创业学习量表。经过二阶验证性因子分析，乡村旅游创业学习二阶模型的量表在信度与效度检验上均达到了较高水平，表明乡村旅游创业学习二阶模型的量表作为度量工具具有较高的稳定性和收敛性。最终，本研究得到新开发量表的五个维度，分别是专家指导式学习，包含5个题项；个人摸索式学习，包含4个题项；亲友探讨式学习，包含4个题项；游客互动式学习，包含3个题项；网络搜索式学习，包含3个题项。

四、明晰了乡村旅游创业学习与创业幸福感关系的作用路径

在乡村旅游创业学习量表开发的基础上，本研究进行定量分析，构建了乡村旅游创业学习与创业幸福感关系的结构方程模型，挖掘出乡村旅游创业学习对创业幸福感的作用机制。结果证实了创业者的创业学习对创业主观幸福感、创业心理幸福感均具有显著的正向作用；乡村旅游创业学习对创业自我效能感具有显著正向影响；创业自我效能感对创业主观幸福感、创业心理幸福感分别起正向作用；且创业自我效能感在乡村旅游创业学习与创业主观幸福感、乡村旅游创业学习与创业心理幸福感之间具有中介效应，均发挥部分中介作用。这一结论表明乡村旅游创业者进行的一系列创业学习活动，也是个体需求不断得到满足的过程；需求被满足之后，创业者可以体验到创业成长和幸福感，这正回应了自我决定理论（Ryan et al.，1996；Ryan and Frederick，1997）提出的需求、目标的达成能够增强个人幸福感的观点。

第二节　理论贡献

本研究对乡村旅游创业学习的相关内容进行了质性和量化研究，丰富了已有研究成果，具体来说有以下三方面的理论贡献。

一、对乡村旅游创业学习形成影响因素的贡献

已有研究针对自身研究目的，从单一视角对创业学习的影响因素进行了零散的理论性探讨（Litzky、Godshalk and Walton – Bongers，2010；Dodd and Hynes，2012；Lindh and Thorgren，2016），也有对创业学习与几个前因变量进行定量模型的检验与分析（朱秀梅、肖雪，2014；Verzat、O'Shea and Jore，2017；余素梅，2024），但未形成系统、全面的研究成果；且未涉及乡村旅游、旅游创业领域对创业学习主题的探讨。本书在已有研究的基础上，系统地挖掘了乡村旅游创业学习形成的影响因素，并构建乡村旅游创业学习形成机制模型，拓展了乡村旅游、旅游创业领域的研究内容，以及创业学习相关理论在乡村旅游创业情境下的理论成果。

二、对乡村旅游创业学习维度与测量方式的贡献

已有文献主要聚焦于制造业、高新技术产业的个体学习或组织学习（陈燕妮、王重鸣，2015；单标安等，2018；阳银娟、陈劲，2018），对创业学习内涵、类型进行探讨（Zamani and Mohammadi，2018；张敬伟、裴雪婷，2018）。梳理发现，已有研究尚未对旅游产业情境下的创业学习问题进行探讨，且研究者根据各自研究问题对创业学习维度进行不同的划分，对创业学习的测量形成了不一致的观点（刘琴、黄玉纤、张进辅，2013；单标安等，2014；谢雅萍、陈小燕、叶丹容，2016）。在一定程度上表明，因研究问题及研究情境的差异，科学的研究需要进行情境化、具体化的概念界定和测量。因此，本研究对乡村旅游创业者的创业学习进行了详细讨论，对乡村旅游创业学习内涵和维度进行了探索性研究，发掘乡村旅游创业学习现象与规律，形成创业学习维度结构模

型；并在此基础上，开发乡村旅游创业学习的测量题项，对乡村旅游创业学习新量表进行开发和验证，补充了乡村旅游领域创业学习研究的理论成果，将为后续研究提供思考借鉴。

三、对乡村旅游创业学习与创业幸福感作用关系的贡献

已有研究分别对创业学习的结果变量（Lumpkin and Lichtenstein，2005；李厚锐、朱健、李旭，2018；严杰、刘人境，2018；刘田田、张敬伟、裴雪婷，2019），以及创业幸福感的影响因素（于晓宇等，2018；王琼、黄维乔，2020；李慧慧等，2022）进行了探讨，但对创业学习与幸福感之间的关系尚未涉及。对于创业者而言，个体选择创业、进行创业学习是为了赚取收益，维持企业生存和成长，但同时，对幸福感的追求于个体而言，是人们所关注和向往的。由此，本研究通过理论演绎提出乡村旅游创业学习与创业幸福感关系的研究假说，构建二者之间的结构方程模型，并收集数据进行模型检验，打开了乡村旅游创业学习与创业幸福感之间的“黑箱”，丰富了乡村旅游创业、创业学习、幸福感领域的定量研究成果。

第三节　实践启示

本研究对乡村旅游创业学习的形成机制、创业学习的维度结构、创业学习的测量，以及创业学习对创业幸福感的效应进行了科学规范的分析。基于研究成果，本书认为有以下实践启示，可以为乡村旅游创业者、政府、村两委、旅游者等利益主体提供参考，以提升乡村旅游创业学习与创业活动，为旅游需求方提供更优质的旅游产品和服务体验。

一、对创业者强化学习的启示

（一）认识创业学习的重要性，加强创业学习活动

第一，认识创业学习的重要性，并付诸学习实践。调研发现，不同乡村旅

游创业者对创业学习的态度和行为存在很强的异质性，部分创业者对学习活动持积极的态度、愿意接触新事物；而一些创业者采取无所谓、不在乎的态度，认为不需要学习或者不知道如何学习。从创业者的经营结果来看，分别对应两种极端状况，即经营良好和经营不景气。这在很大程度上说明创业者开展创业学习的重要性和必要性，创业者应当加强对学习的接受度，培育学习主动性。

第二，重视创业学习的持久意义，并增强自我效能。访谈发现，创业者的惯常思维往往是希望创业学习能够产生立竿见影的效果，带来显著的经济效益，才选择进行创业学习。然而，本研究结果表明，创业学习可以增加创业自我效能感，进而能够增强生活满意度、精神活力，提升创业主观幸福感和创业心理幸福感。这表明创业者一直向往和追求的幸福感，可以通过创业学习来获得，在付出时间、精力等成本的同时，创业者可以收获更加持久的愉悦、活力和幸福。因此，创业者需要重视创业学习带来的长远意义，在学习的过程中，逐渐增强自我效能感，以收获持久的幸福。

第三，增强创业主体动力，并突破认知局限。本研究发现，创业主体动力是乡村旅游创业学习形成的内在动力因素，个人认知局限是创业学习发生的内在阻力因素。创业者首先应当突破个人认知局限性，摒弃懒惰、保守的思想本性，培养创业学习意愿；并了解需要学习的内容，有选择地学习，以提高学习的有效性。此外，创业者需要培育创业激情，增强学习主动性，提升个人的内动力；认识自身创业知识与能力的不足，制定阶段性、切合自身实际的学习目标。

（二）关注旅游市场需求，应对旅游市场压力

现在人们消费思想和消费观念都发生了显著的变化，大众游客的旅游消费体验需求随之改变。旅游者对都市型休闲度假的需求将大幅度增加，城市周边的近郊游和乡村游频次会相应提高。由此一来，游客对乡村游的品质将提出更高的要求，倒逼旅游供给者实施产品升级、价值再造，培育有文化、有温情的乡村游品牌，这对乡村旅游创业者提出了新挑战。

具体来说，一方面，创业者应当重视创新，关注旅游市场需求。创业者为游客提供旅游产品和服务，来获取创业效益和创业成功，旅游者需求的满足，是企业创业成长的动力。因此，乡村旅游创业者需要以游客需求为导向，通过密切察觉游客的反馈和评价来取得创新发展，满足游客对美好生活向往的需

要，进行旅游价值创造，为游客提供优质的旅游体验。如，充分利用乡村资源和优势，根据地域特色为游客提供高品质的乡村旅游伴手礼；挖掘乡村文化底蕴，在旅游产品中融入文化创意元素，提升农家院和民宿的“精”“美”“特”，带给游客独具乡村特色的体验等。

另一方面，创业者需要提升核心竞争力，积极应对旅游市场压力。随着乡村旅游市场的蓬勃发展，越来越多的创业群体加入乡村旅游创新创业大潮，旅游市场竞争愈演愈烈。受访者表示乡村旅游经营压力增大，苦于旅游市场的竞争压力。对此，创业者需要转换思维，将压力变动力，增强创业学习动力，提升乡村旅游产品的竞争力，打造个性化、多样化的产品体系，形成独具特色化的旅游品牌，提高抵御旅游市场风险的能力，适应激烈的旅游竞争环境。

（三）找准适切的学习方式，提高创业学习效率

动态性学习是创业者成长及企业正常运转的关键（张德彭、崔铭香，2019），乡村旅游创业过程中，创业者可以从自我强化角度和与他人互动角度，通过个人摸索、网络搜索、专家指导、亲友探讨、游客互动的方式学习与经营有关的内容。人的活动是由个体所产生的感觉反馈进行自我调节（班杜拉，2015），因此，个体应当根据实际需要，选择合适、有效的学习方式。然而，各种学习方式并不是孤立存在的，往往需要创业者综合运用、选择不同的途径去学习。一是创业者应该注重实践的摸索、反思与创新，积累乡村旅游创业经验；二是充分利用高效、便捷的互联网资源，搜索创业信息，模仿优秀的经营做法，精进创业；三是加强与他人的互动与交流，创业者应该采取开放的成长心态，听取专家的指导和经验、接受游客的反馈建议、向同行朋友讨教学习，以拓展个人社会网络，提高创业知识储备，实现学习效果的最大化。

二、对政府部门实施政策的启示

政府加快乡村旅游政策的实施，提供外部环境支持。

第一，为创业者提供创业学习培训机会。创业者进行学习不可避免地需要花费精力、财力等成本，他们往往因资源紧缺、条件不足，学习意愿和学习能力受阻。本研究表明，社会环境支持是乡村旅游创业学习产生的外部激励因

素，旅游局、旅委等政府部门有必要为创业者提供学习机会和条件，加强对乡村旅游创业者学习的支持和帮助。例如，与高校合作，进行智力支持帮扶，请专家、学者为乡村旅游创业者讲授知识、示范指导；帮助对接乡村旅游创业典型示范区，为创业者提供更多参观考察以及向榜样学习的机会。

第二，加强乡村旅游政策倾斜力度。良好的外部环境支持，将为创业者进行创业学习提供动力和便利条件。尤其是在乡村社会，旅游创业者受资金投入紧缺、经营管理不足、思想意识保守等限制，急需加强政府的扶持和管理（徐虹、王彩彩，2019）。在乡村旅游发展中，特别地，政府需要加强乡村公共服务和基础设施建设，例如，对村庄道路、水系、环境等基础设施进行整治，为乡村旅游创业提供硬件支持；给予创业者资金项目支持和贷款贴息支持，减少创业者的投资压力和创业成本；支持青年创客、大学生等社会主体返乡创新创业，形成对本土创业者引导和帮扶的力量，并为乡村经济社会发展注入新鲜活力。

第三，为创业者提供最新旅游市场资讯。乡村旅游创业者因文化程度较低、思想较保守，信息获取不畅等原因，对乡村旅游发展方向和趋势把握不准，容易盲目冲动行事、造成资源浪费，不利于创业企业的成长。因而，政府需要对乡村旅游创业进行宏观调控，为创业者提供旅游咨询服务，为其获取资源和信息提供帮助。如，及时地为创业者讲解乡村旅游农家院和民宿未来的发展趋势、发展方向；传达其他乡村旅游区域的发展概况、发展水平等信息，以确保创业者与时俱进，高效率地从事乡村旅游创业活动，稳步推进乡村产业转型升级，实现乡村振兴的目标。

三、对村两委强化领导力的启示

村两委发挥带头模范作用，保障创业者发展权益。

村两委是广大农村地区的基层自治组织，在乡村社会发展中发挥战斗堡垒的作用。对于乡村旅游创业的兴起和发展，村两委起着核心领导作用，具有新乡贤治村的效能，能够凝聚民心、走村民自治共享之路（王彩彩、徐虹，2019）。调研发现，村两委领导班子在创业者的旅游创业和创业学习中扮演着重要的角色，如为创业主体打造经营环境、听取创业者的创业想法、组织创业者参加消防安全培训等。在乡村旅游快速发展的新时代，村两委首先应当把握旅游市场的发展方向和规律，发挥模范带头作用，适时促进乡村旅游农家院和民宿提质升级，领导并支持创业者突破旧思维、通过创业学习获得进步提升。其次，村两委应该保障创业者的权益，并维护乡村社会稳定发展，积极地为乡村旅游创业者争取创业学习机会，为创业者提供便利经营发展的措施和条件。最后，还要为有志参与乡村旅游创业的外来居民、返乡人员、大学生等群体创造发展机会，打造有利于乡村旅游创业学习的良好环境和发展空间，吸引更多的创业群体投入“大众创业、万众创新”的热潮，以加快城乡互动、融合的进程，实现乡村经济与社会进步。

四、对家庭发挥支持力量的启示

家庭强化后盾力量作用，给予创业者物质和精神支持。

在乡村旅游小企业中，由家人和亲戚形成的亲缘网络对创业者及其企业产生重要的价值（李秋成、张环宙，2019）。家庭是否从行动上和精神上给予创业者支持和鼓励，关系创业者是否有动力开展创业学习、获得创业成功。访谈过程中，部分创业者表示，家人有较多的时间参与经营；但也有创业者苦于家人的不理解，他们无法帮忙参与创业事务。由于乡村旅游创业对地域资源、家庭资源的依赖性，创业者的创业活动往往深嵌于家庭的氛围和环境中，家人成为创业者面临困难和问题时最先想到的支持资源。具体地，作为后盾力量，家庭支持可以在以下方面作出改进和努力：一是在精神上，当创业者遇到困难和失败时，家人及时地给予安慰和鼓励；二是在行动上，家人给予创业资金支持，并倾斜较多的时间参与创业经营，增强创业者的创业动力；三是在智力上，家人能够耐心地与创业者讨论经营问题，给出看法、意见，为创业者学习提供来源和支持。

五、对旅游者共创价值的启示

旅游者加强自身参与意识，与创业主体共创旅游价值。

积极的客户反馈能够为产品和服务的改善提供有价值的信息（Baron and

Warnaby, 2011)，可以创造更加有效和快乐的成果（Nasr et al.，2014）。在乡村旅游供给方和需求方之间，同样存在着旅游者的反馈和评价；访谈也发现，游客积极反馈对乡村旅游创业者学习具有重要的促进作用。如今，为满足快速变化的旅游市场需求，实现主客价值共创，已成为旅游产业进步的重要一环。特别地，在乡村旅游供需过程中，游客的旅游体验与旅游供给者密切相关，这为游客直接参与旅游供给、进行旅游价值创造提供了便利条件。一方面在主客的服务接触中，创业者为游客提供优质的产品和服务，如为旅游者提供乡村农家饭菜、农事劳作体验，主客产生互动；反过来，游客可以加强自身旅游参与，将旅游体验和感受反馈给创业者，及时与创业者沟通，帮助创业者改进不足。另一方面，当旅游者在体验到良好的旅游产品和服务后，将认可、称赞等积极情感反馈给创业者，可以激发创业者的创业动力；继而，创业者会自省还存在哪些不足之处，以改正缺点、发扬闪光点，进一步提升旅游产品和服务品质。

第四节 研究局限与未来展望

一、研究局限

本研究对乡村旅游创业学习的形成、维度、测量以及与创业幸福感的关系进行了系统性思考和分析，虽然研究过程中采取科学的研究方法、规范的论证过程，得到一些对理论研究及实践发展有借鉴价值的结论，但本研究仍然存在一些局限，具体包括以下三点内容。

第一，在乡村旅游创业类型上，本研究对目前乡村旅游创业较普遍且备受关注的农家院和民宿创业类型进行了较全面的剖析，得到了有意义的结论，但未对其他乡村旅游创业类型，如休闲园区、采摘园进行探讨。然而，不同创业类型创业者的学习方式和内容可能存在差异、多样化，未来仍需要综合考察不同创业类型的创业学习，进行比较研究，寻求创业学习的差异性及规律性。

第二，在案例地与样本选择上，因调研的可操作性，本研究选择天津市为案例地，对典型乡村旅游创业区域进行理论抽样，并选取受访对象。但不同地域的乡村旅游创业有其独特性，创业者的创业学习可能受地区环境、社会经济发展的影响而表现出不同的特征，下一步研究有必要采集更多不同区域的创业学习样本进行比较研究，以检验研究结果的普适性和可推广性。

第三，在模型因果关系检验上，本研究对乡村旅游创业学习与创业幸福感的关系构建结构方程模型，考察二者之间的作用机制，发现了创业者的创业学习对创业幸福感具有显著的促进作用，但未涉及其他利益主体的幸福感研究。正如我们所了解的，乡村旅游创业者深嵌于乡村社会这一特殊背景，其活动和行为受乡村环境及人们的影响，同时也对周遭的环境和人产生作用。因而，乡村旅游创业者创业学习是否对其他村民的幸福感、对雇员幸福感、对游客幸福感产生影响，成为一个有意义的研究命题，也正突显了乡村旅游创业的社会创业属性和价值。

二、未来展望

在今后的研究中，针对乡村旅游创业学习这一比较重要的创业现象，还可以从以下四方面进行深入、扩展性的探究。

第一，对乡村旅游创业学习研究的区域和创业类型进行比较分析。

本研究选择了天津市为案例地、乡村旅游农家院和民宿的创业类型进行研究，下一步可以进行扩展性研究。一方面，对乡村旅游创业者创业学习进行跨区域的对比分析，探讨不同区域乡村旅游创业学习是否有不同的规律、创业学习的形成因素有何不同、又因何种条件具有不同的特征。另一方面，选择不同的乡村旅游创业类型，如休闲园区类、文创类、旅游购物类等，进行创业学习的探讨，以发掘创业学习有何特殊性、受何种因素的影响，以丰富研究内容和结果。

第二，对乡村旅游创业学习形成的影响因素进行量化研究。

本研究采用扎根理论编码范式对乡村旅游创业学习形成的影响因素进行质性研究，得到创业主体动力、旅游市场压力、社会环境支持和主观认知判断四大影响因素，并对各影响因素包含的子因素进行了分析。下一步可以对创业学习形成机制模型进行定量化检验，构建变量、子因素与创业学习之间的结构方程模型，以明晰各要素与创业学习的作用路径，建构更加精确的框架模型。

第三，对乡村旅游创业学习的研究群体进行细分和对比。

因考虑研究可行性和样本获取的难易程度，本研究的受访对象包含了各个年龄层、不同受教育程度、不同工作经历的群体，受样本数量限制，将不同特征的受访者纳入一起研究。下一步可以扩大样本区域和样本数量，按照样本特征，细分创业群体，比如考察大学生等知识青年创业者、不同先前经验的创业群体、拥有农民身份的创业者等，并进行不同群体的比较研究，可以得出更丰富、有价值的结论。

第四，对乡村旅游创业学习与创业幸福感关系研究进行扩展和深化。

本研究针对乡村旅游创业学习与创业幸福感的关系进行了定量研究，得出创业者的创业学习对创业幸福感具有显著正向作用，且创业自我效能感在二者之间发挥部分中介效应。鉴于乡村旅游创业的社会创业属性，下一步可以考察乡村旅游创业者创业学习对其他村民幸福感、对雇员幸福感、对游客幸福感的影响；此外，可以对创业学习影响幸福感过程中的边界条件进行挖掘，以较充分地探究二者之间的作用关系，拓展乡村旅游情境下创业学习、创业幸福感的相关研究。

附　　录

附录A　乡村旅游创业学习访谈提纲

您好，我们是乡村旅游研究课题组，很感谢您百忙之中接受我们的访谈！我们希望了解您在经营农家院/民宿过程中的学习活动，包括您获取经营知识、技能和能力的缘由，经历及过程。访谈内容没有对错，仅供学术研究之用，不记名也不对外公布，请您放心！

1. 是什么一直支撑您不断地学习、驱动您不断学习新东西的动力有哪些？
2. 哪些方面的原因促使您去学习？哪些事情会引发您学习的欲望？
3. 您为什么想要学一些东西？您对学习新东西的态度、看法怎样？
4. 哪些方面为您提供便利条件去学？
5. 哪些方面对您学习有阻碍影响吗？
6. 您周围的环境对您学习有什么影响？
7. 您掌握经营知识、技能的经历有哪些？学到了哪些内容？
8. 您通过哪些方式去摸索学一些东西？有哪些印象深刻、去摸索了解的事？
9. 您的旅游产品是怎样一步步完善的？是从哪察觉、获得的？
10. 不断地摸索、学东西带来哪些改观变化？这些改观，给您带来什么感受？
11. 您获取新内容、新知识使用最频繁的途径有哪几种？为什么采取这些方式？这种学习过程给您带来什么感受？

附录 B　乡村旅游创业学习量表开发的初始问卷

尊敬的农家院/民宿老板：

您好！

我们是乡村旅游研究课题组，为更好地推动乡村创新创业和乡村振兴，开展此次调研。内容主要是了解您开办农家院或民宿的学习过程和感受，您作答的信息仅供学术研究之用，不记名也不对外公布。您所选的答案无优劣对错之分，请您根据自身实际和直观感受作答，真挚地感谢您的辛劳和支持！

第一部分：请根据您经营中的实际情况和真实感受，对每一行说法，作出符合您实际的判断，在相应的数字上打“√”，（1 代表非常不符合，7 代表非常符合，数字越大，表示符合您实际情况的程度越高）。每一行均为单选。

题号	表述说法	非常不符合	不符合	有些不符合	一般	有些符合	符合	非常符合
1	经营中我不断摸索创新餐饮、客房布置等	1	2	3	4	5	6	7
2	出现错误后我会持续地摸索如何改正，并吸取教训	1	2	3	4	5	6	7
3	我注重边干边学，进行自我反思、琢磨	1	2	3	4	5	6	7
4	我注重积累自己的经验，来更好地服务客人	1	2	3	4	5	6	7
5	通过实践，我能够积累到很多经验	1	2	3	4	5	6	7
6	我经常听专家讲课，学习农家院/民宿卫生、服务、餐饮等知识	1	2	3	4	5	6	7
7	我经常参加旅游局、旅委组织的培训，向专家学习农家院/民宿经营	1	2	3	4	5	6	7
8	我喜欢听专家讲课，了解农家院/民宿未来发展趋势和发展方向	1	2	3	4	5	6	7

续表

题号	表述说法	非常不符合	不符合	有些不符合	一般	有些符合	符合	非常符合
9	通过专家培训讲课，我学到很多经营农家院/民宿的知识	1	2	3	4	5	6	7
10	有专家示范指导农家院/民宿做菜、被褥叠法等，我都积极参加	1	2	3	4	5	6	7
11	通过专家亲自示范指导，我学到很多经营农家院/民宿的技能	1	2	3	4	5	6	7
12	我乐意与客人交流饭菜口味、客房舒适度等问题，以改正完善	1	2	3	4	5	6	7
13	我喜欢与客人聊天学习语言表达、沟通交流等，增长知识	1	2	3	4	5	6	7
14	我常常接受客人关于客房布置、硬件装修等的建议，并积极落实	1	2	3	4	5	6	7
15	客人提出的建议对我经营农家院/民宿不重要	1	2	3	4	5	6	7
16	我经常从客人身上获得启发，来提升完善农家院/民宿	1	2	3	4	5	6	7
17	我乐意向邻里街坊讨教，学习农家院/民宿菜品、经营发展等	1	2	3	4	5	6	7
18	我经常与同行聊天，探讨农家院/民宿的发展	1	2	3	4	5	6	7
19	我喜欢跟同行探讨处理客人问题的方法	1	2	3	4	5	6	7
20	我会与朋友交流探讨农家院/民宿的经营发展	1	2	3	4	5	6	7
21	我经常与家人讨论农家院/民宿经营，并与他们交换经验和知识	1	2	3	4	5	6	7
22	我常常向家人学习与经营农家院/民宿有关的内容	1	2	3	4	5	6	7
23	家人的建议对我经营农家院/民宿比较有用	1	2	3	4	5	6	7

续表

题号	表述说法	非常不符合	不符合	有些不符合	一般	有些符合	符合	非常符合
24	旅游途中我喜欢将店家的餐饮、室内装饰等拍下来学习	1	2	3	4	5	6	7
25	外出吃饭住宿时我会留意店家的菜品搭配、经营方式、建筑设计等	1	2	3	4	5	6	7
26	我经常自主外出考察知名农家院/民宿	1	2	3	4	5	6	7
27	我经常参加村里或旅游部门组织的考察榜样农家院/民宿活动	1	2	3	4	5	6	7
28	我积极上网查阅农家院/民宿经营的资料，吸取经验	1	2	3	4	5	6	7
29	我经常上网学习优秀农家院/民宿的菜品、装修、服务等	1	2	3	4	5	6	7
30	我经常在微信朋友圈学习其他农家院/民宿的长处	1	2	3	4	5	6	7

第二部分：有关您基本信息的匿名选项，仅用于学术研究，请您放心填答。请在选项上打“√”，每一题均为单选。

1. 您的性别：

（1）男　　（2）女

2. 您的年龄：

（1）25岁及以下　（2）26～35岁　（3）36～45岁　（4）46～55岁

（5）56岁及以上

3. 您的受教育程度：

（1）小学　（2）初中　（3）高中　（4）中专　（5）大专

（6）本科及以上

4. 您为什么选择开农家院/民宿？

（1）没有更好的工作选择、为了改善生活　（2）发现了旅游创业机会

（3）成就一番事业、寻求更大的独立

5. 您开农家院/民宿的年限：

（1）1～2 年　（2）3～5 年　（3）6～8 年　（4）9 年及以上

6. 您的农家院/民宿年净收入：

（1）10 万元及以下　（2）11 万～30 万元　（3）31 万～50 万元

（4）51 万～100 万元　（5）101 万元及以上

7. 您开农家院/民宿前的工作：

（1）务农，以种地、果园、大棚等为生　（2）外出打工

（3）公司上班　（4）个体做买卖、经商

（5）开办企业或工厂　（6）暂时没有工作

（7）其他（请填写）__________

附录 C　乡村旅游创业学习量表验证的调研问卷

尊敬的农家院/民宿老板：

您好！

我们是乡村旅游研究课题组，为更好地推动乡村创新创业和乡村振兴，开展此次调研。内容主要是了解您开办农家院或民宿的学习过程和感受，您作答的信息仅供学术研究之用，不记名也不对外公布。您所选的答案无优劣对错之分，请您根据自身实际和直观感受作答，真挚地感谢您的辛劳和支持！

第一部分：请根据您经营中的实际情况和真实感受，对每一行说法，作出符合您实际的判断，在相应的数字上打“√”，（1 代表非常不符合，7 代表非常符合，数字越大，表示符合您实际情况的程度越高）。每一行均为单选。

题号	表述说法	非常不符合	不符合	有些不符合	一般	有些符合	符合	非常符合
1	我经常听专家讲课，学习农家院/民宿卫生、服务、餐饮等知识	1	2	3	4	5	6	7
2	我经常参加旅游局、旅委组织的培训，向专家学习农家院/民宿经营	1	2	3	4	5	6	7
3	我喜欢听专家讲课，了解农家院/民宿未来发展趋势和发展方向	1	2	3	4	5	6	7
4	通过专家培训讲课，我学到很多经营农家院/民宿的知识	1	2	3	4	5	6	7
5	通过专家亲自示范指导，我学到很多经营农家院/民宿的技能	1	2	3	4	5	6	7
6	出现错误后我会持续地摸索如何改正，并吸取教训	1	2	3	4	5	6	7
7	我注重边干边学，进行自我反思、琢磨	1	2	3	4	5	6	7
8	我注重积累自己的经验，来更好地服务客人	1	2	3	4	5	6	7

续表

题号	表述说法	非常不符合	不符合	有些不符合	一般	有些符合	符合	非常符合
9	通过实践，我能够积累到很多经验	1	2	3	4	5	6	7
10	我乐意向邻里街坊讨教，学习农家院/民宿菜品、经营发展等	1	2	3	4	5	6	7
11	我经常与同行聊天，探讨农家院/民宿的发展	1	2	3	4	5	6	7
12	我喜欢跟同行探讨处理客人问题的方法	1	2	3	4	5	6	7
13	我会与朋友交流探讨农家院/民宿的经营发展	1	2	3	4	5	6	7
14	我乐意与客人交流饭菜口味、客房舒适度等问题，以改正完善	1	2	3	4	5	6	7
15	我喜欢与客人聊天学习语言表达、沟通交流等，增长知识	1	2	3	4	5	6	7
16	我常常接受客人关于客房布置、硬件装修等的建议，并积极落实	1	2	3	4	5	6	7
17	我经常从客人身上获得启发，来提升完善农家院/民宿	1	2	3	4	5	6	7
18	我积极上网查阅农家院/民宿经营的资料，吸取经验	1	2	3	4	5	6	7
19	我经常上网学习优秀农家院/民宿的菜品、装修、服务等	1	2	3	4	5	6	7
20	我经常在微信朋友圈学习其他农家院/民宿的长处	1	2	3	4	5	6	7

第二部分：有关您基本信息的匿名选项，仅用于学术研究，请您放心填答。请在选项上打“√”，每一题均为单选。

1. 您的性别：

（1）男　　（2）女

2. 您的年龄：

（1）25 岁及以下　（2）26 ~ 35 岁　（3）36 ~ 45 岁　（4）46 ~ 55 岁

（5）56 岁及以上

3. 您的受教育程度：

（1）小学　（2）初中　（3）高中　（4）中专　（5）大专

（6）本科及以上

4. 您为什么选择开农家院/民宿？

（1）没有更好的工作选择、为了改善生活　（2）发现了旅游创业机会

（3）成就一番事业、寻求更大的独立

5. 您开农家院/民宿的年限：

（1）1～2 年　（2）3～5 年　（3）6～8 年　（4）9 年及以上

6. 您的农家院/民宿年净收入：

（1）10 万元及以下　（2）11 万～30 万元　（3）31 万～50 万元

（4）51 万～100 万元　（5）101 万元及以上

7. 您开农家院/民宿前的工作：

（1）务农，以种地、果园、大棚等为生　（2）外出打工

（3）公司上班　（4）个体做买卖、经商

（5）开办企业或工厂　（6）暂时没有工作

（7）其他（请填写）__________

附录 D　乡村旅游创业学习对创业幸福感效应的问卷调查

尊敬的农家院/民宿老板：

您好！

我们是乡村旅游研究课题组，为更好地推动乡村创新创业和乡村振兴，开展此次调研。内容主要是了解您开办农家院或民宿的学习过程和感受，您作答的信息仅供学术研究之用，不记名也不对外公布。您所选的答案无优劣对错之分，请您根据自身实际和直观感受作答，真挚地感谢您的辛劳和支持！

第一部分：请根据您经营中的实际情况和真实感受，对每一行说法，作出符合您实际的判断，在相应的数字上打“√”，（1 代表非常不符合，7 代表非常符合，数字越大，表示符合您实际情况的程度越高）。每一行均为单选。

1. 以下说法是对您进行创业学习活动的描述，请对每一行说法作出符合您实际的判断，在右侧相应的数字上打“√”。

题号	表述说法	非常不符合	不符合	有些不符合	一般	有些符合	符合	非常符合
1	我经常听专家讲课，学习农家院/民宿卫生、服务、餐饮等知识	1	2	3	4	5	6	7
2	我经常参加旅游局、旅委组织的培训，向专家学习农家院/民宿经营	1	2	3	4	5	6	7
3	我喜欢听专家讲课，了解农家院/民宿未来发展趋势和发展方向	1	2	3	4	5	6	7
4	通过专家培训讲课，我学到很多经营农家院/民宿的知识	1	2	3	4	5	6	7
5	通过专家亲自示范指导，我学到很多经营农家院/民宿的技能	1	2	3	4	5	6	7
6	出现错误后我会持续地摸索如何改正，并吸取教训	1	2	3	4	5	6	7
7	我注重边干边学，进行自我反思、琢磨	1	2	3	4	5	6	7

续表

题号	表述说法	非常不符合	不符合	有些不符合	一般	有些符合	符合	非常符合
8	我注重积累自己的经验，来更好地服务客人	1	2	3	4	5	6	7
9	通过实践，我能够积累到很多经验	1	2	3	4	5	6	7
10	我乐意向邻里街坊讨教，学习农家院/民宿菜品、经营发展等	1	2	3	4	5	6	7
11	我经常与同行聊天，探讨农家院/民宿的发展	1	2	3	4	5	6	7
12	我喜欢跟同行探讨处理客人问题的方法	1	2	3	4	5	6	7
13	我会与朋友交流探讨农家院/民宿的经营发展	1	2	3	4	5	6	7
14	我乐意与客人交流饭菜口味、客房舒适度等问题，以改正完善	1	2	3	4	5	6	7
15	我喜欢与客人聊天学习语言表达、沟通交流等，增长知识	1	2	3	4	5	6	7
16	我常常接受客人关于客房布置、硬件装修等的建议，并积极落实	1	2	3	4	5	6	7
17	我积极上网查阅农家院/民宿经营的资料，吸取经验	1	2	3	4	5	6	7
18	我经常上网学习优秀农家院/民宿的菜品、装修、服务等	1	2	3	4	5	6	7
19	我经常在微信朋友圈学习其他农家院/民宿的长处	1	2	3	4	5	6	7

2. 以下说法是对您开展创业活动信心的描述，请对每一行说法作出符合您实际的判断，在右侧相应的数字上打“√”。

序号	表述说法	非常不符合	不符合	有些不符合	一般	有些符合	符合	非常符合
1	开农家院/民宿并让它正常运营对我来说是容易的	1	2	3	4	5	6	7
2	对于开农家院/民宿，我充满信心	1	2	3	4	5	6	7

续表

序号	表述说法	非常不符合	不符合	有些不符合	一般	有些符合	符合	非常符合
3	我有能力掌控开农家院/民宿的全过程	1	2	3	4	5	6	7
4	我清楚开农家院/民宿的必要细节	1	2	3	4	5	6	7
5	我知道如何制订开农家院/民宿的计划	1	2	3	4	5	6	7
6	我觉得我开农家院/民宿成功的可能性很大	1	2	3	4	5	6	7

3. 以下说法是对您创业过程中生活状况的描述，请对每一行说法作出符合您实际的判断，在右侧相应的数字上打“√”。

序号	表述说法	非常不符合	不符合	有些不符合	一般	有些符合	符合	非常符合
1	我的生活在大多数方面接近我所希望的	1	2	3	4	5	6	7
2	我的生活状况非常好	1	2	3	4	5	6	7
3	我对自己的生活感到满意	1	2	3	4	5	6	7
4	到现在为止，我已经得到了生活中想要的重要东西	1	2	3	4	5	6	7
5	如果再过一次，我几乎不会改变目前的生活方式	1	2	3	4	5	6	7

4. 以下说法是对您创业过程中心理感受的描述，请对每一行说法作出符合您实际的判断，在右侧相应的数字上打“√”。

序号	表述说法	非常不符合	不符合	有些不符合	一般	有些符合	符合	非常符合
1	我充满活力和干劲	1	2	3	4	5	6	7
2	我充满精力和精神	1	2	3	4	5	6	7
3	我期待新的每一天	1	2	3	4	5	6	7

续表

序号	表述说法	非常不符合	不符合	有些不符合	一般	有些符合	符合	非常符合
4	我头脑清醒，能很快认识到周围环境的变化	1	2	3	4	5	6	7
5	我精力充沛，能影响或改变身边的环境和人	1	2	3	4	5	6	7

第二部分：有关您基本信息的匿名选项，仅用于学术研究，请您放心填答。请在选项上打“√”，每一题均为单选。

1. 您的性别：

（1）男　（2）女

2. 您的年龄：

（1）25 岁及以下　（2）26 ~ 35 岁　（3）36 ~ 45 岁　（4）46 ~ 55 岁

（5）56 岁及以上

3. 您的受教育程度：

（1）小学　（2）初中　（3）高中　（4）中专　（5）大专

（6）本科及以上

4. 您为什么选择开农家院/民宿？

（1）没有更好的工作选择、为了改善生活　（2）发现了旅游创业机会

（3）成就一番事业、寻求更大的独立

5. 您开农家院/民宿的年限：

（1）1 ~ 2 年　（2）3 ~ 5 年　（3）6 ~ 8 年　（4）9 年及以上

6. 您的农家院/民宿年净收入：

（1）10 万元及以下　（2）11 万 ~ 30 万元　（3）31 万 ~ 50 万元

（4）51 万 ~ 100 万元　（5）101 万元及以上

7. 您开农家院/民宿前的工作：

（1）务农，以种地、果园、大棚等为生　（2）外出打工

（3）公司上班　（4）个体做买卖、经商

（5）开办企业或工厂　（6）暂时没有工作

（7）其他（请填写）__________

参考文献

一、中文文献

［1］安应民．国际旅游岛背景下提升海南旅游服务质量的对策［J］．旅游论坛，2010，3（4）：385－389，431．

［2］白长虹，温婧．新常态下国内旅游创业的智慧取向及多种模式［J］．旅游学刊，2015，30（2）：3－5．

［3］班杜拉．社会学习理论［M］．陈欣银，李伯黍，译．北京：中国人民大学出版社，2015．

［4］蔡定昆，许小帆．乡村旅游提高农村居民幸福感了吗？——基于海南省博纵村微观数据［J/OL］．海南大学学报（人文社会科学版），2023．https：//doi. org/10. 15886/ j. cnki. hnus. 202207. 0331．

［5］蔡华俭，黄玄凤，宋海荣．性别角色和主观幸福感的关系模型：基于中国大学生的检验［J］．心理学报，2008，40（4）：474－486．

［6］曹钰华，李晶．数字创业生态系统嵌入对创业机会迭代的驱动机制研究［J］．软科学，2024，38（1）：1－7．

［7］Charmaz K，2014. 建构扎根理论——质性研究实践指南［M］．边国英，译．重庆：重庆大学出版社，2009．

［8］陈彪，蔡莉，陈琛，等．新企业创业学习方式研究——基于中国高技术企业的多案例分析［J］．科学学研究，2014，32（3）：392－399．

［9］陈聪，高建，李纪珍．创业者幸福吗？创业动机影响创业者心理幸福感的实证研究［J］．科学学与科学技术管理，2018，39（3）：144－152．

［10］陈逢文，付龙望，张露，等．创业者个体学习、组织学习如何交互影响企业创新行为？——基于整合视角的纵向单案例研究［J］．管理世界，2020（3）：142－164．

［11］陈寒松，陈宣雨，林晨．创业学习与创业意向的关系：社会网络与创业自我效能感的作用［J］．经济与管理评论，2017，33（5）：28－33．

［12］陈和午，李斌，刘志阳．农户创业、村庄社会地位与农户幸福感——基于中国千村调查数据的实证分析［J］．农业技术经济，2018（10）：57－65．

［13］陈琦，刘儒德．教育心理学［M］．北京：高等教育出版社，2010．

［14］陈文沛．关系网络与创业机会识别：创业学习的多重中介效应［J］．科学学研究，2016，34（9）：1391－1396．

［15］陈晓宏．失地农民创业的主体性、现实路径及对策研究［J］．中共福建省委党校学报，2005（12）：29－33．

［16］陈晓萍，徐淑英，樊景立．组织与管理研究的实证方法［M］．北京：北京大学出版社，2008．

［17］陈晓萍，徐淑英，樊景立．组织与管理研究的实证方法（第二版）［M］．北京：北京大学出版社，2012．

［18］陈燕妮，王重鸣．创业行动学习过程研究——基于新兴产业的多案例分析［J］．科学学研究，2015，33（3）：419－431．

［19］陈晔，张辉，董蒙露．同行者关乎己？游客间互动对主观幸福感的影响［J］．旅游学刊，2017，32（8）：14－24．

［20］成婧．农民工返乡创业历程的媒介传播研究——以中国农村题材电视剧为例［J］．中国广播电视学刊，2016（7）：95－97．

［21］崔连广，邓舒婷，孟繁强，等．创业幸福感：概念内涵、知识框架与未来研究展望［J］．南开管理评论，2022，25（5）：203－216．

［22］戴廉．“幸福指数”量化和谐社会［J］．瞭望，2006（11）：24－26．

［23］党兴华，胡玉杰，王育晓．基于扎根理论的风险投资网络社群形成影响因素研究［J］．科技进步与对策，2016，33（19）：14－20．

［24］邓叶丽．西方成人学习理论及对中国成人教育的启示［J］．成人教育，2013（9）：125－126．

［25］DeVellis R F．量表编制：理论与应用（第2版）［M］．魏勇刚，席仲恩，龙长权，译．重庆：重庆出版社，2010．

［26］董静，赵策．家庭支持对农民创业动机的影响研究——兼论人缘关系的替代作用［J］．中国人口科学，2019（1）：61－75．

［27］方中权，郭艺贤．法国乡村旅游产品的营销及其经验——以 Le Relais de Chenillé 公司为例［J］．人文地理，2007，22（5）：76－79.

［28］干永福，刘锋．乡村旅游概论［M］．北京：中国旅游出版社，2017.

［29］高锋剑，陈有国，刘培朵，等．心理韧性孤、独感、自我效能感预测老年人主观幸福感的优势分析［J］．心理与行为研究，2017，15（2）：227－232，239.

［30］高申春．人性辉煌之路——班杜拉的社会学习理论［M］．武汉：湖北教育出版社，2000.

［31］高杨，白凯，马耀峰．赴藏旅游者幸福感的时空结构与特征［J］．旅游科学，2019，33（5）：45－61.

［32］Gilovich T，Keltner D，Chen S，et al. 社会心理学（第三版）［M］．侯玉波，等，译．北京：中国轻工业出版社，2016.

［33］韩长赋．以农村创业创新推动乡村振兴［J］．吉林农业，2018（3）：6－8.

［34］郝志鹏，张所地，王建秀．国内外创业学习比较研究及中国情境化启示［J］．管理学报，2018，15（9）：1411－1422.

［35］何晓群．多元统计分析（第三版）［M］．北京：中国人民大学出版社，2012.

［36］胡枫．为什么创业者的工作满意度更高——收入还是自主性？［J］．世界经济文汇，2017（2）：16－28.

［37］胡剑锋，彭学兵．创业管理：理论、流程与实践［M］．北京：高等教育出版社，2012.

［38］胡亮梓，谭益民，张双全，等．集体林区生态旅游发展与居民幸福感的研究——以常宁市塔山乡西江村为例［J］．中南林业科技大学学报，2014，34（4）：121－124.

［39］胡玲玉，吴剑琳，古继宝．创业环境和创业自我效能对个体创业意向的影响［J］．管理学报，2014，11（10）：1484－1490.

［40］黄平芳，罗镜秋，张频，等．农户参与旅游创业培训意愿及其影响因素分析——基于江西赣南地区的调查数据［J］．农林经济管理学报，2018，17（6）：686－692.

[41] 贾虎，崔毅. 创业学习对创业绩效的影响路径和机理 [J]. 技术经济与管理研究，2015 (9): 38 - 42.

[42] 贾艳慧. 天津蓟州区乡村旅游产业升级发展研究 [J]. 城市，2017 (7): 40 - 43.

[43] 黎常. 制度对企业创业活动类型的影响——研究综述 [J]. 技术经济，2011, 30 (9): 45 - 51.

[44] 李超平，徐世勇. 管理与组织研究常用的 60 个理论 [M]. 北京：北京大学出版社，2019.

[45] 李厚锐，朱健，李旭. 创业学习对大学生创业意愿的影响研究——基于创业自我效能的中介作用 [J]. 现代管理科学，2018 (3): 97 - 99.

[46] 李慧慧，黄莎莎，孙俊华，等. 社会支持、创业自我效能感与创业幸福感 [J]. 外国经济与管理，2022, 44 (8): 42 - 56.

[47] 李秋成，张环宙. 亲缘 - 产业二元网络对内生型乡村旅游小企业成长的影响 [J]. 旅游学刊，2019, 34 (12): 25 - 35.

[48] 李树，陈刚. 幸福的就业效应——对幸福感、就业和隐性再就业的经验研究 [J]. 经济研究，2015 (3): 62 - 74.

[49] 李伟. 西方对终身学习与个体幸福感关系的研究及其启示 [J]. 外国教育研究，2010, 37 (6): 31 - 35.

[50] 李星群. 乡村旅游经营实体创业影响因素研究 [J]. 旅游学刊，2008, 23 (1): 19 - 25.

[51] 李雪平，李双双. 公正世界信念对青少年主观幸福感的影响：心理韧性和自尊的链式中介效应 [J]. 中国特殊教育，2016a (3): 71 - 76.

[52] 李雪平，李双双. 贫困大学生公正世界信念和主观幸福感的链式中介效应 [J]. 中国心理卫生杂志，2016b, 30 (6): 464 - 469.

[53] 李怡欣，赵文红，张文伟. 初创企业创业学习对绩效的影响：创业决策逻辑的调节作用 [J]. 科学学与科学技术管理，2019, http: //kns. cnki. net/kcms/detail/12. 1117. G3. 20191106. 1631. 004. html.

[54] 李志刚. 裂变型创业 [M]. 北京：经济管理出版社，2007.

[55] 李志刚，李兴旺. 蒙牛公司快速成长模式及其影响因素研究——扎根理论研究方法的运用 [J]. 管理科学，2006, 19 (3): 2 - 7.

[56] 梁微，徐红罡，Thomas R. 大理古城生活方式型旅游企业的动机和目标研究 [J]. 旅游学刊，2010，25 (2)：47 – 53.

[57] 梁增贤. 旅游地社区居民生活质量评估——检验多重差异理论的适用性 [J]. 旅游学刊，2018，33 (2)：38 – 47.

[58] 梁增贤，黎结仪，文彤. 城市旅游非正规就业者生活质量感知研究——以广州为例 [J]. 旅游学刊，2015，30 (9)：72 – 81.

[59] 林宗贤，吕文博，吴荣华，等. 乡村旅游创业动机的性别差异研究——以台湾为例 [J]. 旅游学刊，2013，28 (5)：89 – 98.

[60] 刘芳. 幸福感研究综述 [J]. 甘肃高师学报，2009 (1)：83 – 86.

[61] 刘光明，宋洪远. 外出劳动力回乡创业：特征、动因及其影响——对安徽、四川两省四县 71 位回乡创业者的案例分析 [J]. 中国农村经济，2002 (3)：65 – 71.

[62] 刘佳，王海凤. 由美而乐：人的发展视角下乡村旅游从业者审美幸福感研究 [J]. 旅游学刊，2024，39 (6)：14 – 31.

[63] 刘金锋，李强. 旅游创业对贵州西江千户苗寨农村妇女自我认知的影响 [J]. 贵州农业科学，2014，42 (7)：251 – 255.

[64] 刘井建. 创业学习模式及其对新创企业成长的作用机理研究 [J]. 科技进步与对策，2010，27 (20)：70 – 73.

[65] 刘鹏程，刘永安，孟夏. 创业者是否幸福？——基于 CGSS 数据的分析 [J]. 人口与发展，2019，25 (2)：108 – 116.

[66] 刘琴，黄玉纤，张进辅. 心理控制源在青年创业动机与创业学习中的中介作用研究 [J]. 西南农业大学学报 (社会科学版)，2013，11 (12)：184 – 188.

[67] 刘田田，张敬伟，裴雪婷. 创业学习互动导向对新创企业绩效的作用机制研究 [J]. 科技进步与对策，2019，36 (2)：102 – 109.

[68] 刘晓莉，项国鹏，张雷. 国内创业学习研究现状、知识演进与趋势探析——以中文社会科学引文索引数据库 (CSSCI) 为数据源 [J]. 西南民族大学学报 (人文社会科学版)，2018 (8)：231 – 240.

[69] 卢海阳，杨龙，李宝值. 就业质量、社会认知与农民工幸福感 [J]. 中国农村观察，2017 (3)：57 – 71.

[70] 罗明忠，陈明．人格特质、创业学习与农民创业绩效［J］．中国农村经济，2014（10）：62－75.

[71] 骆鑫，张秀娥．创业学习对创业机会开发的影响研究［J］．当代经济研究，2023（3）：109－115.

[72] 旅游业对国家经济社会发展的战略作用课题组．旅游提升国民幸福：一个分析框架及应用［J］．旅游学刊，2015，30（10）：18－27.

[73] 马鹏，张威．游客互动、体验价值、主观幸福感关系研究——一个民宿旅居者视角的实证检验［J］．消费经济，2017，33（5）：83－90.

[74] 毛基业，张霞．案例研究方法的规范性及现状评估——中国企业管理案例论坛（2007）综述［J］．管理世界，2008（4）：115－121.

[75] 梅里安，凯弗瑞拉．成人学习的综合研究与实践指导（第2版）［M］．黄健，张永，魏光丽，译．北京：中国人民大学出版社，2010.

[76] 孟慧，梁巧飞，时艳阳．目标定向、自我效能感与主观幸福感的关系［J］．心理科学，2010，33（1）：96－99.

[77] 孟晓彤，于晓宇，李炜文，等．创业者幸福感的演化机制——基于自组织理论的纵向单案例研究［J］．管理案例研究与评论，2024，17（2）：223－241.

[78] Miles J A. 管理与组织研究必读的40个理论［M］．徐世勇，李超平，等，译．北京：北京大学出版社，2017.

[79] 潘春阳，王紫妍．创业的得与失——中国居民创业的货币与非货币回报［J］．世界经济文汇，2016（4）：102－120.

[80] 彭伟，金丹丹，符正平．双重网络嵌入、双元创业学习与海归创业企业成长关系研究［J］．管理评论，2018（12）：63－75.

[81] 秦宇，姜姗姗，张壮，等．互联网旅游企业创业机会来源及其识别影响因素——一个多案例研究［J］．旅游学刊，2021，36（1）：69－86.

[82] 芮正云．释放创业激情：城市社会网络嵌入对农民工留城创业幸福感的影响［J］．当代经济科学，2017，39（6）：25－32，123.

[83] 单标安，蔡莉，鲁喜凤，等．创业学习的内涵、维度及其测量［J］．科学学研究，2014，32（12）：1867－1875.

[84] 单标安，李文玉，鲁喜凤，等．技术创业者的创业学习：学习目标

与学习方式变革——基于新生创业者的多案例研究 [J]. 外国经济与管理, 2018, 40 (6): 17-28.

[85] 单标安, 于海晶, 费宇鹏. 创业激情对新企业成长的影响研究——创业学习的中介作用 [J]. 南方经济, 2017 (8): 84-99.

[86] 沈莉, 廖家娴. 创业者正念何以激发再创业意向? 失败学习与风险规避的作用 [J]. 中国人力资源开发, 2023, 40 (1): 34-46.

[87] 沈艺, 周箴. 管理者的工作压力与职业幸福感: 自我效能感和恢复体验的作用 [J]. 南京社会科学, 2016 (9): 24-30.

[88] 申正付, 杨秀木, 孙雪芹, 等. 人格特征、一般自我效能感对大学生主观幸福感的影响 [J]. 中国临床心理学杂志, 2013, 21 (2): 303-305.

[89] 施涛, 曾令凤. 组织学习与组织绩效: 工作幸福感的中介作用 [J]. 管理工程学报, 2015, 29 (3): 39-50.

[90] 宋克勤. 创业成功学 [M]. 北京: 经济管理出版社, 2002.

[91] 宋晓洪, 丁莹莹. 社会网络、创业学习与创业能力关系的量表设计及检验 [J]. 统计与决策, 2017 (24): 89-92.

[92] 粟路军, 何学欢, 胡东滨. 旅游者主观幸福感研究进展及启示 [J]. 四川师范大学学报 (社会科学版), 2019, 46 (2): 83-92.

[93] 苏晓华, 周焱, 杨赛楠. 创业者幸福感从哪里来? ——大男子主义和公平感知的调节作用 [J]. 财经问题研究, 2019 (10): 130-137.

[94] 唐彬礼, 粟路军. 懂分享, 2024, 更幸福——旅游体验分享、旅游者自我发展与旅游后幸福感 [J]. 旅游学刊, 39 (5): 104-119.

[95] 妥艳媜. 旅游者幸福感为什么重要 [J]. 旅游学刊, 2015, 30 (11): 16-18.

[96] 王彩彩, 袭威, 徐虹, 等. 乡村旅游开发促进共同富裕的机制与路径——基于共生视角的分析 [J]. 自然资源学报, 2023, 38 (2): 335-356.

[97] 王彩彩, 徐虹. 乡村旅游创业生态系统构建研究——以陕西省袁家村为例 [J]. 干旱区资源与环境, 2019, 33 (12): 201-208.

[98] 王大悟, 魏小安. 新编旅游经济学 [M]. 上海: 上海人民出版社, 2000.

[99] 王海弘, 曹宁, 李仲广, 等. 乡村旅游行业中农民创业绩效的影响

因素研究 [J]. 辽宁大学学报（哲学社会科学版），2019，47（5）：70－80.

[100] 王金伟，张丽艳，王国权. 民族地区居民旅游扶贫参与意愿的影响机制——一个中介与调节效应的混合模型 [J]. 旅游学刊，2022，37（8）：40－57.

[101] 王美钰，李勇泉，阮文奇. 民宿创业成功的关键要素与理论逻辑：基于扎根理论分析 [J]. 南开管理评论，2022，25（2）：203－215.

[102] 王慕文，卢二坡. 创业提高了劳动者的幸福感吗？——基于倾向得分匹配的实证研究 [J]. 兰州财经大学学报，2017，33（5）：30－40.

[103] 王琼，黄维乔. 农民创业更幸福吗——基于 CLDS 数据的实证研究 [J]. 南京农业大学学报（社会科学版），2020，20（3）：99－110.

[104] 汪圣国，杜素珍. 夫妻一方创业对幸福感影响的性别差异——基于社会规范的解释 [J]. 经济管理，2019（12）：1－15.

[105] 王舒媛，白凯. 西安回坊旅游劳工移民的地方依恋与幸福感 [J]. 旅游学刊，2017，32（10）：12－27.

[106] 王铁，张宪玉. 基于概率模型的环城游憩带乡村旅游开发决策路径研究 [J]. 旅游学刊，2009，24（11）：30－35.

[107] 王扬眉，梁果，李爱君，等. 家族企业海归继承人创业学习过程研究——基于文化框架转换的多案例分析 [J]. 管理世界，2020（3）：120－142.

[108] 王有智. 学习心理学 [M]. 北京：中国社会科学出版社，2010.

[109] 魏江，权予衡. "创二代"创业动机、环境与创业幸福感的实证研究 [J]. 管理学报，2014，11（9）：1349.

[110] 巫程成，梁明辉. 创业者社会网络与创业学习对创业绩效的作用 [J]. 创新与创业教育，2018，9（4）：44－50.

[111] 吴芳，郭艳. 有独生子女的城市老年人亲子支持和一般自我效能感与主观幸福感的关系 [J]. 中国心理卫生杂志，2016，30（11）：823－828.

[112] 吴国清. 都市型乡村旅游发展创新研究——以上海市为例 [J]. 生态经济，2008（10）：104－108.

[113] 吴国清. 都市居民乡村旅游消费决策行为分析——以上海为例 [J]. 经济问题探索，2009（9）：159－163.

[114] 吴琳，吴文智，牛嘉仪，等. 生意还是生活？——乡村民宿创客

的创业动机与创业绩效感知研究［J］．旅游学刊，2020，35（8）：105－116.

［115］吴明隆．问卷统计分析实务——SPSS操作与应用［M］．重庆：重庆大学出版社，2010.

［116］吴小立，胡新艳．农民创业的跨层次嵌入与乡村旅游资源的适应性协同管理［J］．华中农业大学学报（社会科学版），2017（4）：132－138，151.

［117］谢雅萍，陈睿君，王娟．直观推断调节作用下的经验学习、创业行动学习与创业能力［J］．管理学报，2018（1）：57－65.

［118］谢雅萍，陈小燕，叶丹容．创业激情有助于创业成功吗？［J］．管理评论，2016（11）：170－181.

［119］谢雅萍，黄美娇．社会网络、创业学习与创业能力——基于小微企业创业者的实证研究［J］．科学学研究，2014，32（3）：400－409.

［120］谢雅萍，黄美娇，陈小燕．国外创业学习研究综述——基于认知、经验、网络和能力视角研究的比较与融合［J］．技术经济，2014（1）：75－82，124.

［121］徐菲菲，胡娟，刘婧媛，等．乡村振兴背景下乡村民宿主创业动机与获得感研究［J］．人文地理，2023，38（1）：140－146，192.

［122］徐凤增，林亚楠，王晨光．社会创业对乡村旅游利益分配模式的影响机理研究——以山东省中郝峪村为例［J］．民俗研究，2019（5）：122－135，159－160.

［123］徐虹，李瑾，李永森．天津市休闲农业与乡村旅游发展报告（第一卷）［M］．北京：中国旅游出版社，2017.

［124］徐虹，王彩彩．包容性发展视域下乡村旅游脱贫致富机制研究——陕西省袁家村的案例启示［J］．经济问题探索，2019（6）：59－70.

［125］徐红罡，陈芳芳．目的地创业环境与旅游小企业创业——不同类型小企业比较研究［J］．旅游科学，2018，32（1）：29－44.

［126］徐红罡，马少吟．旅游小企业的创业机会识别研究——桂林阳朔西街案例［J］．旅游学刊，2012，27（8）：18－26.

［127］徐红罡，唐周媛．旅游发展背景下民族手工艺企业家创业过程研究［J］．西南民族大学学报（人文社会科学版），2014，35（9）：124－129.

［128］徐淑一，陈平．收入、社会地位与幸福感——公平感知视角［J］．

管理科学学报，2017，20（12）：99－116.

［129］徐英，车静怡，乌铁红．乡村旅游地居民幸福感及其形成机制研究——一个质的分析［J］．干旱区资源与环境，2023，37（10）：183－190.

［130］徐占东，梅强，陈天旻，等．创业知识与大学生新创企业绩效：创业学习的多重中介作用［J］．工业工程与管理，2018，23（3）：177－183，191.

［131］严标宾，郑雪，邱林．大学生主观幸福感的跨文化研究：来自48个国家和地区的调查报告［J］．心理科学，2003（5）：851－855.

［132］严杰，刘人境．创业环境动态性、创业学习与创业机会识别关系研究［J］．科技进步与对策，2018，35（13）：1－7.

［133］杨学儒，李浩铭．乡村旅游企业社区参与和环境行为——粤皖两省家庭农家乐创业者的实证研究［J］．南开管理评论，2019（1）：76－86.

［134］杨学儒，杨萍．乡村旅游创业机会识别实证研究［J］．旅游学刊，2017，32（2）：89－103.

［135］阳银娟，陈劲．战略创业对组织学习的影响——基于杭开集团的案例研究［J］．技术经济，2018，37（11）：78－85.

［136］姚若松，郭梦诗，叶浩生．社会支持对老年人社会幸福感的影响机制：希望与孤独感的中介作用［J］．心理学报，2018，50（10）：1151－1158.

［137］叶文平，杨学儒，朱沆．创业活动影响幸福感吗——基于国家文化与制度环境的比较研究［J］．南开管理评论，2018，21（4）：4－14.

［138］尹志超，宋全云，吴雨，等．金融知识、创业决策和创业动机［J］．管理世界，2015（1）：87－98.

［139］郁滨赫，郭华，刘悦，等．天津市蓟州区创建国家全域旅游示范区的思路与建议［J］．天津农业科学，2017，23（12）：32－36.

［140］余润哲，黄震方，何昭丽，等．动机视角下乡村旅游者主观幸福感的驱动机制研究——以皖南传统古村落为例［J］．旅游科学，2022，36（6）：90－105.

［141］余素梅．心理资本如何促进大学生创业失败学习——基于失败成本与失败宽容双重调节的分析［J］．教育发展研究，2024，44（3）：65－74.

［142］于伟，张鹏，李雪丽．旅游的幸福增进效应——来自CGSS2015的经验证据［J］．旅游科学，2019，33（1）：71－83.

[143] 于晓宇，孟晓彤，蔡莉，等. 创业与幸福感：研究综述与未来展望 [J]. 外国经济与管理，2018，40 (8)：30－44.

[144] 岳园园，万丛颖，赵婷. 创业与农民工幸福感关系研究——基于CFPS数据的研究 [J]. 安徽师范大学学报 (人文社会科学版)，2018，46 (5)：55－63.

[145] 张德彭，崔铭香. 乡村振兴背景下农民工返乡创业转化学习研究——基于威克姆创业模型的分析 [J]. 教育学术月刊，2019 (12)：17－23，43.

[146] 张环宙，李秋成，黄祖辉. 资源系统、家族网依赖与农民创业旅游小企业成长关系研究 [J]. 浙江社会科学，2018 (12)：52－59，156－157.

[147] 张环宙，李秋成，黄祖辉. 亲缘网络对农民乡村旅游创业意愿的影响——基于浙江浦江农户样本实证 [J]. 地理科学，2019，39 (11)：1787－1795.

[148] 张敬伟，裴雪婷. 中国农民创业者的创业学习行为探析 [J]. 科学学研究，2018，36 (11)：2046－2054.

[149] 张俊，程励. 旅游发展与居民幸福：基于系统动力学视角 [J]. 旅游学刊，2019，34 (8)：12－24.

[150] 张玲. 创业学习、创业意愿与创业知识的关系——基于远程教育学生的实证研究 [J]. 福建师范大学学报 (哲学社会科学版)，2014 (3)：157－166.

[151] 张萍，汪海彬. 大学生情绪调节自我效能感在神经质、外倾性和主观幸福感间的中介作用 [J]. 中国心理卫生杂志，2015，29 (2)：139－144.

[152] 张天问，吴明远. 基于扎根理论的旅游幸福感构成——以互联网旅游博客文本为例 [J]. 旅游学刊，2014，29 (10)：51－60.

[153] 张晓，白长虹. 快乐抑或实现？旅游者幸福感研究的转向——基于国外幸福感研究的述评 [J]. 旅游学刊，2018，33 (9)：132－144.

[154] 张秀娥，徐雪娇. 创业学习、创业警觉性与农民创业机会识别——一个中介效应模型及其启示 [J]. 商业研究，2017 (11)：184－192.

[155] 张彦，于伟. 主客冲突对旅游目的地居民心理幸福感的影响——基于山东城市历史街区的研究 [J]. 经济管理，2014，36 (4)：117－125.

[156] 张玉利，杨俊. 企业家创业行为调查 [J]. 经济理论与经济管理，

2003 (9): 61 – 66.

[157] 张圆刚，黄业坚，程静静，等. 城市居民压力源对幸福感的影响研究——基于乡村旅游休闲参与的角度 [J]. 地理研究，2019，38 (4): 971 – 987.

[158] 赵文红，黄姗姗. 挫而不折？创业挫折应对策略对创业绩效的影响研究 [J/OL]. 软科学，2024: 1 – 12. http: //kns. cnki. net/kcms/detail/51. 1268. G3. 20240615. 2232. 002. html.

[159] 赵晓萌. 创业能否提升幸福感——基于幸福经济学视角的研究综述 [J]. 中国物价，2018 (10): 89 – 91.

[160] 赵新宇，范欣，姜扬. 收入、预期与公众主观幸福感——基于中国问卷调查数据的实证研究 [J]. 经济学家，2013 (9): 15 – 23.

[161] 赵振斌，朱文婷. 西部民族旅游社区女性幸福感人群差异——以四川桃坪羌寨为例 [J]. 云南师范大学学报（哲学社会科学版），2014，46 (1): 57 – 63.

[162] 郑希付. 我们的幸福感 [M]. 广州：暨南大学出版社，2008.

[163] 周必彧，池仁勇. 大学生创业学习影响创业自我效能的调节效应研究 [J]. 高等工程教育研究，2016 (2): 80 – 85.

[164] 周春平. 文化消费对居民主观幸福感影响的实证研究——来自江苏的证据 [J]. 消费经济，2015，31 (1): 46 – 51.

[165] 周劲波，李炆灿. 用户创业学习、创业能力与创业绩效的影响关系——基于众创空间网络嵌入的调节作用 [J]. 科技管理研究，2023，43 (23): 195 – 203.

[166] 朱翠英，凌宇，银小兰. 幸福与幸福感——积极心理学之维 [M]. 北京：人民出版社，2011.

[167] 朱秀梅，肖雪. 变革领导力与双元创业学习：雇员创造力的中介作用研究 [J]. 社会科学战线，2014 (8): 254 – 256.

[168] 朱秀梅，杨姗，董钊，等. 创业学习会传染吗？——创业者到员工的创业学习转移机制 [J]. 外国经济与管理，2018，40 (10): 3 – 16，138.

[169] 朱秀梅，张婧涵，肖雪. 国外创业学习研究演进探析及未来展望 [J]. 外国经济与管理，2013 (12): 20 – 30.

[170] 朱怡帆，何丹，范振杰. 乡村旅游地居民幸福感影响因素及其作

用路径［J］．地理科学，2023，43（9）：1598－1607．

［171］朱镇，王新．互联网转型驱动的线下旅行社电子商务能力识别——创业感知的中介效应［J］．旅游学刊，2018，33（5）：79－91．

［172］邹璐，姜莉，张西超，等．自我构念对主观幸福感的影响机制分析：自我效能感和关系和谐的中介作用［J］．心理与行为研究，2014，12（1）：107－114，135．

二、英文文献

［1］ABREU M，ONER O，BROUWER A，et al. Well－being effects of self－employment：a spatial inquiry［J］．Journal of Business Venturing，2019，34（4）：589－607．

［2］AHADIAN O. Residents' perceptions of tourism development－implications for small economies business：the case study of Ali Sadr，Iran［J］．Current Issues in Tourism，2013，16（1）：97－106．

［3］AHMAD S Z. Entrepreneurship in the small and medium－sized hotel sector［J］．Current Issues in Tourism，2015，18（4）：328－349．

［4］AIDIS R，MICKIEWICZ E T M. Size matters：entrepreneurial entry and government［J］．Small Business Economics，2012，39（1）：119－139．

［5］ALDRICH H. Organizations evolving［M］．London：Sage，1999．

［6］ALHAMMAD F. Trends in tourism entrepreneurship research：a systematic review［J］．Jordan Journal of Business Administration，2020，16（1）：307－330．

［7］AMIT R，MULLER E. "Push" and "pull" entrepreneurship［J］．Journal of Small Business & Entrepreneurship，1995，12（4）：64－80．

［8］ANDERSON A R，OBENG B A. Enterprise as socially situated in a rural poor fishing community［J］．Journal of Rural Studies，2017，49：23－31．

［9］ARGYLE M. Causes and correlates of happiness. In D Kahneman，E Diener，N Schwarz（Eds.），Well－being：the foundations of hedonic psychology［M］．New York：Russell Sage Foundation，1999．

［10］AUSTIN J，STEVENSON H，WEI－SKILLERN J. Social entrepreneurship and commercial entrepreneurship: same, different, or both? [J]. Entrepreneurship Theory and Practice, 2006, 30 (1): 1 – 22.

[11] AVCIKURT C, ALTAY H, ILBAN M O. Critical success factors for small hotel businesses in Turkey: an exploratory study [J]. Cornell Hospitality Quarterly, 2011, 52 (2): 153 – 164.

[12] BAKKER A, DEMEROUTI E, SCHAUFELI W. Dual processes at work in a call centre: an application of the job demands – resources model [J]. European Journal of Work and Organizational Psychology, 2003, 12 (4): 393 – 417.

[13] BAKKER A B, DEMEROUTI E. The job demands – resources model: state of the art [J]. Journal of Managerial Psychology, 2007, 22 (3): 309 – 328.

[14] BANDURA A. Social learning theory [M]. Englewood Cliffs, NJ: Prentice – Hall, 1977.

[15] BANDURA A. Social foundations of thought and action [M]. Englewood Cliffs, NJ: Prentice – Hall, Inc, 1986.

[16] BANDURA A. Human agency in social cognitive theory [J]. American Psychologist, 1989, 44 (9): 1175 – 1184.

[17] BANDURA A. Self – Efficacy: the exercise of control [M]. New York: W. H. Freeman, 1997.

[18] BARON R A, FRANKLIN R J, HMIELESKI K M. Why entrepreneurs often experience low, not high, levels of stress: the joint effects of selection and psychological capital [J]. Journal of Management, 2016, 42 (3): 742 – 768.

[19] BARON S, WARNABY G. Individual customers' use and integration of resources: empirical findings and organisational implications in the context of value co – creation [J]. Industrial Marketing Management, 2011, 40 (2): 211 – 218.

[20] BAUER T. Tourism and small entrepreneurs – development, national policy, and entrepreneurial culture: Indonesian cases [J]. Tourism Management, 2001, 22 (5): 571 – 572.

[21] BAUMOL W J. Entrepreneurship: productive, unproductive, and destructive [J]. Journal of Political Economy, 1990, 98 (5): 893 – 921.

[22] BELIAEVA T, LASKOVAIA A, Shirokova G. Entrepreneurial learning

and entrepreneurial intentions: a cross – cultural study of university students [J]. European Journal of International Management, 2017, 11 (5): 606 –632.

[23] BENSIK P, CHULUUN T, GRAHAM C. Entrepreneurs out of necessity? Entrepreneurship and subjective well – being [C] // Workshop on Entrepreneurship and Well – Being, June 2 –3, Steninge, Sweden, 2017.

[24] BENZ M, FREY B S. Being independent is a great thing: subjective evaluations of self – employment and hierarchy [J]. Economica, 2008, 75 (298): 362 –383.

[25] BHUIYAN M F, IVLEVS A. Micro – entrepreneurship and subjective well – being: evidence from rural Bangladesh [J]. Journal of Business Venturing, 2019, 34 (4): 625 –645.

[26] BINDER M, COAD A. Life satisfaction and self – employment: a matching approach [J]. Small Business Economics, 2013, 40 (4): 1009 –1033.

[27] BINDER M, COAD A. How satisfied are the self – employed? A life domain view [J]. Journal of Happiness Studies, 2016, 17 (4): 1409 –1433.

[28] BOSMA N, HESSELS J, SCHUTJENS V, et al. . Entrepreneurship and role models [J]. Journal of Economic Psychology, 2012, 3 (2): 410 –424.

[29] BOSWORTH G, FARRELL H. Tourism entrepreneurs in Northumberland [J]. Annals of Tourism Research, 2011, 38 (4): 1474 –1494.

[30] BOUD D, KEOGH R, WALKER D. What is reflection in learning? Reflection: turning experience into learning [M]. London: Kogan Page, 1985.

[31] BRADLEY D E, ROBERTS J A. Self – Employment and job satisfaction: investigating the role of self – efficacy, depression, and seniority [J]. Journal of Small Business Management, 2014, 42 (1): 37 –58.

[32] BREDVOLD R, SKALEN P. Lifestyle entrepreneurs and their identity construction: a study of the tourism industry [J]. Tourism Management, 2016, 56: 96 –105.

[33] BUHLER P. Motivating the employee of the 90s [J]. Supervision, 1994, 55 (7): 8 –10.

[34] BUTTNER H E. Entrepreneurial stress: is it hazardous to your health?

[J]. Journal of Managerial Issues, 1992, 4 (2): 223 – 240.

[35] CARDON M, MCGRATH R G. When the going gets tough... toward a psychology of entrepreneurial failure and re – motivation [C] // Frontiers of Entrepreneurship Research Conference, Babson College, 1999.

[36] CARDON M S, GREGOIRE D A, STEVENS C E, et al. Measuring entrepreneurial passion: conceptual foundations and scale validation [J]. Journal of Business Venturing, 2013, 28 (3): 373 – 396.

[37] CARSON D A, CARSON D B, EIMERMANN M. International winter tourism entrepreneurs in northern Sweden: understanding migration, lifestyle, and business motivations [J]. Scandinavian Journal of Hospitality and Tourism, 2018, 18 (2): 183 – 198.

[38] CHAMLEY C P. Rational herds: economic models of social learning [M]. Cambridge University Press, 2004.

[39] CHEN C, GREENE P, CRICK A. Does entrepreneurial self – efficacy distinguish entrepreneurs from managers? [J]. Journal of Business Venturing, 1998, 13 (4): 295 – 316.

[40] CHEN S C, ELSTON J A. Entrepreneurial motives and characteristics: an analysis of small restaurant owners [J]. International Journal of Hospitality Management, 2013, 35: 294 – 305.

[41] CONNELL J, PAGE S J, BENTLEY T. Towards sustainable tourism planning in New Zealand: monitoring local government planning under the resource management Act [J]. Tourism Management, 2009, 30 (6): 867 – 877.

[42] COPE J. Entrepreneurial learning and critical reflection: discontinuous events as triggers for 'higher – level' learning [J]. Management Learning, 2003, 34 (4): 429 – 450.

[43] COPE J. Toward a dynamic learning perspective of entrepreneurship [J]. Entrepreneurship Theory and Practice, 2005a, 29 (4): 373 – 397.

[44] COPE J. Researching entrepreneurship through phenomenological inquiry: philosophical and methodological issues [J]. International Small Business Journal, 2005b, 23 (2): 163 – 189.

[45] COPE J. Entrepreneurial learning from failure: an interpretative phenomenological analysis [J]. Journal of Business Venturing, 2010, 26 (6): 604 - 623.

[46] COPE J, WATT G. Learning by doing: an exploration of experience, critical incidents and reflection in entrepreneurial learning [J]. International Journal of Entrepreneurial Behaviour & Research, 2000, 6 (3): 104 - 124.

[47] CORBETT A C. Learning asymmetries and the discovery of entrepreneurial opportunities [J]. Journal of Business Venturing, 2007, 22 (1): 97 - 118.

[48] COSTA P T, MCCRAE R R. Influence of extraversion and neuroticism on subjective well - being: happy and unhappy people [J]. Journal of Personality and Social Psychology, 1980, 38 (4): 668 - 678.

[49] CROES R. Tourism, poverty relief, and the quality - of - life in developing countries [M] // Handbook of Tourism and Quality - of - Life Research, Springer, Dordrecht, 2012.

[50] da Motta Veiga S P, TURBAN D B. Are affect and perceived stress detrimental or beneficial to job seekers? The role of learning goal orientation in job search self - regulation [J]. Organizational Behavior and Human Decision Processes, 2014, 125 (2): 193 - 203.

[51] DANA L P, GURAU C, LASCH F. Entrepreneurship, tourism and regional development: a tale of two villages [J]. Entrepreneurship & Regional Development, 2014, 26 (3 - 4): 357 - 374.

[52] DAWSON D, FOUNTAIN J, COHEN D A. Seasonality and the lifestyle "conundrum": an analysis of lifestyle entrepreneurship in wine tourism regions [J]. Asia Pacific Journal of Tourism Research, 2011, 16 (5): 551 - 572.

[53] DE LANGE D, DODDS R. Increasing sustainable tourism through social entrepreneurship [J]. International Journal of Contemporary Hospitality Management, 2017, 29 (7): 1977 - 2002.

[54] DE Noble A F, JUNG D, EHRLICH S B. Entrepreneurial self - efficacy: the development of a measure and its relationship to entrepreneurial action [J]. Frontiers of Entrepreneurship Research, 1999 (1): 73 - 87.

[55] DEAKINS D, FREEL M. Entrepreneurial learning and the growth process

in SMEs [J]. The Learning Organization, 1998, 5 (3): 144 -155.

[56] DECI E L, RYAN R M. The "what" and "why" of goal pursuits: human needs and the self - determination of behavior [J]. Psychological Inquiry, 2000, 11 (4): 227 -268.

[57] DIENER E, DIENER M. Cross - cultural correlates of life satisfaction and self - esteem [J]. Journal of Personality and Social Psychology, 1995, 68 (4): 653 -663.

[58] DIENER E, EMMONS R A, LARSEN R J, et al. The satisfaction with life scale [J]. Journal of Personality Assessment, 1985, 49 (1): 71 -75.

[59] DIENER E, LUCAS R E, OISHI S. Subjective well - being: the science of happiness and life satisfaction [C] // Sny - Der C R, Lope Z S J. Handbook of positive psychology. New York: Oxford University Press, 2002.

[60] DIENER E, SUH E M, LUCAS R E, et al. Subjective well - Being: three decades of progress [J]. Psychological Bulletin, 1999, 125 (2): 276 -302.

[61] DIJKHUIZEN J, VELDHOVEN M, SCHALK R. Four types of well - being among entrepreneurs and their relationships with business performance [J]. The Journal of Entrepreneurship, 2016, 25 (2): 184 -210.

[62] DIXON N. The organizational learning cycle: how can we learn collectively? [M]. Maidenhead: McGraw - Hill, 1994.

[63] DODD, S D, HYNES B C. The impact of regional entrepreneurial contexts upon enterprise education [J]. Entrepreneurship & Regional Development, 2012, 24 (9 -10): 741 -766.

[64] DOLAN K A. When money isn't enough [J]. Forbes, 1996, 158 (12): 164 -170.

[65] DONNELLON A, OLLILAll S, MIDDLETON K W. Constructing entrepreneurial identity in entrepreneurship education [J]. The International Journal of Management Education, 2014, 12 (3): 490 -499.

[66] DUNN T A, HOLTZ - EAKIN D J. Financial capital, human capital and the transition to self - employment: evidence from intergenerational links [J]. Journal of Labor Economics, 2000, 18 (2): 282 -305.

[67] EASTERLIN R A. Does economic growth improve the human lot? Some empirical evidence [M]. New York: Academic Press, 1974.

[68] EASTERLIN R A. Will raising the income of all increase the happiness of all? [J]. Journal of Economic Behavior and Organization, 1995, 27 (1): 35 -48.

[69] EISENHARDT K M. Building theories from case study research [J]. Academy of Management Review, 1989, 14 (4): 532 -550.

[70] FLORIN J, KARRI R, ROSSITER N. Fostering entrepreneurial drive in business education: an attitudinal approach [J]. Journal of Management Education, 2007, 31 (1): 17 -42.

[71] FRESE M. Towards a psychology of entrepreneurship—an action theory perspective [J]. Foundations and Trends© in Entrepreneurship, 2009, 5 (6): 437 -496.

[72] GARTNER W B. A conceptual framework for describing the phenomenon of new venture creation [J]. Academy of Management Review, 1985, 10 (4): 696 - 706.

[73] GETZ D. Residents' attitudes towards tourism: a longitudinal study in Spey Valley, Scotland [J]. Tourism Management, 1994, 15 (4): 247 -258.

[74] GETZ D, CARLSEN J. Characteristics and goals of family and owner - operated businesses in the rural tourism and hospitality sectors [J]. Tourism Management, 2000, 21 (6): 547 -560.

[75] GETZ D, PETERSEN T. Growth and profit - oriented entrepreneurship among family business owners in the tourism and hospitality industry [J]. International Journal of Hospitality Management, 2005, 24 (2): 219 -242.

[76] GIBB A A. Small firms' training and competitiveness. Building upon the small business as a learning organization [J]. International Small Business Journal, 1997, 15 (3): 13 -29.

[77] GIBSON D E. Role models in career development: new directions for theory and research [J]. Journal of Vocational Behavior, 2004, 65: 134 -156.

[78] GLASER B G, STRAUSS A. The discovery of grounded theory: strategies for qualitative research [M]. Chicago: Aldine, 1967.

[79] GLASER B G. Theoretical sensitivity [M]. Mill Valley, CA: The Sociology Press, 1978.

[80] GRAWITCH M J, GOTTSCHALK M, MUNZ D C. The path to a healthy workplace: a critical review linking healthy workplace practices, employee well - being, and organizational improvements [J]. Consulting Psychology Journal: Practice and Research, 2006, 58: 129 - 147.

[81] GUREL E, ALTINAY L, DANIELE R. Tourism students' entrepreneurial intentions [J]. Annals of Tourism Research, 2010, 37 (3): 646 - 669.

[82] HAHN D, MINOLA T, GILS A V, et al. Entrepreneurial education and learning at universities: exploring multilevel contingencies [J]. Entrepreneurship & Regional Development, 2017, 29 (9 - 10): 945 - 974.

[83] HAHN V C, FRESE M, BINNEWIES C, et al. Happy and proactive? The role of hedonic and eudaimonic well - being in business owners' personal initiative [J]. Entrepreneurship Theory and Practice, 2012, 36 (1): 97 - 114.

[84] HALBESLEBEN J R B, NEVEU J P, PAUSTIAN - UNDERDAHL S C, et al. Getting to the "COR": understanding the role of resources in conservation of resources theory [J]. Journal of Management, 2014, 40 (5): 1334 - 1364.

[85] HALLAK R, ASSAKER G, Lee C. Tourism entrepreneurship performance: the effects of place identity, self - efficacy, and gender [J]. Journal of Travel Research, 2015, 54 (1): 36 - 51.

[86] HALLAK R, ASSAKER G, O'CONNOR P. Are family and nonfamily tourism businesses different? An examination of the entrepreneurial self - efficacy - entrepreneurial performance relationship [J]. Journal of Hospitality & Tourism Research, 2014, 38 (38): 388 - 413.

[87] HALLAK R, BROWN G, LINDSAY N J. The place identity - performance relationship among tourism entrepreneurs: a structural equation modelling analysis [J]. Tourism Management, 2012, 33 (1): 143 - 154.

[88] HALLER M, HADLER M. How social relations and structures can produce happiness and unhappiness: an international comparative analysis [J]. Social indicators research, 2006, 75 (2): 169 - 216.

[89] HAMILTON E. Entrepreneurial learning in family business: a situated learning perspective [J]. Journal of Small Business and Enterprise Development, 2011, 18 (1): 8 -26.

[90] HAMMERSLEY M. The dilemma of qualitative method: Herbert blumer and the Chicago tradition [M]. London: Routledge, 1989.

[91] HARRISON R T, LEITCH C M. Entrepreneurial learning: researching the interface between learning and the entrepreneurial context [J]. Entrepreneurship Theory and Practice, 2005, 29 (4): 351 -371.

[92] HASTIE B. Higher education and socio - political orientation: the role of social influence in the liberalisation of students [J]. European Journal of Psychology of Education, 2007, 22 (3): 259 -274.

[93] HISRICH R, LANGAN - FOX J, GRANT S. Entrepreneurship research and practice [J]. American Psychologist, 2007, 62 (6): 575 -589.

[94] HOBFOLL S E. Conservation of resources: a new attempt at conceptualizing stress [J]. American Psychologist, 1989, 44 (3): 513 -524.

[95] HOBFOLL S E, HALBESLEBEN J, NEVEU J P, et al. Conservation of resources in the organizational context: the reality of resources and their consequences [J]. Annual Review of Organizational Psychology and Organizational Behavior, 2018, 5 (1): 103 -128.

[96] HOLCOMB T, IRELAND R, HOLMES R, et al. Architecture of entrepreneurial learning: exploring the link among heuristics, knowledge and action [J]. Entrepreneurship Theory and Practice, 2009, 33 (1): 167 -192.

[97] HOPPOCK R. Job satisfaction [M]. New York: Harper & Brother Publisher, 1935.

[98] HOUT M, ROSEN H S. Self - employment, family background and race [J]. Journal of Human Resources, 2000, 35 (4): 670 -692.

[99] HOWELL R T, HOWELL C J. The relation of economic status to subjective well - being in developing countries: a meta - analysis [J]. Psychological Bulletin, 2008, 134 (4): 536 -560.

[100] JAAFAR M, ABDUL - AZIZ A R, MAIDEEN S A, et al. Entrepreneur-

ship in the tourism industry: Issues in developing countries [J]. International Journal of Hospitality Management, 2011, 30 (4): 827 - 835.

[101] JEON M M, KANG M, DESMARAIS E. Residents' perceived quality of life in a cultural - heritage tourism destination [J]. Applied Research in Quality of Life, 2016, 11 (1): 105 - 123.

[102] JOGARATNAM G. The effect of market orientation, entrepreneurial orientation and human capital on positional advantage: evidence from the restaurant industry [J]. International Journal of Hospitality Management, 2017, 60: 104 - 113.

[103] JOHANNISSON B. University training for entrepreneurship: Swedish approaches [J]. Entrepreneurship & Regional Development, 1991, 3 (1): 67 - 82.

[104] KASSER T, RYAN R M. A dark side of the American dream: correlates of financial success as a central life aspiration [J]. Journal of Personality and Social Psychology, 1993, 65 (2): 410 - 422.

[105] KASSER T, RYAN R M. Further examining the American dream: differential correlates of intrinsic and extrinsic goals [J]. Personality and Social Psychology Bulletin, 1996, 22 (3): 280 - 287.

[106] KATZ J A. How satisfied are the self - employed: a secondary analysis approach [J]. Entrepreneurship Theory and Practice, 1993, 17 (3): 35 - 50.

[107] KAUFMANN P J. Franchising and choice of self - employment [J]. Journal of Business Venturing, 1999, 14 (4): 345 - 361.

[108] KEYES C L M. The mental health continuum: from languishing to flourishing in life [J]. Journal of Health and Social Behavior, 2002, 43 (2): 207 - 222.

[109] KIBLER E, WINCENT J, KAUTONEN T, et al. Can prosocial motivation harm entrepreneurs' subjective well - being? [J]. Journal of Business Venturing, 2019, 34 (4): 608 - 624.

[110] KIM H, WOO E, UYSAL M. Tourism experience and quality of life among elderly tourist [J]. Tourism Management, 2015, 46: 465 - 476.

[111] KIM J Y, MINER A S. Vicarious learning from the failures and near - failures of others: evidence from the U. S. commercial banking industry [J]. Academy of Management Journal, 2007, 50 (3): 687 - 714.

[112] KING B E, BREEN J, WHITELAW P A. Hungry for growth? Small and medium - sized tourism enterprise (SMTE) business ambitions, knowledge acquisition and industry engagement [J]. International Journal of Tourism Research, 2014, 16 (3): 272 - 281.

[113] KIRZNER I. Competition and entrepreneurship [M]. Chicago: University of Chicago Press, 1973.

[114] KLINE R B. Principles and practice of structural equation modeling [M]. New York: The Guiford Press.

[115] KREISER P M. Entrepreneurial orientation and organizational learning: the impact of network range and network closure [J]. Entrepreneurship Theory and Practice, 2011, 35 (5): 1025 - 1050.

[116] KRISTJANSON P, HARVEY B, VAN EPP M, et al. Social learning and sustainable development [J]. Nature Climate Change, 2014, 4 (1): 5 - 7.

[117] LANGEVANG T, NAMATOVU R, DAWA S. Beyond necessity and opportunity entrepreneurship: motivations and aspirations of young entrepreneurs in Uganda [J]. International Development Planning Review, 2012, 34 (4): 439 - 460.

[118] LANKAU M J, SCANDURA T A. An investigation of personal learning in mentoring relationships: content, antecedents, and consequences [J]. Academy of Management Journal, 2002, 45 (4): 779 - 790.

[119] LANS T, BIEMANS H, VERSTEGEN J, et al. The influence of the work environment on entrepreneurial learning of small - business owners [J]. Management Learning, 2008, 39 (5): 597 - 613.

[120] LASES L S S, ARAH O A, BUSCH O R C, et al. Learning climate positively influences residents' workrelated wellbeing [J]. Advances in Health Sciences Education, 2019, 24 (2): 317 - 330.

[121] LAVE J, WENGER E. Situated learning: legitimate peripheral participation [M]. Cambridge: Cambridge University Press, 1991.

[122] LEE C, HALLAK R, SARDESHMUKH S R. Innovation, entrepreneurship, and restaurant performance: a higher - order structural model [J]. Tourism Management, 2016, 53: 215 - 228.

[123] LEVESQUE M, MINNITI M, Shepherd D. Entrepreneurs' decisions on timing of entry: learning from participation and from the experiences of others [J]. Entrepreneurship Theory and Practice, 2009, 33 (2): 547 - 570.

[124] LEVINTHAL D A, MARCH J G. The myopia of learning [J]. Strategic Management Journal, 1993, 14 (S2): 95 - 112.

[125] LINAN F, Chen Y. Development and cross - cultural application of a specific instrument to measure entrepreneurial intentions [J]. Entrepreneurship Theory and Practice, 2009, 33 (3): 593 - 617.

[126] LINDH I, THORGEN S. Entrepreneurship education: the role of local business [J]. Entrepreneurship & Regional Development, 2016, 28 (5 - 6): 313 - 336.

[127] LITZKY B E, GODSHALK V M, WALTON - BONGERS C. Social entrepreneurship and community leadership: a service - learning model for management education [J]. Journal of Management Education, 2010, 34 (1): 142 - 162.

[128] LUMPKIN G T, LICHTENSTEIN B B. The role of organizational learning in the opportunity - recognition process [J]. Entrepreneurship Theory and Practice, 2005, 29 (4): 451 - 472.

[129] LUNDBERG C, FREDMAN P. Success factors and constraints among nature - based tourism entrepreneurs [J]. Current Issues in Tourism, 2012, 15 (7): 649 - 671.

[130] LYKKEN D, TELLEGEN A. Happiness is a stochastic phenomenon [J]. Psychological Science, 1996, 7 (3): 186 - 189.

[131] LYUBOMIRSKY S. The how of happiness [M]. New York: Penguin Press, 2007.

[132] MARCH J G. Exploration and exploitation in organizational learning [J]. Organization Science, 1991, 2 (1): 71 - 87.

[133] MARITZ A, BROWN C. Enhancing entrepreneurial self - efficacy through vocational entrepreneurship education programs [J]. Journal of Vocational Education & Training, 2013, 6 (4): 543 - 559.

[134] MASTENBROEK N, JAARSMA A D C, SCHERPBIER A, et al. The

role of personal resources in explaining well - being and performance: a study among young veterinary professionals [J]. European Journal of Work and Organizational Psychology, 2014, 23 (2): 190 - 202.

[135] MAUNO S, KINNUNEN U, RUOKOLAINEN M. Job demands and resources as antecedents of work engagement: a longitudinal study [J]. Journal of Vocational Behavior, 2007, 70 (1): 149 - 171.

[136] MCGRATH R G. Falling forward: real options reasoning and entrepreneurial failure [J]. Academy of Management Review, 1999, 24 (1): 13 - 30.

[137] MCGRATH R G. Exploratory learning, innovative capacity, and managerial oversight [J]. Academy of Management Journal, 2001, 44 (1): 118 - 131.

[138] MEEK W R, PACHECO D F, YORK J G. The impact of social norms on entrepreneurial action: evidence from the environmental entrepreneurship context [J]. Journal of Business Venturing, 2010, 25 (5): 493 - 509.

[139] MILLER K D, Lin S J. Different truths in different worlds [J]. Organization Science, 2010, 21 (1): 97 - 114.

[140] MINNITI M, BYGRAVE W. A dynamic model of entrepreneurial learning [J]. Entrepreneurship Theory and Practice, 2001, 25 (3): 5 - 16.

[141] MORRIS M, WEBB J, FU J, et al. A competency - based perspective on entrepreneurship education: conceptual and empirical insights [J]. Journal of Small Business Management, 2013, 51 (3): 352 - 369.

[142] MORRIS M H, LEWIS P S. The determinants of activity [J]. European Journal of Marketing, 1995, 29 (7): 31 - 48.

[143] MORRISON A, RIMMINGTON M, WILLAMS C. Entrepreneurship in the hospitality, tourism and leisure industries [M]. Oxford: Butterworth - Heinemann, 1999.

[144] MOTOYAMA Y, KNOWLTON K. From resource munificence to ecosystem integration: the case of government sponsorship in St. Louis [J]. Entrepreneurship & Regional Development, 2016, 28 (5 - 6): 448 - 470.

[145] MOTTIAR Z. Exploring the motivations of tourism social entrepreneurs: the role of a national tourism policy as a motivator for social entrepreneurial activity in

Ireland [J]. International Journal of Contemporary Hospitality Management, 2016, 28 (6): 1137 -1154.

[146] MUMFORD A. Effective learning [M]. London: Institute of Personnel and Development, 1995.

[147] MUSSALAM G Q, TAJEDDINI K. Tourism in Switzerland: how perceptions of place attributes for short and long holiday can influence destination choice [J]. Journal of Hospitality & Tourism Management, 2016, 26: 18 -26.

[148] MYERS D G. Close relationships and quality of life. In K Kahneman, E Diener, N Schwarz (Eds.), Well - being: the foundations of hedonic psychology [M]. New York: Russell Sage Foundation, 1999.

[149] NABI G, WALMSLEY A, LINAN F, et al. Does entrepreneurship education in the first year of higher education develop entrepreneurial intentions? The role of learning and inspiration [J]. Studies in Higher Education, 2018, 43 (3): 452 -467.

[150] NASR L, BURTON J, GRUBER T, et al. Exploring the impact of customer feedback on the well - being of service entities: a TSR perspective [J]. Journal of Service Management, 2014, 25 (4): 531 -555.

[151] NIETO J, HERNANDEZ - MAESTRO R M, MUNOZ - GALLEGO P A. The influence of entrepreneurial talent and website type on business performance by rural tourism establishments in Spain [J]. International Journal of Tourism Research, 2011, 13 (1): 17 -31.

[152] OPPERMANN M, COOPER M. Outbound travel and quality of life: the effect of airline price wars [J]. Journal of Business Research, 1999, 44 (3): 179 -188.

[153] PANDIT N R. The creation of theory: a recent application of the grounded theory method [J]. The qualitative report, 1996, 2 (4): 1 -14.

[154] PATRICK H, KNEEE C R, CANEVELLO A, et al. The role of need fulfillment in relationship functioning and well - being: a self - determination theory perspective [J]. Journal of Personality and Social Psychology, 2007, 92 (3): 434 -457.

[155] PATTON M Q. Qualitative Evaluation and Research Methods [M]. London: Sage Publications, 1990.

[156] PETKOVA A P. A theory of entrepreneurial learning from performance errors [J]. International Entrepreneurship and Management Journal, 2009, 5 (4): 345 - 367.

[157] PITTAWAY L, THORPE R. A framework for entrepreneurial learning: a tribute to Jason Cope [J]. Entrepreneurship & Regional Development, 2012, 24 (9 - 10): 837 - 859.

[158] PITTAWAY L A, GAZZARD J, SHORE A, et al. Student clubs: experiences in entrepreneurial learning [J]. Entrepreneurship & Regional Development, 2015, 27 (3 - 4): 127 - 153.

[159] POLITIS D. The process of entrepreneurial learning: a conceptual framework [J]. Entrepreneurship Theory and Practice, 2005, 29 (4): 399 - 424.

[160] POLITIS D, WINBORG J, DAHLSTRAND A L. Exploring the resource logic of student entrepreneurs [J]. International Small Business Journal, 2012, 30 (6): 659 - 683.

[161] RAE D. Entrepreneurial learning: a narrative - based conceptual model [J]. Journal of Small Business and Enterprise Development, 2005, 12 (3): 323 - 335.

[162] RAE D. Entrepreneurial learning: a conceptual framework for technology - based enterprise [J]. Technology Analysis & Strategic Management, 2006, 18 (1): 39 - 56.

[163] RAE D. Opportunity - centred entrepreneurship [M]. London: Palgrave MacMillan, 2015.

[164] RAE D. Entrepreneurial learning: peripherality and connectedness [J]. International Journal of Entrepreneurial Behavior & Research, 2017, 23 (3): 486 - 503.

[165] RAE D, CARSWELL M. Towards a conceptual understanding of entrepreneurial learning [J]. Journal of Small Business and Enterprise Development, 2001, 8 (2): 150 - 158.

[166] RAE D, Wang C L. Entrepreneurial learning: New perspectives in re-

search, education and practice [M]. London: Routledge, 2015.

[167] RAHMAN S A, AMRAN A, AHMAD N H, et al. Enhancing the well - being of base of the pyramid entrepreneurs through business success: the role of private organizations [J]. Social Indicators Research, 2016, 127 (1): 195 - 216.

[168] RANDELIN M, SAARANEN T, NAUMANEN P, et al. Towards sustainable well - being in SMEs through the web - based learning program of ergonomics [J]. Education and Information Technologies, 2013, 18 (1): 95 - 111.

[169] RATTEN V, WELPE I M. Special issue: community based, social and societal entrepreneurship [J]. Entrepreneurship and Regional Development, 2011, 23 (5 - 6): 283 - 286.

[170] REED M, EVELY A C, CUNDILL G. What is social learning? [J]. Ecology and Society, 2010, 15 (4): 299 - 305.

[171] REIS H T, SHELDON K M, GABLE S L, et al. Daily well - being: the role of autonomy, competence, and relatedness [J]. Personality and Social Psychology Bulletin, 2000, 26 (4): 419 - 435.

[172] RENYONG C, LIANG L. The paths and transitions of necessity entrepreneurship and opportunity entrepreneurship [C] // Tenth West Lake International Conference on Small & Medium Business, Hangzhou, Zhejiang, 2008.

[173] REYOLDS P D, HAY M, BYGRAVE W D, et al. Global entrepreneurship monitor: 2001 executive report [R]. Kansas City: Kauffman Center for Entrepreneurial Leadership, 2001.

[174] RICHARDS G. Vacations and the quality of life: patterns and structures [J]. Journal of Business Research, 1999, 44 (3): 189 - 198.

[175] RINDOVA V, BARRY D, KETCHEN D J. Entrepreneuring as emancipation [J]. Academy of Management Review, 2009, 34 (3): 477 - 491.

[176] RING L, HOFER S, MCGEE H, et al. Individual quality of life: can it be accounted for by psychological or subjective well - being? [J]. Social Indicators Research, 2007, 82 (3): 443 - 461.

[177] ROBERTSON I T, COOPER C L, SARKAR M, et al. Resilience training in the workplace from 2003 to 2014: a systematic review [J]. Journal of

Occupational and Organizational Psychology, 2015, 88 (3): 533 -562.

[178] ROBINSON J P, SHAVER P R, WRIGHTSMAN L S. Measures of personality and social psychological attitudes [J]. Behavioral & Social Sciences Librarian, 1992, 11 (2): 107 -128.

[179] RONSTADT R. The corridor principle [J]. Journal of Business Venturing, 1988, 3 (1): 31 -40.

[180] ROWDEN R W, AHMAD S. The relationship between workplace learning and job satisfaction in small to mid - sized businesses in Malaysia [J]. Human Resource Development International, 2000, 3 (3): 307 -322.

[181] ROXAS B, CHADEE D. Effects of formal institutions on the performance of the tourism sector in the Philippines: the mediating role of entrepreneurial orientation [J]. Tourism Management, 2013, 37 (10): 1 -12.

[182] RYAN R M, DECI E L. Self - determination theory and the facilitation of intrinsic motivation, social development, and well - being [J]. American Psychologist, 2000, 55 (1): 68 -78.

[183] RYAN R M, FREDERICK C. On energy, personality, and health: subjective vitality as a dynamic reflection of well - being [J]. Journal of personality, 1997, 65 (3): 529 -565.

[184] RYAN R M, SHELDON K M, KASSER T, et al. All goals are not created equal: an organismic perspective on the nature of goals and their regulation. In P M Gollwitzer, J A Bargh (Eds.), The psychology of action: linking cognition and motivation to behavior [M]. New York: Guilford Press, 1996.

[185] RYFF C D. Happiness is everything, or is it? Explorations on the meaning of psychological well - being [J]. Journal of Personality and Social Psychology, 1989, 57 (6): 1069 -1081.

[186] RYFF C D. Entrepreneurship and eudaimonic well - being: five venues for new science [J]. Journal of Business Venturing, 2019, 34 (4): 646 -663.

[187] RYFF C D, KEYES C L M. The structure of psychological well - being revisited [J]. Journal of Personality and Social Psychology, 1995, 69 (4): 719 -727.

[188] SAINAGHI R. From contents to processes: versus a dynamic destination

management model (DDMM) [J]. Tourism Management, 2006, 27 (5): 1053 - 1063.

[189] SCHULLER T, PRESTON J, HAMMOND C, et al. The benefits of learning: the impacts of formal and informal education on social capital, health and family life [M]. London: Routledge, 2004.

[190] SCHUMPETER J A. The theory of economic development: an inquiry into profits, capital, credit, interest, and the business cycle [M]. Cambridge, MA: Harvard University Press, 1934.

[191] SEUNEKE P, LANS T, WISKERKE J S C. Moving beyond entrepreneurial skills: key factors driving entrepreneurial learning in multifunctional agriculture [J]. Journal of Rural Studies, 2013, 32 (4): 208 -219.

[192] SEXTON D L, UPTON N B, WACHOLTZ L E, et al. Learning needs of growth - oriented entrepreneurs [J]. Journal of Business Venturing, 1997, 12 (1): 1 -8.

[193] SHANE S, VENKATARAMAN S. The promise of entrepreneurship as a field of research [J]. Academy of Management Review, 2000, 25 (1): 217 -226.

[194] SHANNON M D, ALLISON A F, JENNIE F, et al. Teacher support and adolescents' subjective well - being: a mixed - methods investigation [J]. School Psychology Review, 2009, 38 (1): 67 -85.

[195] SHARPLEY R. Rural tourism and the challenge of tourism diversification: the case of Cyprus [J]. Tourism Management, 2002, 23 (3): 233 -244.

[196] SHEN Y, WANG Q, HUA D, et al. Entrepreneurial learning, self - efficacy, and firm performance: Exploring moderating effect of entrepreneurial orientation [J]. Frontiers in Psychology, 2021, 12 (8): 1 -11.

[197] SHEPHERD D. Party on! A call for entrepreneurship research that is more interactive, activity based, cognitively hot, compassionate, and prosocial [J]. Journal of Business Venturing, 2015, 30 (4): 489 -507.

[198] SHEPHERD D, HAYNIE J M. Birds of a feather don't always flock together: identity management in entrepreneurship [J]. Journal of Business Venturing, 2009, 24 (4): 316 -337.

[199] SHIN D C, JOHNSON D M. Avowed happiness as an overall assessment of the quality of life [J]. Social Indicators Research, 1978, 5 (1): 475 - 492.

[200] SHIR N. Entrepreneurial well - being: the payoff structure of business creation [D]. Stockholm: Stockholm School of Economics, 2015.

[201] SHIR N, NIKOLAEV B N, WINCENT J. Entrepreneurship and well - being: the role of psychological autonomy, competence, and relatedness [J]. Journal of Business Venturing, 2018. https: //doi. org/10. 1016/j. jbusvent. 2018. 05. 002.

[202] SIGALA M. Learning with the market: a market approach and framework for developing social entrepreneurship in tourism and hospitality [J]. International Journal of Contemporary Hospitality Management, 2016, 28 (6): 1245 - 1286.

[203] SIRGY M J, KRUGER S, LEE D, et al.. How does a travel trip affect tourists' life satisfaction? [J]. Journal of Travel Research, 2011, 50 (3): 261 - 275.

[204] SITKIN S B. Learning through failure: the strategy of small losses [J]. Research in Organizational Behavior, 1992, 14: 231 - 266.

[205] SOUITARIS V, ZERBINATI S, Al - LAHAM A. Do entrepreneurship programmes raise entrepreneurial intention of science and engineering students? The effect of learning, inspiration and resources [J]. Journal of Business Venturing, 2007, 22 (4): 566 - 591.

[206] STARKEY K. Introduction. In K Starkey (Eds.), How organizations learn [M]. London: Thomson Business Press, 1996.

[207] STEPHAN U. Entrepreneurs' mental health and well - being: a review and research agenda [J]. Academy of Management Perspectives, 2018, 32 (3): 290 - 322.

[208] STEVENSON H H, JARILLO J C. A paradigm of entrepreneurship: entrepreneurial management [J]. Strategic Management Journal, 1990, 11 (1): 17 - 27.

[209] SU L, GONG L, HUANG Y. Humorous or serious? The interaction effect of language style and tourism activity type on tourist well - being [J]. Journal

of Sustainable Tourism, 2024, 1 - 28. https://doi.org/10.1080/09669582.2024.2354883.

[210] SU L, HUANG S S, CHEN X. Effects of service fairness and service quality on tourists' behavioral intentions and subjective well - being [J]. Journal of Travel & Tourism Marketing, 2015, 32 (4): 290 - 307.

[211] SU L, LI M, SWANSON S R. The influence of organizational interpersonal climate on the belonging, well - being, and citizenship behaviors of tourism practitioners [J]. Journal of Hospitality and Tourism Management, 2024, 58, 419 - 431.

[212] SU L, SWANSON R S, CHEN X. The effects of perceived service quality on repurchase intentions and subjective well - being: the mediating role of relationship quality [J]. Tourism Management, 2016, 52: 82 - 95.

[213] SUDER M, DUUD J, KUUS R, et al.. At the crossroad of digital and tourism entrepreneurship: mediating effect of digitalization in hospitality industry [J]. European Journal of Innovation Management, 2024, 27 (4): 1057 - 1081.

[214] TAJEDDINI K. Effect of customer orientation and entrepreneurial orientation on innovativeness: evidence from the hotel industry in Switzerland [J]. Tourism Management, 2010, 31 (2): 221 - 231.

[215] THOMPSON C A, KOPELMAN R E, SCHRIESHEIM C A. Putting all eggs in one basket: a comparison of commitment and satisfaction among self and organizationally employed men [J]. Journal of Applied Psychology, 1992, 77 (5): 738 - 743.

[216] TOUTAIN O, FAYOLLE A, PITTAWAY L, et al. Role and impact of the environment on entrepreneurial learning [J]. Entrepreneurship & Regional Development, 2017, 29 (9 - 10): 869 - 888.

[217] UY M A, FOO M D, SONG Z. Joint effects of prior start - up experience and coping strategies on entrepreneurs' psychological well - being [J]. Journal of Business Venturing, 2013, 28 (5): 583 - 597.

[218] UYSAL M, SIRGY M J, WOO E, et al.. Quality of life (QOL) and well - being research in tourism [J]. Tourism Management, 2016, 53: 244 - 261.

[219] VAN RUYSSEVELDT J, VERBOON P, SMULDERS P. Job resources and emotional exhaustion: the mediating role of learning opportunities [J]. Work & Stress, 2011, 25 (3): 205 - 223.

[220] VANSTEENKISTE M, SIMONS J, LENS W, et al. Motivating learning, performance, and persistence: the synergistic effects of intrinsic goal contents and autonomy - supportive contexts [J]. Journal of Personality and Social Psychology, 2004, 87 (2): 246 - 260.

[221] VERZAT C, O'SHEA N, JORE M. Teaching proactivity in the entrepreneurial classroom [J]. Entrepreneurship & Regional Development, 2017, 29 (9 - 10): 975 - 1013.

[222] VOUDOURIS I, DIMITRATOS P, SALAVOU H. Entrepreneurial learning in the international new high - technology venture [J]. International Small Business Journal, 2011, 29 (3): 238 - 258.

[223] WANG C L, CHUGH H. Entrepreneurial learning: past research and future challenges [J]. International Journal of Management Reviews, 2014, 16 (1): 24 - 61.

[224] WANG C L, DUAN Z W, YU L. From nonprofit organization to social enterprise: the paths and future of a Chinese social enterprise in the tourism field [J]. International Journal of Contemporary Hospitality Management, 2016, 28 (6): 1287 - 1306.

[225] WATERMAN A S, SCHWARTZ S J, ZAMBOANGA B L, et al. The questionnaire for eudaimonic well - being: psychometric properties, demographic comparisons, and evidence of validity [J]. The Journal of Positive Psychology, 2010, 5 (1): 41 - 61.

[226] WATSON D, TREGASKIS O, GEDIKLI C, et al. Well - being through learning: a systematic review of learning interventions in the workplace and their impact on well - being [J]. European Journal of Work and Organizational Psychology, 2018, 27 (2): 247 - 268.

[227] WIKLUND J, NIKOLAEV B, SHIR N, et al. Entrepreneurship and well - being: past, present, and future [J]. Journal of Business Venturing, 2019,

34 (4): 579 -588.

[228] WILSON F, KICKUL J, MARLINO D. Gender, entrepreneurial self - efficacy, and entrepreneurial career intentions: implications for entrepreneurship education [J]. Entrepreneurial Theory and Practice, 2007, 31 (3): 387 -406.

[229] WOOD J V. What is social comparison and how should we study it? [J]. Personality and Social Psychology Bulletin, 1996, 22 (5): 520 -537.

[230] YANG J, RYAN C, ZHANG L. External entrepreneurs/investors and guanxi: hostels in a tourism area, Xinjiang, China [J]. International Journal of Contemporary Hospitality Management, 2014, 26 (6): 833 -854.

[231] YEH S S, MA T, & HUAN T C. Building social entrepreneurship for the hotel industry by promoting environmental education [J]. International Journal of Contemporary Hospitality Management, 2016, 28 (6): 1204 -1224.

[232] YOUNG J, SEXTON D. Entrepreneurial learning: a conceptual framework [J]. Journal of Enterprising Culture, 1997, 5 (3): 223 -248.

[233] YU C P, COLE S T, CHANCELLOR C. Assessing community quality of life in the context of tourism development [J]. Applied Research Quality Life, 2016, 11 (1): 147 -162.

[234] ZAMANI N, MOHAMMADI M. Entrepreneurial learning as experienced by agricultural graduate entrepreneurs [J]. Higher Education, 2018, 76 (2): 301 -316.

[235] ZHANG C Q, CHEN C, LI J Z, et al. Entrepreneurs' failure times and their well - being, moderated by entrepreneurial environment [C] // 2016 Portland international conference on management of engineering and technology (PICMET). Honolulu, HI, USA, 2016.

[236] ZHAO W B, RITCHIE J R B, ECHTNER C M. Social capital and tourism entrepreneurship [J]. Annals of Tourism Research, 2011, 38 (4): 1570 - 1593.

[237] ZHAO Y, LI Y, LEE S H, et al. . Entrepreneurial orientation, organizational learning, and performance: evidence from China [J]. Entrepreneurship Theory and Practice, 2011, 35 (2): 293 -317.